관찰의 기술

Art of Observation

관찰의 기술

보려고 하는 순간, 새로운 세상이 펼쳐진다
Art of Observation

양은우 지음

달선북

: 프롤로그

미래의 차이를 만드는
사소하고도 막강한 힘, 관찰력

"왜 이렇게 살을 많이 뺐어?"

10년 만에 만난 대학 선배의 첫마디는 의외로 내 달라진 외모에 관한 것이었다. 과거에 오랫동안 꽤 불어 있었던 몸무게를 운동과 음식 조절로 15kg 정도 감량한 지 얼마 지나지 않은 시점이었다.

"거의 10년 만에 만났는데 제가 살이 빠진 걸 어떻게 한눈에 알아보셨어요?"

내 물음에 선배는 기억력이 좋을 뿐이라며 웃어넘기고 말았지만 나는 그의 눈썰미에 감탄할 수밖에 없었다.

한 살 차이의 그 선배는 또래에 비해 꽤 성공가도를 걷고 있었다. 대학원에 다닐 때는 소설책을 써서 20만 권 이상 팔리는 초대박 베스트셀러라는 기록을 남겼고, 졸업 이후에는 국내 정상의 회계법인에 입사하여 초고속 승진을 거듭한 끝에 30대에 대표 파트너의 자리에 오르기도 했다. 회계법인에서 일하는 동안에는 클라이언트 중 하나였던 모 중견기업 회장의 총애를 받아 회사를 물려받으라는 제안을 받기도 했으나 거절하고 자기 사업에 뛰어들어 지금은 아시아 곳곳을 오가며 활발하게 여러 사업을 키워나가고 있다. 겸임교수이긴 하지만 오랜 기간 동안 대학에서 후학을 가르치기도 했고 '삼 김(金)' 중 한 사람에게 발탁되어 어린 나이에 정치에 입문하기도 했다. 졸업 이후에는 거의 만난 적이 없어 자세한 이야기는 알 수 없지만 나는 늘 그의 끊임없는 변신과 성공을 부러움 반, 시기 반으로 바라보았다.

나는 그의 성공 비결이 항상 궁금했다. 같은 대학을 졸업했음에도 불구하고 사회생활에 있어서는 동기들에 비해 큰 폭으로 앞서 나갔기 때문이다. 도대체 그 비결이 뭘까? 어떻게 하는 일마다 그렇게 성공할 수 있었을까? 물론 대학시절부터 무척이나 성실해서 자기 일을 하면서도 학과 일을 도맡아 했고 재학 중에 장학금을 놓친 적도 없었다. 게다가 선배들은 물론이고 20년 차이가 나는 후배들과도 막역하게 지낼 정도로 인간관계가 남다르게 탁월했다. 이러한 것들이 영향을 미쳐 남들보다 훨씬 빨리 성공의 길을 걸었을 것이다.

그러나 그게 전부일까? 무언가 풀지 않은 보따리가 있을 것만 같았다. 그렇다고 단도직입적으로 성공 비결이 무엇이냐고 물어볼 수도 없는 일이었다.

  10여 년의 세월을 건너뛴 탓에 이야기는 과거와 현재를 넘나들며 두서없이 이어졌다. 그러다 보니 오래전 회계법인의 대표로 컨설팅 업무를 하던 이야기까지 나오게 되었다. 뜻밖에도 대화가 무르익어가는 중에 나는 그 단서를 포착하게 되었다.

  워낙 지명도가 있는 회계법인이다 보니 애써 고객을 찾아다니지 않아도 고객이 먼저 그를 찾는 경우가 많았다고 한다. 선배는 고객의 사무실을 방문할 때 회사의 입구에 도착하여 대표실로 들어가는 짧은 시간 동안 회사의 숨겨진 문제들을 파악했다. 보통 대표실은 가장 안쪽에 자리하고 있어 거기까지 가는 동안 사무실 전경을 볼 기회가 많은데 그 사이에 선배는 직원들이 일하는 모습, 앉아 있는 자세, 표정, 눈의 초점, 보고 있는 자료 등만 살펴봐도 그들 중 일하는 사람이 몇이나 되고 일하는 척하지만 노는 사람이 몇이나 되는지 알 수 있었다고 했다. 이로부터 직원들의 생산성과 효율을 추정할 수 있었고 그의 추정은 거의 빗나가는 일이 없었다는 것이다.

  사무 공간뿐이 아니다. 처음 방문하는 기업의 경우에는 일부러 생산 현장을 보여달라고 요청했다. 생산라인에 대한 아무런 설명 없이 빠른 속도로 걸으면서 그저 라인을 둘러보기만 하는 것이 전부였는데 실제로는 자신의 보폭과 걷는 속도를 이용하여 라인의 스피드를 측정하고 라인

곳곳에 쌓여 있는 원재료 및 재공품, 직원들의 유휴 시간 등 쉽게 찾아내기 힘든 문제점들을 빠르게 파악했다고 한다.

이렇게 사무실과 생산현장을 둘러보는 데에 걸리는 시간은 불과 10분 내외. 선배는 10분 동안 본 내용을 토대로 회사의 문제점과 개선해야 할 내용을 일목요연하게 말할 수 있었다. 이 회사는 유휴 인력이 얼마나 되고 생산성은 어느 정도이며 앞으로 얼마나 개선할 수 있고 그러기 위해서는 어떠한 점들을 고쳐야 한다는 것이 주된 내용이었다. 단 10분 동안 본, 아무도 신경 쓰지 않고 지나쳐버린 문제들로 그는 1시간 동안 개선 포인트를 짚어 설명했다고 한다.

대부분의 고객은 '사전에 우리 회사에 대해 공부를 하고 왔느냐?'고 물었다고 한다. 놀랍게도 그가 한 말은 거의 대부분 맞았으며 그런 문제점들 때문에 컨설팅을 받기 위해 그를 불렀던 것이다. 그는 현장에서 빠르게 걸어가며 본 내용을 컨설팅하면서 쌓은 경험에 대비해 응용한 것뿐이라고 했다. 20년이 넘는 직장생활 동안 나도 내로라하는 컨설팅 업체의 고수들을 많이 만나봤지만 그처럼 뛰어난 내공을 가진 사람은 본 적이 없었다.

그의 말을 듣는 동안 머리를 울리며 스쳐 지나가는 것이 있었다. 관찰, 바로 관찰의 위력이었다. 그가 성실하고, 똑똑하고, 실력도 뛰어나며 경험이 많은 것도 사실이지만 단번에 고객의 마음을 사로잡을 수 있었던 것의 기본 바탕에는 사무실과 현장에서 남들이 보지 못하고 지나친 것들을 짧은 시간 안에 파악하고 분석하여 응용할 수 있는 뛰어난 관찰력이 있었기 때문이다. 스스로 '관찰'이라는 단어를 꺼내지는 않았지만 그가 말한 것은 분명 관찰의 힘이었다. 그러고 보니 10년 만에 처음 만난 내 외형상의 변화를 정확히 감지한 것도 관찰력이 남다른 덕분이었을 것이다. 그리고 그것이 그의 성공비결 중 하나라는 확신이 들었다.

선배를 둘러싸고 있던 안개가 깨끗하게 걷히는 것 같은 기분이었다. 드디어 그에 관해 풀리지 않았던 미스터리가 해결된 것이다. 그때 뇌리에 '관찰'이라는 단어가 뚜렷하게 인식되었다.

우리나라의 역사가 아님에도 불구하고 『삼국지(三國志)』는 한국 사람들에게 잘 알려져 있다. 적어도 일곱 번은 읽어봐야 한다는 『삼국지』에는 다양한 전략과 처세술에 관한 심오하고 방대한 이야기들이 담겨 있다. 그중에도 적벽대전(赤壁大戰)은 영화나 드라마로도 자주 제작될 만큼 워낙 많이 알려진 이야기이다. 잠시 그 일화를 살펴보고 가기로 하자.

원소를 물리치고 강북 땅을 점령한 조조는 그 여세를 몰아 형주 땅으로 향했다. 형주의 새 주인이 된 유표의 둘째 아들 유종은 조조의 군세에 놀라서 제대로 된 싸움 한번 해보지 못하고 항복을 하고 말았다. 때문에 의지할 곳 없는 유비는 손권이 지배하고 있는 남쪽의 오(吳)나라로 도망을 가야 했다. 형주의 군사까지 합쳐 100만 대군을 이끌고 장강까지 남하한 조조는 오나라의 손권을 쳐서 천하제패의 대업을 이룰 것인가, 아니면 손권과 평화협정을 맺고 천하를 나누어 가질 것인가 하는 중대한 기로에 서게 되었다. 조조는 고민 끝에 손권에게 둘 중 하나를 택하라고 최후통첩을 보냈다.

이 소식을 들은 유비는 책사인 제갈량을 손권에게 보내 함께 힘을 합쳐 조조에게 대항하자고 제안했다. 손권의 중신들은 조조의 군대에 맞서 싸우자는 주전론(主戰論)과 평화롭게 제휴하자는 주화론(主和論)으로 나뉘어 팽팽하게 대립했다. 이에 손권은 결단을 내리지 못하고 주유를 불러 의견을 물었다. 오나라 최고의 명장이었던 주유는 끝까지 싸우겠다고 의지를 불태웠다. 이를 본 손권은 결심을 굳히고 주유에게 오나라 군사를 총괄할 수 있는 대도독의 지위를 부여하며 조조와 결사항전을 준비한다.

조조는 적벽 앞에 진을 치고 수군을 중점적으로 조련한다. 그들이 육지에서의 전투에는 강하지만 수전에는 익숙하지 않았기 때문이다. 주유는 당대 최고의 재사(才士) 중 한 명이었던 방통을 이용하여 군사들의 뱃멀미를 줄인다는 핑계로 조조군의 배들을 쇠사슬로 엮고 널빤지를 깔아 육지처럼 오갈 수 있게 계략을 꾸민다. 최후에는 화공(火攻)을 통해 일거에 조조 군을 물리칠 속셈이었던 것이다. 제갈량은 11월 하순에 동남풍이 불 것이라고 예언하고 바람이 불면 조조의 선단을 화공할 수 있도록 책략을 꾸민 후 모든 것을 그 책략에 맞추어 준비한다. 주위 사람들이 제갈량의 작전에 의문을 품지만 그럼에도 불구하고 제갈량은 확신에 찬 신념으로 그 작전을 밀어붙인다.

결과는 어떻게 되었을까? 잘 아시다시피 제갈량이 제단을 차려놓고 지성으로 기도를 올리자 동남풍이 불어왔고 이를 틈타 주유의 군대가 조조의 군대에 화공을 가했다. 쇠사슬과 널빤지로 꽁꽁 묶여 있던 조조의 선단은 꼼짝도 못한 채 거센 불길에 휘말려 대패했고 조조는 겨우 목숨만을 부지한 채 본거지로 돌아갔다.

사실 여부에 대해서는 아직도 왈가왈부 논란이 많지만 어찌 되었든 적벽대전은 『삼국지』 안에서도 유명한 전투장면 중 하나로 길이 회자되고 있다. 이 전투에서 가장 큰 성공 요인은 무엇이었을까? 10만의 군사로 조조의 100만 대군을 이겨야 하는 손권과 유비의 입장에서는 바람이 승패를 가를 수 있는 핵심 요소였다. 제갈량이 그 작전을 언급했을 때 주위의 많은 사람들이 그 작전에 반대하고 심지어 의심하기까지 했지만 제갈량은 태연하게 그 작전을 밀어붙였고 결국 조조 군에게 대승을 거둔다.

그렇다면 제갈량은 어떻게 원하는 시기에 동남풍이 불 것이라고 확신할 수 있었을까? 실패하면 자신의 목숨이 위험할 수도 있는 작전이었는데도 말이다. 그는 정말 하늘과 소통하는 신의 경지에 오른 걸까? 아니면 그저 우연의 일치였을까?

　상대적으로 비교할 수 없는 적은 수의 군사로 조조의 대군을 물리친 제갈량의 승리 뒤에는 사실 '관찰의 힘'이 있었다. 제갈량은 오랜 기간 그 지역에 살고 있는 사람을 통해서 매년 그맘때 동남풍이 분다는 사실을 이미 파악하고 있었음에 틀림없다. 『삼국지』 원문에는 제갈량이 누군가로부터 들었다는 언급이 있는데, 만약 그렇다면 매년 경험을 통해 바람이 부는 시기, 바람이 부는 방향, 바람이 지속되는 기간 등을 예의 주시하고 관찰했던, 뛰어난 관찰력을 가진 사람의 힘을 빌린 것임에 틀림없다. 그 관찰의 힘을 빌어 승산 없는 전쟁에서 기적 같은 승리를 거둘 수 있었던 것이다. 만약 그가 '바람이야 수시로 부는 거지, 바람이 어디에서 어디로 불던 무슨 상관이야' 하고 대수롭지 않게 여기고 무심했다면 적벽대전에서 신화와 같은 승리를 거둘 수 있었을까?

　우리는 하루 24시간 중 잠자는 시간을 제외하고는 늘 눈을 뜨고 주위의 사물과 사람들을 바라본다. 그러나 오늘 상사가 어떤 옷을 입고 왔는지, 바로 옆자리에 앉은 동료는 어떤 신발을 신고 있었는지 기억나는가? 오늘 출근길에 버스나 지하철에서 만난, 바로 옆이나 앞에 앉아 있던 사람을 묘사할 수 있는가? 점심시간에 들렀던 식당에서 어느 자리에 앉았으며 어떤 반찬을 먹었는지 생각나는가? 내 책상 위에는 어떤 책들이 어떤 자리에 놓여 있는지 보지 않고 말할 수 있는가? 침실의 벽지 디자인과 색깔을 정확히 떠올릴 수 있는가? 가족들과 마주 앉아 식사를 하는 식탁에 어떤 색의 식탁보가 깔려 있는지 알고 있는가? 매일 똑같이 지나치는 풍경이나 일상 속에서 달라진 것을 찾아낼 수 있는가?

위에서 언급한 대학 선배나 적벽대전의 사례에서와 같이 관찰은 상상 이상의 큰 힘을 발휘한다. 하지만 대부분의 사람들은 관찰에 대한 관심이 부족하다. 관찰은 나를 바꾸고 세상을 바꿀 수 있는 가장 원초적인 수단이다. 그러나 대부분이 관찰은 특별한 사람들이 특별한 목적을 가지고 특별한 수단을 동원하는 것이라고 여겨 자기 자신은 관찰과 무관한 사람이라고 생각한다.

그러나 관찰은 특별한 활동이 아니다. 관찰은 일상생활 속에서 때와 장소를 가리지 않고 폭넓게 이루어질 수 있는 활동이며 성별이나 신분, 학력의 고하, 나이의 많고 적음, 사는 지역의 여부 등에 관계없이 누구에게나 가능한 일이다. 그러나 여전히 사람들은 그 사실을 모른다. 그리고 여전히 관찰에 대해 어렵다고만 느낀다.

나도 별반 다르지 않았다. 직장생활을 한 20여 년 동안 관찰이 중요한 역량이 되는 기획업무를 담당하면서도 관찰의 중요성에 대해 그다지 크게 깨닫지 못하고 지냈다. 그러나 대학 선배와의 만남을 통해 '관찰'이라는 화두가 머릿속에 새겨지고 그에 대해 연구하기 시작하면서 관찰이 나와 세상을 바꾸는 강력한 무기가 될 수 있음을 깨닫게 되었다.

이 책은 모두 3부로 구성되어 있다. 1부에서는 관찰이 어떤 힘을 지니고 있는지를 보고, 이어서 관찰을 통해 얻을 수 있는 것들이 무엇인지 살펴보고자 한다. 사람들이 살아가면서 가장 이루고 싶은 것이 무엇일까? 행복한 삶을 결정짓는 유일한 요소가 돈은 아니지만 아마도 돈의 걱정으로부터 해방되고 싶지 않을까. 또 명예를 얻는 것이나 성공에 대한 욕망 역시 크지 않을까 싶다.

돈과 성공이 보장되고 나면 다음으로 사람들은 무엇을 찾게 될까? 사람과 사람 간의 갈등으로 인해 스트레스가 심한 요즘 시대에 원만한 인간관계만큼 부러운 것도 없다. 그렇기에 관찰을 통해 부와 성공, 그리고 인간관계에 성공할 수 있는 방법들을 살펴볼 것이다. 1부의 마지막에서는 관찰을 해야 하는 이유를 관찰 프로세스와 반복적인 관찰을 통해 얻을 수 있는 통찰, 그리고 모든 기업과 개인에게 끊임없이 화두가 되고 있는 혁신의 개념과 연계하여 이야기할 예정이다.

2부에서는 관찰력을 높일 수 있는 8가지 기술 '왓칭(WATCHING)'에 대해 하나씩 자세히 살펴볼 것이다. '구슬이 서 말이라도 꿰어야 보배'라는 말처럼 관찰이 부와 성공, 원만한 인간관계를 가져다준다 해도 막상 그것을 제대로 활용하지 못한다면 무용지물에 불과할 것이다. 무엇보다 관찰로부터 실질적인 효용을 얻을 수 있도록 일상생활에서 꾸준히 훈련하고 이를 습관화하는 것이 중요하므로 2부에서는 관찰을 습관화하는 방법을 제시할 것이다. 이 단계를 충실히 소화한다면 누구나 관찰에 눈을 뜨게 될 것이다.

마지막으로 3부에서는 관찰을 활용하는 방법에 대해 알아볼 예정이다. 관찰의 궁극적인 목적은 관찰을 통해 발견한 사실을 활용하여 지금과는 다른 새로운 무언가를 창출해내는 것이다. 그것이 제품일 수도 있고 서비스일 수도 있고 인간관계일 수도 있다. 활용되지 않는 관찰은 의미가 없다. 그러기에 마지막 장에서는 관찰의 활용에 주안점을 두고 설명할 예정이다.

이 책을 쓰면서 가장 고민했던 부분은 '관찰'이라는 막연한 개념을 보다 쉽게 이해하고 누구나 거부감 없이 받아들일 수 있는 방법이 무엇일까 하는 것이었다. 이 세상에 나와 있는 자기계발서는 헤아릴 수 없을 정도로 많지만 실제로 그 책들이 사람들을 바꾸는지에 대해서는 의문을 가질 수밖에 없다. 책장을 덮고 나면 '그래서 나는 어떻게 해야 하는가?'라는 질문에 확실한 답을 내놓지 못하기 때문이다.

관찰이 나를 바꾸고 세상을 바꾸는 막강한 무기가 될 수 있다고 하지만 이론만으로 끝나버린다면 독자들은 여전히 그것을 받아들이고 친숙하게 사용하는 데에 어려움을 겪을 것이다. 그래서 오랜 고민 끝에 나는 그 이론을 뒷받침할 수 있도록 폭넓은 분야에서 다양한 실제 사례들을 모았다. 이 책을 주의 깊게 읽고 여기에서 제시하는 방법들을 내 것으로 소화할 준비가 되었는가? 이 책장을 덮고 나면 독자들은 세상을 바꾸는 중심에 한 발짝 다가설 수 있게 될 것이다.

이제 관찰의 힘이 가지는 놀라운 세계로 들어가보자.

양은우

: CONTENTS

프롤로그 | 미래의 차이를 만드는 사소하고도 막강한 힘, 관찰력 004

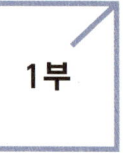 1부 사물의 본질을 파악하는 힘,
관찰력

당신의 관찰력은 얼마나 뛰어난가? 관찰력 테스트 ─── 024

세계의 부(富)를 움직이는 관찰 ─── 040
전기기술자에서 세계 100대 기업의 CEO로 041 | 가시철조망으로 가장 많은 돈을 번 13세 양치기 소년 043 | 수정액의 발명으로 갑부가 된 베티 그레이엄 045 | 투자의 귀재, 워런 버핏의 성공비결 047 | 노하우, 축적된 관찰의 힘이 발현되는 순간 049

개인과 조직이 성공에 이르는 지름길, 관찰 ─── 053
23전 23승이라는 놀라운 신화 053 | '야신' 김성근 감독의 비밀 057 | 관찰을 통해 이룬 P&G사의 성공 059 | 벼랑 끝에 선 인스탁스의 획기적인 전환 060 | 정상의 위치에서 나락으로 떨어진 노키아 061 | 야후와 글로벌 유통업체의 실패 063

지켜보라, 상대의 마음이 움직인다　　　　　　　　　067

이제는 재테크가 아니라 인(人)테크 067 | 안전핀이 가져다준 헌트의 사랑 071 | 그의 취미를 파악하여 투자를 얻다 073

관찰 프로세스를 습관으로 익혀라　　　　　　　　　076

관찰은 발견과 이해의 과정 076 | 본질을 파악하면 보인다, 통찰 084 | 혁신의 시발점이 되는 관찰 089

2부　관찰력을 높이기 위한 8가지 기술, '왓칭WATCHING'

Wonder
당연한 것일수록 의문을 가져라　　　　　　　　　096

선풍기, 날개가 없어도 되지 않을까? 097 | 처칠에게는 너무나 당연했던 시가를 뺏다 102 | 빨간코끼리 법칙 104 | 당연한 것을 의심하라, 먼지봉투 없는 청소기 106 | 칼라분리형 와이셔츠 개발로 부자가 된 몬타크 부부 108 | Thinking Point 111

Assignment
해결하고자 하는 문제를 가지고 있어라 ———————— 113

안전한 고체폭약을 만들고 싶었던 노벨의 고민 115 | 고무에 미친 사람, 찰스 굿이어 119 | 안전하게 면도를 하고 싶었던 질레트 112 | 그녀는 왜 나를 좋아하지 않을까? 123 | Thinking Point 125

Trivial
사소한 것을 유심히 보아라 ———————————— 127

악명 높은 뉴욕의 범죄율을 줄인 사소한 변화 128 | 고객의 무의식적인 습관에 마케팅의 답이 있다 130 | 헐리웃 영화사를 뒤흔든 우연한 발견 132 | 작지만 성공과 실패를 가른 분명한 '차이' 134 | 손톱만큼 작은 손잡이가 만든 큰 차이 136 | 개미굴로 인해 무너져버린 둑 137 | 어제와 다른 작은 변화를 보라 139 | Thinking Point 140

Count Mistake/Failure
실수나 실패를 그냥 지나치지 마라 ——————— 142

강력접착제 개발의 실패가 가져다준 행운 143 | 협심증 치료제가 실패하지 않았다면? 146 | 어제의 실패가 오늘의 성공 요인이다 148 | 디지털 캐스트와 애플의 차이 152 | 수많은 사람들의 목숨을 구한 실수 155 | 실패가 만든 노벨상, 전도성 플라스틱 157 | Thinking Point 158

High Sense
오감을 충분히 활용하라 ─────────────── **160**

오감을 활용한 러쉬의 마케팅 전략 **161** | 맛의 혁명, 아지노모토의 탄생 **162** | 자연에서 찾은 발명품, 향수 **165** | 그들에게 읽는 것을 허락하라, 점자책의 발명 **167** | 귀뚜라미가 알려준 아름다운 악기 **168** | 한 목동이 찾아낸 '악마의 유혹' **169** | 오감을 활용하여 베테랑이 되다 **171** | Thinking Point **173**

Inconvenience
생활 속의 작은 불편을 기회로 삼아라 ─────────── **175**

우산 손잡이의 작은 홈으로 간이 걸이대를? **176** | 불편하니까 개선점이 보인다, 스마트폰 장갑 **179** | 일본의 미래지향적인 친환경 화장실 **182** | Thinking Point **183**

New Experience
새로운 것을 접할 수 있는 기회를 만들어라 ──────── **185**

남태평양의 성인식, 현대인의 레저로 **187** | 아프리카 어린이들의 놀이기구였던 훌라후프와 요요 **189** | 달라서 더 획기적인 문화 차이를 발견하라 **192** | 산티아고 순례길과 제주 올레길 **194** | 트렌드를 읽기 위한 현대카드의 인사이트 트립 **196** | Thinking Point **197**

Grow Curiosity
호기심을 키워라 —————————————————— **200**

덥지도 않은데 자꾸 녹는 사탕? 201 | 극성스러운 문제아가 발명의 왕으로 204 | 기름을 쏟았더니 깨끗해진 식탁보, 왜일까? 206 | 더 효율적인 업무 방안은 질문에서 시작된다 208 | Thinking Point 210

**3부 문제를 해결하는 최고의 전략,
관찰의 힘을 활용하라**

뷰자데(Vu ja de), 당연하지 않은 세계를 발견하라 —————— **214**
원리의 도출을 통한 통찰력 확보 215 | 아이디어 도출하기(낯설게 하기/빌려오기/편견과 제한 없이 상상하기) 217 | 컨셉화하기, 시각화하기 229 | 컨셉의 검증 232

관찰을 기업의 핵심 습관으로 구축하라　　　　　　　　　　**236**

트렌드를 읽을 수 있는 기업만이 살아남는다 236 | 창조경영의 기반, 관찰 239 | 관찰력이 뛰어난 사람을 채용하라 243 | 관찰 프로세스를 이용해 창의력을 극대화하라 250 | 관찰을 핵심 습관화하기 위한 제도적 장치의 마련 255 | 관찰력을 기르기 위한 교육 프로그램의 도입 258 | 직급과 직책에 따라 관찰도 달라져야 한다 260 | 관찰을 뒷받침할 수 있는 기업문화의 조성 262

인정받는 '나'를 만드는 관찰의 힘　　　　　　　　　　**269**

성공적인 인간관계를 위해서는 '나'를 바꾸어야 한다 270 | 인간관계는 불확실한 미래에 대한 보험 273 | 갈등, 무엇이 문제인가? 275 | 나의 내면세계에 대한 관찰, 성찰 287 | 근본 원인을 해결하라 291

에필로그 | 일상 속에 당신이 찾던 해답이 있다 303

1부

사물의 본질을 파악하는 힘,
관찰력

당신의 관찰력은 얼마나 뛰어난가? 관찰력 테스트

우리는 어느 정도로 주변을 인식하고 있을까? 관찰에 대한 이야기를 본격적으로 시작하기에 앞서 평소 우리가 가지고 있는 관찰력이 어느 정도인지 간단한 자가 테스트를 해보자.

[문제 1] 다음 중 직관적으로 봤을 때 가장 많은 거미의 색깔은?

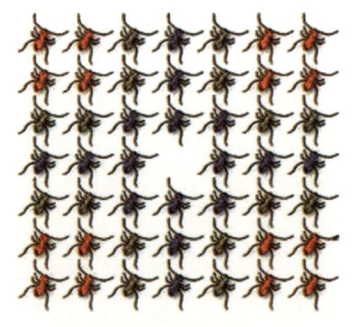

(1) 파란색　　　(2) 빨간색　　　(3) 회색

[문제 2] 다음 그림은 빈센트 반 고흐가 자신의 귀를 잘라버린 후 그린 자화상이다. 원본의 방향과 맞는 그림은?

(1)  (2)

[문제 3] 다음 문장에서 알파벳 F는 몇 개인가?

FINISHED FILES ARE THE RESULT OF YEARS OF SCIENTIFIC STUDY COMBINED WITH THE EXPERIENCE OF YEARS

(1) 3개   (2) 4개   (3) 5개   (4) 6개

[문제 4] 다음 그림을 잘 살펴보고 다음 질문에 답하시오.

(1) 붓은 모두 몇 자루가 있는가?
(2) 흰색 색연필은 모두 몇 자루인가?

[문제 5] 다음 그림을 잘 살펴본 후 그림을 덮고 질문에 답하시오.

앵무새의 눈을 맞게 그린 것은?

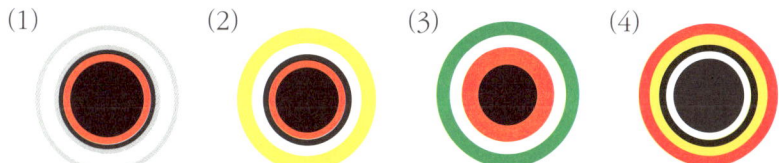

[문제 6] 다음 그림을 잘 살펴보고 다음 질문에 답하시오.

(1) 이 거미줄에 걸려 있는 곤충은 모두 몇 마리인가?
(2) 그중 가장 최근에 잡힌 곤충은 어디에 있는가?
(3) 이 사진은 하루 중 어느 시간대에 찍혔는가?

[문제 7] 누군가 당신에게 아래 사진을 보여주며 국내 여행을 다녀왔다고 한다. 이 사진을 보고 그 사람이 어느 지역에 다녀왔고 날씨는 어떠했는지 추정해보라.

[문제 8] 다음은 부활절 달걀을 찍은 사진이다. 다음 그림을 잘 살펴본 후 그림을 덮고 다음 질문에 답하시오.

앞에서 노란색 계란을 두르고 있는 띠의 색은?

[문제 9] 다음 수식의 계산 값은 얼마인가?

$$1 + 1 \times 0 + 1 + 1 + 1 + 1 \times 0 + 1 + 1$$
$$1 + 1 + 1 + 1 - 1 + 1 \times 0 + 1 + 1 + 1$$

[문제 10] 레오나르도 다빈치가 그린 불후의 명작 〈모나리자〉에서 모나리자의 머릿결은 다음 중 어떤 것인가?

(1) 직모   (2) 곱슬머리

이제 답을 공개하겠다.

[문제 1] 정답, 파란색, 빨간색, 회색 거미의 수는 모두 동일하다. 언뜻 보기에 파란색 거미가 중앙에 자리하고 넓게 퍼져 있어 많아 보이지만 모두 16마리로 거미의 숫자는 동일하다.

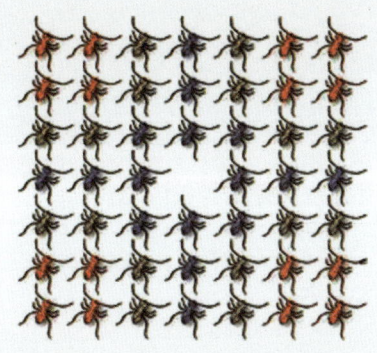

[문제 2] 고흐는 정신질환으로 인해 자신의 왼쪽 귀를 잘라냈다. 그림은 거울에 비춘 자신의 모습이므로 정답은 (1)이다.

[문제 3] 정답은 (4) 6개이다. 아래 문장에 보면 Finished, Files, Scientific에 F가 들어가지만 그 외에 세 개의 전치사 of에 F가 포함되어 있다. 흔히들 F를 찾으라고 하면 명사나 형용사, 동사와 같은 단어 속에서만 찾으려고 하다가 전치사 of에 사용된 F를 발견하지 못하는 경우가 많다.

FINISHED FILES ARE THE RESULT OF YEARS OF SCIENTIFIC STUDY COMBINED WITH THE EXPERIENCE OF YEARS

[문제 4] 아래 그림을 참조하라.

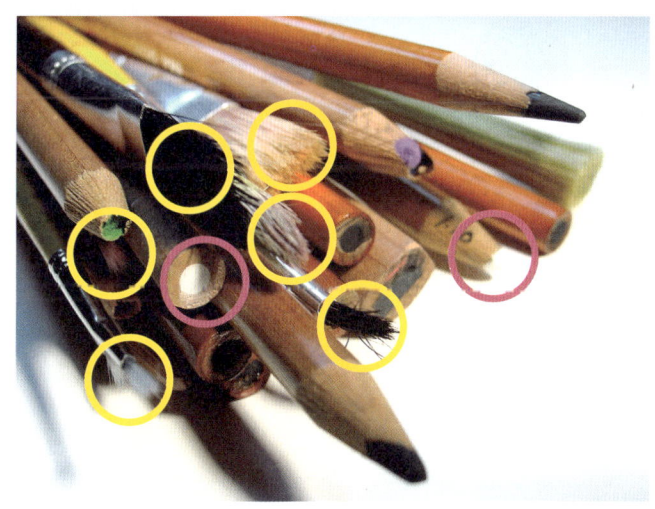

(1) 붓은 노란색 원과 같이 모두 6자루가 있다.
(2) 하얀색 색연필은 분홍색 원과 같이 모두 2자루이다. 오른편에 있는 하얀색 색연필은 언뜻 보면 놓치고 못 볼 수 있지만 주의 깊게 보면 어렵지 않게 찾을 수 있다.

[문제 5] 정답은 (1)이다. 노란색, 초록색, 빨간색 등 앵무새 눈 주위의 화려한 색상에 현혹되어 눈 자체에도 그러한 색상이 포함된 것으로 착각하기 쉬우나 눈은 단순하게 밖으로부터 하얀색, 약간 흐린 회색, 검정, 빨강, 검정의 순으로 이루어져 있다.

(1)
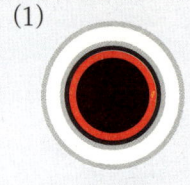

[문제 6] 관찰과 그 결과를 통한 추리력을 같이 테스트해볼 수 있는 아주 좋은 문제 중 하나다.

(1) 3마리

(2) 동그라미 속에 있는 곤충들을 살펴보면 언제 거미줄에 걸렸는지 추정이 가능한데, 빨간 원 속의 곤충은 거미줄이 칭칭 감겨 있어 잡힌 지 오래 되었음을 알 수 있다. 노란색 원 속의 곤충은 거미줄이 감겨 있긴 하지만 상대적으로 최근에 잡힌 것이라고 볼 수 있다. 파란색 원 속의 곤충은 거미줄이 감겨 있지 않고 흐릿하게 찍힌 것으로 보아 사진을 찍을 즈음에 거미줄에

걸렸다고 추정할 수 있다. 좀 더 깊게 생각하면, 사진이 흐릿하게 찍힌 이유가 곤충이 아직 죽지 않아 발버둥을 치고 있기 때문에 초점을 맞출 수 없었다는 사실까지 유추해볼 수 있다.

(3) 사진의 크기가 작아 자세히 알 수는 없지만 오른편의 거미줄을 보면 다소 두텁게 보이는 부분이 있는데 이는 이슬이 맺혀 있었던 것이라 볼 수 있다. 사진을 찍을 때쯤엔 이슬이 거의 다 사라지고 흔적만 겨우 남은 상태이므로 늦은 아침 정도로 추정할 수 있다. 물론 비 오는 오후나 안개가 낀 오후일 수도 있으므로 단정할 수는 없다.

[문제 7] 첫 번째로 땅이 촉촉하게 젖어 있고 멀리 흐릿하게 안개가 낀 것으로 봐서 비가 내리고 있거나 비가 온 지 얼마 안 된 시점일 것이다. 또한 바닥에 떨어진 나뭇잎으로부터 바람이 심하게 불었으리라는 추정도 가능하다.

두 번째로는, 바닥에 깔려 있는 작은 돌들이 붉은색이며 자세히 보면 구멍이 많이 뚫려 있는 것으로 봐서 화산석임을 알 수 있고 그렇다면 이곳은 제주도라는 추정까지 가능하다.

좀 더 확대해보면 길 양쪽으로 숲이 우거져 있는 걸로 봐서 수목원이나 산림 속의 산책길이라는 추측도 해볼 수 있다. 물론

이러한 추측은 확실한 결론이 될 수 없고 다른 정황자료를 통해 검증이 되어야 하지만 사진 한 장만 잘 관찰해도 꽤 많은 정보를 얻을 수 있음을 알 수 있다.

[문제 8] 주어진 사진에서 노란색 계란은 없다. 다만 하늘색 계란에 노란색 띠가 둘러져 있을 뿐이다. 그러나 '노란색 계란'이라고 질문을 받으면 문제 자체를 의심하기 어려우므로 사진 속에서 노란색 계란을 본 것처럼 착각할 수가 있다. 그래서 관찰은 주의를 필요로 한다.

[문제 9] 정답은 21이다.

이 문제의 함정은 줄 바꿈에 있다. 이 식을 다시 써보면,

$$1+1\times 0+1+1+1+1\times 0+1+11+1+1+1-1+1\times 0+1+1+1$$

이 된다. 첫째 줄과 둘째 줄 사이에 아무런 수식이 없음에도 불구하고 더하기 부호가 계속되다 보니 당연히 첫째 줄과 둘째 줄 사이에 더하기가 있다고 착각하지만 자세히 보면 아무런 기호도 없고 단지 1을 연속으로 적었을 뿐이다. 1×0을 제외하고 1은 총 11개, 거기에 11을 더하고 1을 한 번 빼므로 답은 21이다.

[문제 10] 정답은 (2) 곱슬머리다. 모나리자는 누구나 자주 본 그림이지만 관찰력이 뛰어나지 않으면 맞히기 어려운 문제이다.

여러분들의 관찰력 수준을 테스트해보니 어떠한가? 결과에 만족하는가? 테스트 결과, 만점에 근접한 사람이라면 평소에 관찰력이 뛰어난 사람이다. 그렇지 못한 사람들은 좀 더 주위 환경에 관심을 기울이는 법을 익힐 필요가 있으리라 생각한다.

동일한 환경과 동일한 사물 또는 동일한 현상을 보면서도 우리는 서로 받아들이는 것이 다르다. 친한 친구 몇 명이 같이 여행을 떠났다가 돌아온 경우를 생각해보자. 분명 같은 시간에 같은 장소에서 같은 것을 보았음에도 불구하고 서로 기억하는 것이 다 다르다. 왜 그럴까? 무엇이 그런 차이를 만드는 것일까? 평소 주위 환경에 대해 관찰력이 뛰어난 사람은 다른 사람이 보지 못하는 세밀한 것까지 주의 깊게 바라볼 수 있는 반면, 관찰력이 부족한 사람은 보고 싶은 것만 보거나 눈에 들어오는 것만 보고 세세한 부분은 놓쳐버리고 만다. 그럴 때마다 사람들이 단골처럼 하는 말이 있다.

"어? 나는 왜 못 봤지?"

혹시 스스로가 자주 하던 말 아닌가? 만약 이 말이 낯설게 느껴지지 않는다면 당신이야말로 누구보다 관찰력이 필요한 사람일 것이다.

세계의 부(富)를
움직이는 관찰

사람들은 대부분 부자가 되기를 희망한다. 아무리 청렴하고 검소한 사람이라도 돈이 많은 것을 싫어할 사람은 많지 않을 것이다. 게다가 불법이나 부정적인 방법으로 돈을 버는 게 아니라면 조금이라도 더 여유롭고 싶은 게 당연하다. 많은 직장인들이 이직을 경험하는데 이직의 가장 큰 이유로 꼽는 것이 연봉이다. 오랜만에 만난 동기에 비해 자신의 연봉이 적다는 것을 아는 순간, 절망과 함께 이직을 떠올릴 수밖에 없는 게 직장인들의 생리이다.

어쨌거나 대다수의 사람들은 지금보다 미래에는 더 많은 부를 가질 수 있기를 희망한다. 그리고 여기, 관찰의 힘을 잘 활용해 큰 부를 축적한 사람들이 있다.

전기기술자에서
세계 100대 기업의 CEO로

스위스의 전기 기술자인 조르주 드 메스트랄(George de Mestral)은 틈이 날 때마다 산과 들로 쏘다니며 사냥을 즐기곤 했다. 숲속을 누비며 사냥을 마치고 돌아온 어느 날, 메스트랄은 자신의 옷에 도꼬마리라는 식물이 잔뜩 붙어 있는 것을 알았다. 그는 무심코 옷에 붙은 도꼬마리를 털어냈으나 아무리 털어내도 좀처럼 떨어지지 않자 짜증이 났다. 투덜거리며 옷에 달라붙은 도꼬마리를 일일이 떼어내다가 그는 왜 도꼬마리가 옷에서 잘 떨어지지 않는지에 대한 호기심이 생겼다. '도대체 어떤 원리가 숨어있기에 한번 옷에 달라붙으면 잘 떨어지지 않는 걸까?' 궁금증이 생긴 메스트랄은 돋보기를 이용하여 도꼬마리를 관찰했다. 그는 도꼬마리

갈고리처럼 생긴 도꼬마리

의 끝이 갈고리 모양으로 휘어져 있고 이 갈고리가 섬유 올에 달라붙어 잘 떨어지지 않는다는 사실을 발견했다.

　메스트랄은 이에 흥미를 느끼고 실생활에 활용할 수 있는 방안에 대해 연구하기 시작했다. 섬유에 적용시키면 유용하게 사용할 수 있을 것 같아 여기저기 찾아다니며 제작을 의뢰했지만 번번히 거절당하기 일쑤였다. 겨우 한 직물업체에서 사정하다시피 만든 샘플은 몇 번 사용하기도 전에 보푸라기가 심해져 사용할 수 없게 되었다. 하지만 제품의 가능성을 확신한 그는 직장에 사직서를 내고 본격적으로 제품개발 연구에 매달렸다. 무려 10여 년이 흐른 후에 메스트랄은 드디어 상업적으로 판매할 수 있는 제품개발에 성공했다. 그가 만든 시제품은 쉽게 달라붙을 뿐 아니라 약간의 힘만 주면 '찍찍' 소리를 내며 쉽게 떨어졌다.

지갑, 신발, 의류 등 생활 전반에서 사용되는 벨크로(일명 찍찍이)

프랑스 리옹에 있는 섬유회사를 찾아 가능성을 설명하고 벨크로 개발을 위한 연구를 이어간 그는 마침내 큰 성공을 거두게 되었다. 벨크로를 부착한 어린이용 지갑이 큰 인기를 끌면서 벨크로의 사용 영역이 널리 확대된 것이다. 벨크로는 결합강도도 높아 당시 소련과 우주 경쟁이 한창이던 미국의 NASA에서도 관심을 보이기 시작했다. 그 후 스키복이나 잠수복 같은 특수복은 물론 일반 의류와 신발 등 다양한 생필품에도 벨크로가 널리 쓰이면서 전 세계적으로 확산되었다. 메스트랄은 이 작은 발명품으로 인해 자신만의 회사인 벨크로사를 설립했고 세계 100대 기업에 들 만큼 성장시킬 수 있었다.

가시철조망으로 가장 많은 돈을 번 13세 양치기 소년

학교조차 갈 수 없을 정도로 가난했던 미국의 13세 소년 조셉은 생계를 위해 양을 치는 목동이 되었다. 그러나 학교에 가는 또래 아이들이 부러웠던 조셉은 틈날 때마다 책을 펴들고 공부하곤 했다. 그런데 책을 읽느라 잠시 한눈을 팔면 양들이 울타리를 넘어가 애써 가꾼 이웃의 농작물들을 짓밟아버렸고 그때마다 조셉은 심한 꾸중을 들어야만 했다. 그런 일이 자꾸 반복되자 조셉은 양들이 울타리를 뛰어넘지 못하게 할 방법이 없을까 고민하기 시작했다.

양들이 어떻게 울타리를 넘는지 관찰하기 위해 양들의 행동을 주의 깊게 바라보던 조셉은 흥미로운 사실을 발견했다. 양들이 덩굴장미가 자란 울타리 쪽으로는 가지 않고 철사로 두른 울타리만 넘어가는 것이었다. 그 순간 양들이 덩굴장미에 돋친 가시를 무서워한다는 사실을 알게 된 조셉은 울타리의 철사에 가시를 만들어 붙이면 양들이 넘어가지 못할 거라는 아이디어를 생각해냈다.

조셉은 밤을 새워 대장장이 아버지와 함께 철사를 잘라 가시 돋친 철조망을 만들었고 바로 양들을 가두어둔 울타리에 적용했다. 그러자 정말 양들이 가시 때문에 울타리를 넘지 못했다. 조셉은 바로 이 아이디어에 특허를 내고 철조망 공장을 세웠다. 이 소문이 사방으로 퍼지면서 다른 목장에서 주문이 몰려들기 시작했다.

마침 제1차 세계대전이 터지면서 세계 각국에서 국경선을 표시하기 위해 철조망을 찾는 수요가 폭발적으로 늘기 시작했다. 1차 세계대전이 끝날 때까지 전쟁에 쓰인 포탄보다 철조망의 양이 더 많았다는 말이 있을 정도였다. 결국 조셉은 이 철조망의 발명으로 인해 천문학적인 돈을 벌었고 역사 이래 발명으로 가장 많은 돈을 번 사람으로 기록되었다.

수정액의 발명으로
갑부가 된 베티 그레이엄

지금은 사무실에서 잘못 인쇄된 글씨를 지우는 데에 사용하는 수정액이 거의 사라져버렸지만 불과 얼마 전까지만 해도 학생들이나 사무실에서 근무하는 사람들에게 수정액은 볼펜만큼이나 필수적인 사무도구였다. 아마도 문서작성과 관련된 일을 한 사람들이라면 수정액이 얼마나 긴요한 도구인지, 그 중요성을 잘 알고 있을 것이다. 그런데 이 수정액의 발명에도 재미난 이야기가 얽혀 있다.

1950년대 초반. 베티 그레이엄(Bette N. Graham)은 남편과 이혼한 후 혼자 아이를 키우고 있었다. 그러다 보니 경제 사정은 늘 넉넉하지 못했고 아무리 일을 해도 가난에서 벗어나기가 힘들었다. 그녀는 작은 회사에서 비서로 일하며 주로 타자기를 이용하여 문서를 작성하는 업무를 했는데 솜씨가 그리 좋은 편이 아니어서 자주 오타를 내곤 했다. 잦은 오타 때문에 베티는 늘 불안했다. 회사에서 자신의 실수를 눈여겨보기 시작하면 해고를 당할지도 모르고, 그렇게 생계수단을 잃게 되면 살 길이 막막했다.

어느 날, 베티는 길을 지나다가 화가가 은행 간판을 그리는 장면을 보게 되었다. 그런데 자세히 관찰해보니 간판 그림을 그리던 화가가 잘못

그려진 부분을 물감으로 덧바른 뒤 그 위에 다시 그림을 그리는 것이 아닌가. 이 장면을 본 베티는 감탄을 내뱉었다.

'그래, 바로 저거야. 오타가 나면 종이와 같은 색깔 물감으로 오타를 칠하고 그 위에 다시 타자를 치면 티가 안 날 거야.'

다음 날부터 베티는 작은 매니큐어 병에 흰색 수정 물감을 담아 사무실에 두고 사용하기 시작했다. 덕분에 베티의 타자 솜씨는 훨씬 좋아진 듯 보였다. 시간이 흐르면서 베티의 아이디어는 회사 내에 소문이 났고 다른 직원들도 수정 물감을 만들어 달라고 요청했다. 베티는 이 수정액에 'Mistake Out'이라는 상표를 붙여 팔기 시작했고 그것을 기반으로 사업을 확장했다. 이후 질레트사가 4800만 불에 그녀의 특허를 매입했다. 가난한 이혼녀였던 베티 그레이엄은 말 그대로 돈방석에 앉게 되었다.

메스트랄과 조셉, 베티 그레이엄, 이 세 사람의 공통점은 모두 사소한 발명으로 엄청난 부를 이루었다는 데에 있다. 그들은 쉽게 지나칠 수 있는 사실을 놓치지 않았다. 다시 말해 관찰력이 뛰어났던 것이다. 메스트랄이 옷에 달라붙어 쉽게 떨어지지 않는 도꼬마리를 보고도 짜증만 내고 말았다면 우리가 오늘날 그처럼 많은 곳에서 활용 가능한 벨크로를 이용할 수 있었을까? 양들이 덩굴장미 근처로 가지 않는다는 사실을 그냥 대수롭지 않게 보아 넘겼다면 조셉은 가난에서 벗어날 수 있었을까? 베티가 자신의 실력 부족만 탓하며 지냈다면 그토록 쉽고 간편하게 사용할 수 있는 수정액이 오늘날 존재했을까? 결국 이 세 사람은 공통적으로 너무나 사소해서 쉽게 간과할 만한, 주위에서 흔히 일어나는 사건을 흘려버리지 않고 '관찰'하여 기회를 포착한 것이다. 그것은 그들이 비범했기 때문이 아니라 관찰의 힘을 잘 이용했기 때문이었다.

투자의 귀재, 워런 버핏의 성공 비결

관찰은 새로운 아이디어를 떠올리거나 혁신적인 제품을 개발하기 위한, 창의력을 높이는 수단으로만 활용할 수 있는 것은 아니다. 일상생활 속에서 관찰을 일상화하면 더 다양한 소득을 얻을 수 있다.

  돈을 불리기 위해서 사람들이 가장 많이 하는 일 중 하나가 주식이나 부동산 투자 등의 재테크다. 그러나 정작 사람들은 더 기초가 되는 중요한 것을 잊곤 한다. 그건 바로 관찰이다. 예를 들어 주식투자를 하는 경우라면 상당한 시간을 들여 관찰을 해야 한다. 주식차트 보는 법과 같은 다양한 스킬과 노하우도 중요하지만 자신이 투자하고자 하는 회사의 사업 내용, 기술적 우위성, 재무구조, 경쟁관계, 관련 산업의 동향, 그리고 과거 주가의 변동추이 등을 살펴보는 것이 우선이다.

  주식을 논할 때 투자의 귀재라고 불리는 '워런 버핏(Warren Buffett)'

을 빼놓을 수 없다. 그는 평범한 사람들이 상상할 수도 없을 정도의 큰돈을 주식투자로 벌었지만 의외로 그의 투자비법은 간단하다. 좋은 가치를 가진 기업을 발굴하여 낮은 가치에 매수한 후 지속적으로 보유하는 것이다. 이러한 투자방법을 가치투자라고 하는데 너무나도 단순해서 쉽게 믿어지지 않을 정도다. 그러나 실제로 그는 단지 가치투자를 이용하여 100달러에서 2010년 기준으로 470억 달러를 보유한, 세계 3위의 부자 자리에 올라 있다.

그가 투자에 성공한 가장 핵심적인 방법은 투자대상에 대한 철저한 분석이었다. 그는 대외적으로 공표된 기업의 결산자료를 치밀하게 분석했고 신중하게 투자 대상을 정했다. 나중에는 설비의 현황, 영업 전략, 노사 문제, 현금, 고정자산, 재고의 보유 정도 등이 담긴 영업보고서만 보고도 재고 과잉보유의 이유, 기계설비 수익성이 낮은 이유 등 기업이 가진 문제점들을 바로 파악할 수 있었으며 매출 이익률, 재고회전율 등 수치의 뒤에 숨은 의미도 파악할 수 있었다.

심지어는 기업의 CEO나 임원들을 분석하여 그 기업이 성장 가능성이 있는지를 판단하기도 했다. 이런 치밀한 관찰이 그를 실패 없는 투자, 성공의 귀재로 이끈 비결이었다.

노하우, 축적된 관찰의 힘이 발현되는 순간

최근 파산 소식으로 인해 체면을 구기긴 했지만 꽤 오래전에 재테크 도서로 선풍적인 인기를 끌었던『부자 아빠, 가난한 아빠』의 저자 로버트 기요사키(Robert Toru Kiyosaki)는 제대로 된 부동산(집)을 알아보려면 조깅할 것을 권한다. 운동으로서의 조깅에 관찰을 통한 기회 포착을 접목한 것이었다.

날마다 같은 환경을 꾸준하게 살피다 보면 약간의 변화라도 감지하기가 쉽다. 그런 정보들이 오랜 시간 축적되고 쌓이면 그 부동산이 가진 가치를 제대로 평가할 수 있게 된다.

한참 서울 주변의 위성도시들이 개발되던 시기에 지인 중 한 명이 이런 말을 했다. 북한산이나 관악산 정상에 올라가서 아래를 내려다 보면 다음에 어느 곳이 개발될지가 보인다는 것이다. 그는 서울을 둘러싸고 있는 도시 중 빈 공간이 있으면 다음 개발지역은 그곳이 될 확률이 높다고 말해주었다.

이런 노하우는 어느 날 하루아침에 생기지 않는다. 꾸준히 산을 올라 정상에서 풍경을 지속적으로 관찰하다 보니 서울 외곽지역의 변화되는 모습이 눈에 들어오고 서울을 둘러싸고 발전하는 지역의 행보를 읽게 된 것이다.

실제로 그분은 그렇게 해서 부동산 투자에 크게 성공했다. 부동산 투자의 옳고 그름을 떠나 관찰이 그만큼 중요한 역할을 한다는 점을 주목해야 한다.

글로벌 경제위기가 심화되면서 좀처럼 경제가 회복될 전망이 보이지 않고 장기 경기침체에 대한 우려마저 커지고 있다. 어려운 경영환경으로 인해 기업의 구조조정이 많아지다 보니 울며 겨자 먹기 식으로 몸담고 있던 회사를 떠나 소자본을 이용하여 창업에 나서는 자영업자들의 수도 많아졌다. 언론 보도에 의하면 한 해에만 30만여 명의 자영업자가 새로 가게를 내지만 또 거의 같은 수만큼의 가게들이 폐업을 한다고 한다. 이 정도면 놀랄 만한 수치이다. 바꾸어 말하면 자영업으로 성공하기가 하늘의 별 따기만큼이나 어려운 일이라고 해석할 수 있다.

사업에 실패하는 사람들을 보면 나름대로의 분명한 이유가 있는데 대부분 사전에 창업에 대한 준비가 미흡했던 경우가 많다. 창업 컨설팅을 하는 대다수의 전문가들은 투자에 앞서 오랜 시간을 들여 철저하고 신중하게 준비하라고 조언한다. 직접 발로 뛰며 상권을 확인하고 유동인구를 검증하고 주위 환경을 관찰하며 이미 사업을 하고 있는 사람들을 지켜보고 어떠한 종류의 사업을 하면 괜찮을지 분석하라는 것이다. 준비를 철저하게 하면 할수록 실패할 확률은 그만큼 줄어든다는 것이 그들의 공통적인 견해이다.

하지만 대다수의 사람들이 그러한 조언을 귀담아 듣지 않는다. 상권분석이나 현장방문 등 철저한 사전조사 없이 주위에서 흔히 볼 수 있는 편의점이나 치킨, 피자, 빵집 등 프랜차이즈 사업에 손을 댄다. 큰 노력 없이도 사업을 시작하는 것이 편하기 때문이다. 그러나 그 결과는 앞에서 언급한 대로 좋지 못하다. 편의점이나 빵집 등 프랜차이즈 사업을 둘러싸고 연일 시끄러운 소식이 들림에도 불구하고 여전히 그 사업에 뛰어드는 사람들이 많다는 건 안타까운 일이 아닐 수 없다. 자영업뿐 아니라 사기꾼들의 그럴듯한 말에 속아 불모지에 투자했다가 전 재산을 날리는 사람들도 많다. 시간을 내서 직접 투자할 땅을 둘러보고 주위 사람들의 말을 들어보고 관련된 서류들을 검토해보고 행정기관을 통해 확인해보기만 해도 피 같은 자신의 재산을 날릴 일은 없을 텐데 사람들은 그런 과정을 거치지 않는다.

이는 관찰과 분석의 과정이 오래 걸리는 데다 쉽지 않기 때문이다. 단순한 듯하지만 인내와 끈기가 없다면 불가능한 것이 관찰이다.

앞서 언급했던 워런 버핏의 이야기로 돌아가보면, 그의 투자 비결은 너무나 간단하다. 그러나 워런 버핏처럼 '지속적으로' 철저한 관찰과 분석을 통해 투자대상을 결정하는 일이 결코 쉬운 일은 아니다. 이는 지루하고 끈질긴 인내가 필요하며 조바심이 나더라도 참아내야 하는 과정이다. 그러나 시간은 우리를 절대 배신하지 않는다. 이 모든 과정을 잘 이겨내고 기다리면 좋은 결과를 얻을 수 있다.

그럼에도 불구하고 많은 사람들이 이를 견디지 못한다. 누군가의 그럴듯한 속삭임에 속아서, 또는 단편적이고 단기적인 추이에 의해서, 혹은 그때그때 주식시장의 분위기에 따라서 '묻지마 투자'를 하거나 '나는 모르겠으니 네가 알아서 하라'며 펀드매니저 등의 전문가에게 일임해버리곤 한다. 지나치게 짧은 시간에 큰 성과를 얻고 싶은 조바심이 가장 큰 원인이라고 할 수 있다.

투자하고자 하는 대상 회사의 내용을 알지 못하면 껍데기만 보고 판단하는 것밖에 안 된다. 이러한 경우, 운이 좋으면 대박이 날 수도 있겠지만 운은 언제나 계속되지 않는다. 늘 주식시장에서 개미투자자들의 피해가 이슈로 떠오르지만 여전히 대다수의 사람들은 관찰과 분석의 과정 없이 눈먼 투자를 계속하고 있다. 만약 관찰의 힘을 믿고 실행한다면 어떤 일에서든지 이런 오류를 범하지 않을 수 있을 것이다.

개인과 조직이
성공에 이르는 지름길, 관찰

부를 이루는 것만큼이나 사람들이 바라는 것 중 하나가 바로 '성공했다'는 주위 사람들의 인정일 것이다. 누구나 심리적으로는 명예에 대한 욕망을 가지고 있기 때문이다. 성공했다는 것은 자신이 속한 분야에서 제일의 위치에 오른 것이므로 대단히 영광스러운 일이다. 관찰의 놀라운 힘은 개인이나 조직의 성공을 이끌기도 한다. 몇 가지 사례를 살펴보자.

23전 23승이라는
놀라운 신화

인류의 역사를 주의 깊게 살펴보면 관찰의 힘이 가져오는 결과를 분명히 알 수 있다. 특히 평화적인 외교보다 힘의 논리가 세상을 지배하던 옛날에는 전쟁으로 문제를 해결하려는 시도가 많았는데 이러한 전쟁에서도 관찰의 중요성이 쉽게 발견된다.『손자병법(孫子兵法)』에 '지피지기백전불태(知彼知己百戰不殆)'라는 유명한 말이 있다. '적과 아군의 실정을 잘 비교, 검토한 후 승산이 있을 때 싸운다면 백 번을 싸워도 결코 위태롭지 아니하다'라는 뜻으로 적군과 아군을 면밀히 관찰하여 서로의 강점과 약점을 잘 파악하고 승산이 있을 때 싸워야 이길 수 있다는 뜻이다.

우리나라에서 민족 최대의 영웅을 꼽으라면 단연코 제일 많이 거론되는 인물 중 하나가 아마도 이순신 장군일 것이다. 세계 해전사(海戰史)에서 전무후무하게 23연승이라는 승전기록을 남긴 조선의 장군 이순신. 영국 학자 발라드(G.A.Ballard)는 '영국사람으로서 넬슨과 견줄 만한 사람이 있다는 걸 인정하는 건 항상 어렵다. 그러나 그렇게 인정될 만한 인물이 있다면 그 인물은 단 한 번도 패한 적이 없는 위대한 동양의 해군 사령관 이순신 장군뿐이다'라고 말했다. 러일전쟁 당시 쓰시마 해전에서 러시아의 발틱 함대를 괴멸시켜 일약 세계적인 해군 지휘관이 된 일본의 도고 헤이하치로(東鄕平八郞) 제독 또한 자신에 대한 영웅적인 평가가 있을 때마다 이순신 장군을 거론하며 겸손해했다고 한다. 그는 자신이 영국의 넬슨에 버금가는 군신(軍神)이라는 말을 들을 때마다 '영국의 넬슨은 군신이라고 할 만한 인물이 못 된다. 해군 역사상 군신이라고 할 만한 인물이 있다면 오직 이순신 장군뿐이다. 이순신 장군에 비교한다면 나는 일개 하사관도 못 된다'라고 했다. 실제로 이순신 장군은 임진왜란 당시 총 스물세 번의 크고 작은 해전에서 단 한 번도 패한 적 없이 모두 승리를 거두었고 조선의 바다를 굳건히 지킴으로써 임진왜란을 승리로 이끈 최대 공신이다.

물론 그의 전술과 전략에는 항상 치밀한 관찰과 분석이 선행되었다. 일본 수군과 조선 수군이 보유한 전선(戰船)을 잘 관찰하고 그 특징을 분석하여 그에 맞춘 전술을 구상했으며, 전장이 되는 바다의 지형과 물살의 특징 등을 주도면밀하게 관찰하고 분석하여 적절한 대응전략을 세웠기 때문에 아무리 어려운 상황이라도 항상 승리를 가져올 수 있었다.

예를 들어보자. 당시 조선의 전선은 바닥이 평평하고 넓은 판옥선이었다. 거북선도 이 판옥선에 철갑을 입혀 만든 것이다. 반면 일본의 전선인 안택선은 바닥이 깊고 오목한 형태였다. 판옥선은 바닥이 넓다 보니 제

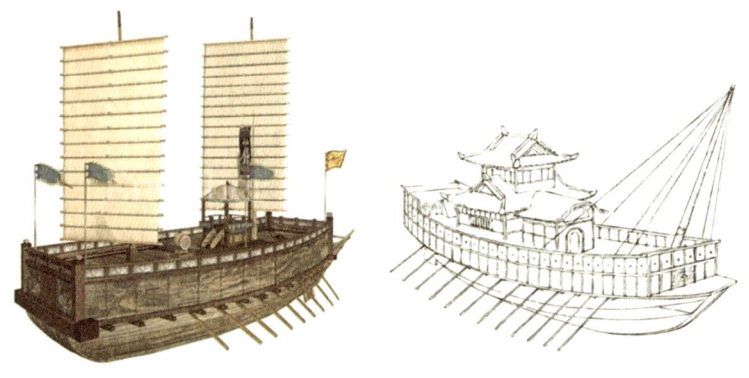

조선의 판옥선(좌)과 일본의 안택선(우)

자리에서 방향을 바꾸기가 용이하여 기동성 있는 전략을 구사하는 데에 유리한 반면 일본의 안택선은 바닥이 오목한 탓에 빠른 속도를 내는 데는 유리했지만 급격하게 회전하려고 하면 옆으로 기울어질 염려가 있어 넓게 회전해야 하는 등 방향을 바꾸기가 쉽지 않았다. 당시 조선은 일본보다 사거리가 길고 화력이 좋은 천자총통, 지자총통, 현자총통, 황자총통 등의 대포를 보유하고 있었지만 장전시간이 길다는 단점을 가지고 있었다. 이러한 모든 특성을 이용하여 이순신 장군은 판옥선에 대포를 실어 장거리 사격을 하고 재장전하는 동안 재빠르게 배를 180도 회전하여 지체하지 않고 대포를 쏘는 작전을 취했다. 이러한 전략이 잘 통할 수 있는 전법이 바로 학익진(鶴翼陣)인데 이순신 장군이 학익진을 자주 이용한 이유가 바로 여기에 있다.

또한 이순신 장군은 전장에 대한 관찰과 분석도 철저하여 주변의 암초나 조류를 상세히 파악했고 그 지형지물을 전술에 적극 활용했다. 판옥선은 흘수선(배와 수면이 접하는 경계가 되는 선)이 깊지 않아 암초가 많은 지역에서도 안전한 반면 일본의 안택선은 흘수선이 깊어 암초에 걸릴 위험이 높았다. 이를 이용하여 이순신 장군은 치고 빠지는 유인작전을 세워 늘 조선 수군에게 유리한 장소를 택해 전쟁을 치렀다. 또한 조류가 빠른 곳에서는 전선의 폭이 좁은 안택선이 불리한 것을 알고 조류가 빠른 곳으로 적을 유인하여 싸우기도 했다. 13척의 군함으로 130여 척의 적함을 격파한 명량대첩은 바로 이러한 조류의 특성과 전선의 특성을 잘 이용한 전투라고 할 수 있다. 만약 그가 전선이나 지형, 물살, 조류의 움직임 등 전쟁에 영향을 미칠 수 있는 모든 요인들에 대한 면밀한 관찰과 분석 없이 지식만으로, 자신이 구상하던 전술대로만 싸움에 임했다면 23전 23승이라는 기적의 기록은 세우기 어려웠을 것이다.

반면 사전에 면밀한 관찰과 분석을 통한 대응 전략을 수립하지 않아 전쟁에서 실패한 사례들도 많다. 미국은 2차 세계대전 이후 수많은 전쟁에 참가했지만 베트남전에서 패배했고 이라크전에서도 생각처럼 쉽게 승리하지 못했다. 베트남전의 패배는 밀림 지대가 많은 지형적 특성과 이에 적합한 훈련이 부재했기 때문이었고 이라크전 또한 사막이라는 지형적 특수성을 십분 고려하지 못했기 때문에 엄청난 화력의 우위에도 불구하고 전쟁이 장기전으로 이어질 수밖에 없었다.

'야신' 김성근 감독의 비밀

종종 전쟁에 비유되기도 하는 스포츠 경기에서도 상대에 대한 관찰은 중요하다. 스포츠과학이 발달하지 않은 과거에는 대부분 자신의 경기력을 높이는 데에 초점을 맞추었지만 지금은 그러한 노력만으로는 경기에서

백 번이면 백 번 모두 질 수밖에 없다. 축구시합을 봐도 상대방의 주요 전술, 주의해야 할 선수, 상대 선수 개개인의 장단점, 상대팀의 강점과 약점, 주로 사용하는 포메이션(formation, 상대편의 공격과 방어 형태에 따른 팀 편성법), 포메이션의 변화에 따른 전술 변화까지 사전에 분석하고 그에 맞춘 대응전략을 수립하는 것이 기본이다. 만약 상대 팀에 대한 상세한 정보 없이 경기에 나선다면 상대편의 스트라이커를 막지 못해 고전을 하거나 상대방의 전술에 말려 좋은 결과를 얻어내기 힘들 것이다.

요즘 인기가 많은 야구에서도 마찬가지다. 이제는 모든 구단에 기록원이 있어 상대방 선수들은 물론이고 자기 팀 선수들의 활동 내용까지 빠짐없이 기록한다. 기록은 상대팀을 대하는 전략과 전술을 짜는 토대가 된다. 슬라이더에 강한 타자에게 아무런 사전정보 없이 슬라이더를 던졌다가는 안타를 맞을 수 있다. 몸 쪽 공에 강한 타자에게 몸 쪽 공으로 승부를 하는 것은 객기에 가까운 행동이다. 철저하게 상대의 약점을 파고 들어야만 승산이 있다. 반대로 상대 투수의 핵심무기가 싱커볼이라면 팀 선수들은 집중적으로 싱커볼을 공략하는 연습을 해야 한다. 이 모든 것들은 관찰에서 비롯된다.

고양 원더스의 김성근 감독은 우리나라 프로야구 역사에 있어 거목으로 평가되는 사람 중 하나다. 그는 승리의 바탕에는 두 가지 힘이 존재한다고 했다. 하나는 보이는 힘이고 다른 하나는 보이지 않는 힘이다. 보이는 힘이 스포츠의 기술과 실력을 말한다면, 후자는 데이터의 힘, 즉 전력 분석이다. 승리를 얻기 위해서는 보이지 않는 것을 보이게 만들고, 없는 것을 존재하게 만들어야 한다는 것이다. 그는 끊임없는 관찰과 세밀함으로 구축된 데이터가 바로 승리의 자양분이며 이것이 선수들의 실력과 합쳐져 이겼을 때 비로소 스포츠의 쾌감을 느낄 수 있다고 말했다. 그는 또 이렇게 덧붙였다. "몇 개의 안타를 쳤는지는 중요하지 않다. 과정의 기록이 필요하다. 어떤 구질에서 타격이 이루어졌는지, 투수와 타자의 컨디션은 어떠했는지, 경기의 느낌과 선수들이 경기를 진행하는 프로세스를 볼 수 있어야 한다."

이러한 뛰어난 관찰 역량 덕분에 그는 '야신'이라는 별칭을 얻고 프로야구 제일의 감독 자리까지 오를 수 있었던 것이다.

관찰을 통해 이룬 P&G사의 성공

관찰은 개인뿐 아니라 기업에게도 큰 성공을 가져다순다. 다국적 생활용품 기업인 프록터앤갬블(P&G)은 어린이들을 위한 오랄비(Oral-B) 칫솔을 개발했지만 사람들로부터 큰 호응을 얻지 못했다. 문제점을 찾기 위해 P&G의 디자인을 맡은 아이디오(IDEO)사는 실제로 어린이들이 어떻게 칫솔질을 하는지 자세히 관찰했다.

그 결과 어린이들은 어른과 달리 '주먹현상'을 보였는데 다시 말해 손가락이 아니라 주먹을 쥐고 칫솔을 잡았던 것이다. 그래서 아이디오사는 어린이들의 칫솔 손잡이를 더 굵고 말랑말랑하게 만들었다. 아이들은 부드러운 장난감처럼 생긴 이 칫솔을 가지고 놀기를 좋아했다. 덕분에 오랄비 어린이용 칫솔은 상당한 인기를 누리게 되었다. 고객을 잘 '관찰'함으로써 제품의 가치를 높이고 이를 통해 기업의 가치까지 올린 것이다.

벼랑 끝에 선 인스탁스의 획기적인 전환

소비자들을 자세히 관찰하고 분석하여 죽어가던 사업을 화려하게 부활시킨 사례도 있다. 한국후지필름이 판매하던 즉석카메라, 즉 폴라로이드 카메라 '인스탁스(instax)'는 시대의 흐름을 거스르지 못하고 사양길을 걷고 있었다. 디지털카메라가 동종 업계를 완전히 장악하고 있었기 때문이다. 한국후지필름에서는 매출의 5퍼센트밖에 안 되던 즉석카메라 대신 디지털카메라에 역량을 집중할 계획으로 입사 4년 차의 서정미 대리에게 인스탁스의 마케팅 업무를 맡겼다.

초기 몇 번의 시행착오를 겪은 서 대리는 즉석카메라의 주 소비자층인

20대 여성을 관찰하기 시작했다. 관찰 결과 20대 여성들은 전자제품 전문 대리점보다 문구를 결합한 대형서점 출입이 잦고 디자인에 민감하다는 것을 발견했다. 그래서 서 대리는 유통 채널을 대형서점으로 옮기고 인스탁스와 필름, 건전지를 패키지로 묶어 판매하기 시작했다. 또 20대 여성 고객들을 위해 단조로운 외관에 헬로키티나 미키마우스 같은 캐릭터 디자인을 접목하고 전용가방에 미키마우스 외관을 갖춘 접사렌즈까지 기획했다. 즉석사진 필름에 다양한 컬러를 입힌 필름세트도 내놓았다.

그 결과, 2006년에 46만 대가 판매되었는데 2010년 들어 누적 120만 대의 판매고를 올리게 되었다. 이 놀라운 성공의 비밀은 두말할 필요도 없이 즉석카메라를 사용하는 주 고객층인 20대 젊은 여성층을 면밀히 관찰한 데에 있다. 관찰의 힘을 잘 활용하여 사양길로 접어든 사업을 화려하게 부활시킨 것이다.

정상의 위치에서 나락으로 떨어진 노키아

적극적인 관찰로 시장에서 큰 성공을 거둔 기업이 있는 반면에 관찰에 소홀하여 실패한 기업도 있다. 모바일폰 시장에서 부동의 세계 1위를 지키다가 하루아침에 애플과 삼성에 밀려 변두리 업체로 몰락해버린 노키아(Nokia)가 대표적이다.

사실 애플은 모바일폰 업계와 큰 관련이 없었다. 그러나 하드웨어, 소프트웨어, 콘텐츠를 상호 융합한 아이폰을 개발했고 이 독창적이고 창의적인 플랫폼은 1위였던 노키아를 시장에서 밀어내버렸다. 아이폰이 모바일 시장의 패러다임을 바꿔버린 것이다. 노키아가 뒤늦게 심비안(symbian)이라는 운영체계를 개발하여 재기해보려고 했지만 시장은 이미 안드로이드(android)와 iOS가 차지하고 있었다. 나름 공을 들여 준비해왔던 윈도우8 운영체제를 탑재한 스마트폰도 큰 호응을 얻지 못했다.

모바일폰 시장에서만큼은 세계 1위였던 노키아가 왜 이렇게 몰락한 것일까? 두터운 팬층과 그에 따른 안정적인 판매, 유통망을 가진 노키아는 애플이 스마트폰이라는 강력한 무기를 발견하고 도전과 혁신을 거듭

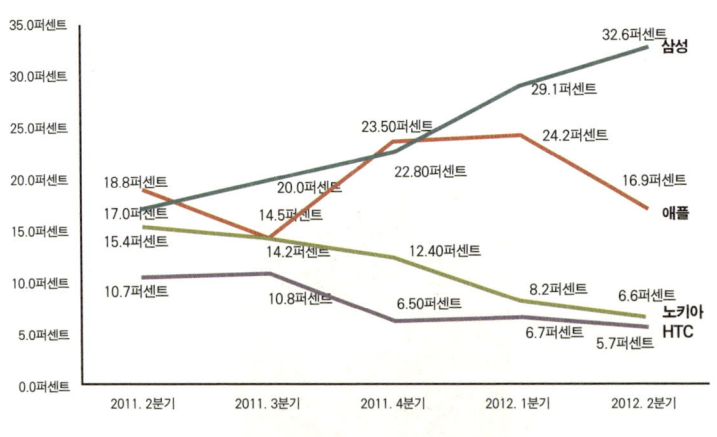

주요 스마트폰 업체 점유율 추이

하는 동안 그저 그것을 지켜만 보았다. 윈도우8에 대한 지나친 기대감으로 자체 운영체계 개발을 포기하고, 다른 OS 채택을 외면한 것도 큰 실수였다. 경쟁사의 변화, 고객의 변화, 시장의 변화를 인지하지 못했던 것이다.

야후와 글로벌 유통업체의 실패

시장을 제대로 이해하지 못하고 고객을 제대로 관찰하지 못해서 기업경영에 타격을 받은 사례는 이외에도 상당히 많다. 세계적인 인터넷 기업인 '야후(Yahoo)'는 2012년 12월 31일을 마지막으로 한국시장에서 철수했다. 한때 한국에서 인터넷 검색 시장 1위를 차지하기도 한 야후였지만 이제 더 이상은 한국어로 된 야후 서비스를 받기 어렵게 되었다. 야후는 '한국과 일본은 로컬 경쟁이 너무 심하기 때문에 피를 흘리면서까지 시장에 진입할 필요가 없다. 비슷한 환경과 조건이라면 소비자에게 덜 시달리는 시장을 선택할 것이다'라며 공식적인 철수 입장을 표명했다. 야후가 시장에서 철수한 이후 직원이었던 사람 중 한 명이 블로그에 한국 소비자들을 비판하는 글을 올렸다. 야후의 철수는 한국 소비자에게 책임이 있다는 게 주된 내용이었다.

그의 말에 의하면 자신을 편하게 해주는 맞춤형 상품에만 수동적으로 익숙해져 있어 다양한 상품을 사용해보면서 국제적 시야를 갖추려는 능동적인 자세가 필요하다는 것이 주된 취지였다고 한다. 일면 수긍이 가는 측면도 있긴 하지만 전적으로 찬성할 수는 없다. 한때 한국시장에서 1위를 차지했음에도 한국 소비자들의 니즈 변화에 제대로 대응하지 못한 야후의 책임이 크기 때문이다. IT 시장은 승자가 거의 대부분의 시장을 독식하는 독특한 특성을 가지고 있다. 그렇기에 야후가 한국시장에서 1위 자리에 있을 때 좀 더 소비자들의 니즈를 제대로 파악하고 그에 맞는 상품을 개발하여 대응했다면 '수동적인 소비자'를 탓하며 쓸쓸하게 철수하지는 않았을 것이다. 결국 야후가 한국시장에서 실패한 것은 로컬 소비자들의 취향을 제대로 관찰하고 분석하여 적절한 상품을 제시하지 못한 탓이지 소비자들의 잘못이 아니다.

샘 월튼(Sam Walton)을 세계적인 명성을 지닌 경영자로 키운 월마트(Walmart) 역시 한국시장에 진입한 지 8년 만에 이마트에 자리를 내주고 철수하고 말았다. 프랑스 국적의 세계적인 유통회사인 까르푸(Carrefour) 역시 마찬가지였다. 세계적인 성공 신화와 경험, 명성을 지닌 유통 공룡들이 왜 유독 우리나라에서는 힘을 못 쓰고 쓴맛을 보아야만 했을까? 그것 역시 한국 소비자들이 지나치게 까다롭고 수동적이기 때문일까? 둘 다 모두 세계적으로 성공한 업체이긴 하지만 그것 때문에 현지화 전략에 소홀할 수밖에 없었고 그것이 바로 실패의 원인이었다. 현지인들을 고려한 현지화 전략보다는 그들을 세계적으로 성공한 기업의 반열에 올려놓은 글로벌 스탠다드를 지나치게 강조한 것이다.

까르푸나 월마트의 매장을 한 번이라도 방문해본 경험이 있는 사람들이라면 한눈에 국내 할인업체들과의 차이점을 발견할 수 있을 것이다. 바로 진열방식의 차이다. 한국인들은 서구인들에 비해 키도 작고 체형도 왜소하다 보니 평면적이거나 낮은 눈높이의 디스플레이 방식을 선호한다. 주로 주부들이 장을 보는 것도 그 원인 중 하나일 것이다. 반면에 까르푸나 월마트는 진열대 자체가 상당히 높다. 무언가 마음에 드는 상품을 발견하고 꺼내려고 해도 때로는 키가 닿지 않아 물건에 손을 대는 것조차 어려울 때도 있다.

한국인들의 소비패턴도 서구와는 조금 다르다. 한국인들은 할인점에서 주로 신선식품 위주의 먹거리 구입을 우선한다. 이마트 매출의 40퍼센트가 신선식품이라는 통계도 있다. 의류나 가전, 공산품 등은 전문점을 통해 구입하는 경우가 많다. 나도 장을 보기 위해 이마트를 찾지만 옷을 사기 위해 이마트를 찾지는 않는다. 하지만 까르푸나 월마트는 그러한 소비자들의 소비패턴을 무시하고 신선식품보다는 공산품 위주로 매상을 구성했다. 그러다 보니 소비자 입장에서는 필요한 물건을 제대로 찾을 수 없었고 그것이 불편 요소가 되어 점차 발걸음을 멀리 했을 것이다. 그 외에 현지 공급 파트너 관리 등의 문제도 있지만 두 유통업체가 한국시장에서 실패의 경험을 안고 쓸쓸히 발걸음을 돌려야 했던 가장 큰 원인은 소비자들에 대한 철저한 관찰과 분석이 미흡했기 때문이다.

노키아, 야후, 월마트, 까르푸. 이름만 들어도 대단한 이 글로벌 업체들의 실패는 관찰이 성공에 미치는 영향이 얼마나 지대한 것인지 짐작할 수 있게 해준다. 만약 그들이 좀 더 세밀하게 시장의 변화를 읽어내고 고객의 행동을 관찰했더라면 그들은 세계시장에서, 그리고 한국시장에서 쓸쓸히 짐을 싸지 않아도 됐을지도 모른다. 그러나 관찰을 소홀히 한 대가로 그들은 혹독한 시련을 겪어야 했다.

지켜보라,
상대의 마음이 움직인다

이제는 재테크가 아니라
인(人)테크

많은 직장인들이 사회생활을 하면서 어려워하는 문제 중 하나가 인간관계일 것이다. '인간은 사회적 동물'이라는 아리스토텔레스의 말처럼 우리는 다른 사람을 떠나 혼자 살 수는 없다. 삶은 가족, 친구, 선후배, 스승과 제자, 직장동료, 직장상사와 후배, 그리고 우연히 만나거나 아니면 전혀 모르는 사람들까지 포함하여 수많은 사람들과의 상호관계와 함께 지속된다. 그러나 다양한 사람만큼이나 다양한 개성과 감정을 지닌 사람들이 만나고 헤어지다 보니 언제나 원만한 인간관계를 맺으며 살아간다는 것이 결코 쉽지만은 않다.

단 하루에 마주치는 사람들만 해도 수십, 수백 명에 이른다. 그러기에 인간관계가 어긋나버리면 그만큼 삶이 힘들어진다. 경제적인 문제로 인해, 학업 성적으로 인해, 기타 여러 가지 문제로 인해 어려움을 겪을 수 있지만 인간관계로 인한 어려움만큼 사람을 힘들게 하는 것도 없다.

미국 MIT 공대의 졸업생들을 추적하여 성공했다고 평가되는 사람들에게 설문조사한 결과 성공 요인으로 '전문적인 기술과 실력'을 꼽은 사람은 겨우 15퍼센트에 불과했다. 나머지 85퍼센트는 '좋은 인간관계와 공감의 능력'이 자신들의 성공 요인이라고 대답했다.

또 다른 사례도 있다. 스탠포드 대학교수 마틴 루프(Martin Ruef)의 연구에 의하면 다양한 네트워크를 가진 사람들이 비즈니스에서 더 혁신적이었다고 한다. 그는 기업가 766명을 인터뷰한 결과 폭넓은 인간관계를 맺는 사람들이 그렇지 못한 사람들보다 신제품 출시나 특허 출원 등이 3배 많다는 걸 알게 되었다. 두 사례 모두 사회생활을 하는 데에 있어 인간관계가 얼마나 중요한지를 극명하게 나타낸다.

굳이 이런 데이터가 아니더라도 우리는 인간관계가 살아가는 데에 있어 얼마나 중요한지 잘 알고 있다. 실제로 원만한 인간관계를 가지고 있는 사람들은 사회생활이 비교적 수월하지만 인간관계가 그리 좋지 않은 사람들은 사회생활이 늘 피곤하고 어렵다. 직장에서도 이직 요인의 상당 부분을 차지하는 것이 인간관계이다. 취업포털 잡코리아가 이직 계획이 있는 직장인 567명을 대상으로 설문 조사한 결과 17.3퍼센트가 직장 내에서의 인간관계 때문에 이직을 결심했다고 답했다.

누구나 좋은 인간관계를 꿈꾼다. 만나는 사람마다 잘 지내기를 원한다. 그러나 실제 세계는 완전히 다르다. 어딜 가든 꼭 눈엣가시 같은 사람이 있다. 그런 사람들과 지내다 보면 사는 게 피곤하다. 특히 그들이 나보다 힘을 가진 사람들이라면, 그래서 내가 어쩔 수 없이 그들의 말을 따라야 하고 그들과 어울리지 않으면 내게 불이익이 돌아오는 경우에는 더 그렇다. 세상 모든 사람들이 내 마음 같으면 얼마나 좋을까 싶지만 그런 경우는 거의 없다.

생텍쥐페리(Saint-Exupéry)는 『어린왕자』에서 '세상에서 가장 어려운 일은 사람이 사람의 마음을 얻는 것이다'라고 말했다. 한국인들에게 특히 인기가 높은 프랑스 작가 베르나르 베르베르(Bernard Werber)는 '인간은 사회적 동물이 아니라, 개인주의적인 동물인 인간들이 어쩔 수 없이 모여서 억지로 사회생활을 하고 있는 것인지 모른다'라고 말했다.

그럼에도 불구하고 여전히 우리는 다양한 사람들과 어울려 살아간다. 싫든 좋든 그래야만 한다. 인간관계에 대한 상처나 압박감을 못 이겨 혼자 은둔하는 사람들도 가끔씩 있긴 하지만 앞서 얘기한 대로 대부분의 사람들은 성공에 인간관계가 미치는 중요성을 잘 알기에 가급적이면 많은 사람들과 좋은 관계를 맺으며 살아가고 싶어 한다.

과학의 발달로 인해 인간의 수명은 과거에 비해 혁혁하게 길어졌다. 유엔의 조사에 의하면 2095년이 되면 한국인의 평균 수명은 95세가 될 것이라고 한다. '100세 시대'라는 용어도 등장했다. 그러나 수명이 늘어나는 것에 비해 경제활동을 할 수 있는 나이는 점점 짧아지고 있다. 운이 좋게 60세에 은퇴한다고 해도 남은 35년의 세월을 더 살아야 한다. 건강은 둘째치고라도 이 기간 동안에 서로 아끼고 의지하며 남은 인생을 다독이고 보듬어줄 사람들이 없다면 고독하고 힘겨운 말년을 보내야 할 것이다.

빠른 경제성장에 매몰되어 주위를 되돌아볼 겨를이 없었다면 이젠 주위 사람들에게 관심을 기울일 때다. 가진 재산을 불리는 재테크도 중요하지만 이젠 사람들과의 관계를 원만히 가꾸어나가는 인(人)테크가 필요하다. 재테크가 재물을 축적하는 것이라면 인테크는 사람의 마음을 축적하는 것이다.

놀랍게도 관찰은 인간관계에 있어서도 큰 힘을 발휘한다. 비단 부나 명예를 얻는 데만 쓰이는 것이 아니라 사람의 마음까지 얻을 수가 있으니 참으로 매력적이지 않은가.

안전핀이 가져다준
헌트의 사랑

영국의 월터 헌트(Walter Hunt)에게는 헤스타라는 매력적인 애인이 있었다. 둘은 깊이 사랑했고 서로 결혼을 약속한 사이였다. 헌트는 헤스타의 아버지를 찾아가 결혼을 허락해달라고 했다. 그러나 그녀의 아버지는 헌트가 변변한 직업이 없다는 이유로 둘의 결혼을 승낙해주지 않았다. 하지만 헌트는 물러서지 않았다. 지금은 비록 가난하지만 잠재력이 있으므로 자신을 믿어달라고 했다.

결국 헤스타의 아버지는 열흘 안으로 1천 달러를 벌어오면 결혼을 허락하겠다는 조건을 내세웠다. 이때가 1840년대이니 1천 달러는 당시로선 어마어마한 금액이었다.

헌트는 큰소리를 치긴 했지만 열흘 안에 1천 달러라는 큰돈을 마련할 일이 막막했다. 당시 마을에서는 부활절 축제가 한창이었다. 며칠을 고민하느라 제대로 잠도 못 잔 헌트는 축제를 즐기는 사람들을 보다가 기가 막힌 아이디어를 떠올렸다. 바로 안전핀이었다. 사람들은 축제 때면 핀을 이용하여 옷에 리본을 꽂았는데 이 바늘 핀은 잘 빠질 뿐만 아니라 누군가와 포옹을 하게 되면 상대방의 가슴을 찌르기도 했다. 헌트는 보다 안전한 핀을 만들기 위해 고민했다. 결국 한쪽 끝을 구부리고 그것을 안전

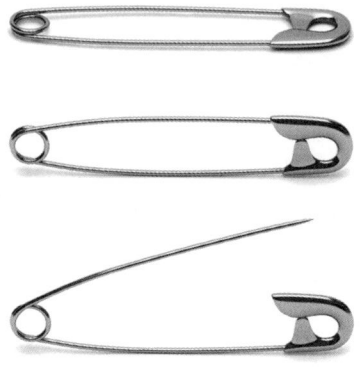

월터 헌트의 사랑을 이루어준 안전핀

한 홈 안에 끼워 넣어 다치거나 빠질 염려가 없는 안전핀을 떠올렸다. 헌트는 당장 철물점으로 달려가 철사를 사다가 자신의 아이디어를 제품으로 만들었다. 성공이었다. 헌트가 만든 안전핀은 빠지지 않을 뿐 아니라 양쪽 끝이 모두 막혀 있어 상대방을 찌를 위험도 없었다.

헌트는 이를 리본가게 주인에게 1천 달러에 팔았고 안전핀의 상품성을 알아본 리본가게 주인은 그것으로 전 세계시장을 독점하여 백만장자가 되었다. 헌트는 1천 달러를 손에 들고 헤스타의 아버지를 찾아가 당당하게 내밀었고 두 사람은 결혼에 성공할 수 있었다.

사랑의 힘이 헌트에게 안전핀을 발명하게 만들었지만 사실 발명을 이룬 바탕에는 관찰의 힘이 있었다. 사소한 것을 놓치지 않고 관찰한 결과 헌트는 사랑하는 사람을 얻을 수 있었던 것이다.

그의 취미를 파악하여
투자를 얻다

나는 미국에서 공부를 하는 동안 관찰의 힘을 잘 이용하여 투자에 성공했을 뿐만 아니라 그 이후로도 끈끈한 인간관계를 가지게 된 어떤 사람들의 이야기를 들은 적이 있다. 내가 재학 중이던 코스에는 종종 벤처 사업으로 성공한 사람들을 불러 강연회를 여는 일이 있었는데 40대 초반의 젊은 사람 둘이 들려준 이야기가 유독 기억에 남는다.

그들이 사업 아이템을 구상한 후 본격적으로 사업을 시작하기 위해 자금을 구하러 다닐 때였다. 서로 돈을 추렴하여 사업을 시작했지만 개인이 가진 자금으로는 한계가 있었기에 투자자를 찾는 일이 시급했다. 어느 날 그들은 돈 많은 한 사업가와 마주 앉게 되었다.

처음 사업가의 방에 들어섰을 때 그들의 눈에 제일 먼저 들어온 건 방을 가득 채우다시피 한 야구용품들이었다. 크고 작은 야구공에서부터 유명한 선수들의 사인볼, 유니폼, 깃발이나 응원용품 등 누가 보아도 야구의 광팬임이 분명했다. 그들은 사업가와 인사를 나눈 후 스몰토크(small talk)를 시작했다. 화제는 말할 것도 없이 야구에 관한 이야기였다. 게다가 유명 선수의 사인볼에 대해서는 칭찬을 아끼지 않았으며 노골적으로 부러움을 드러냈다.

그들은 그 사업가가 응원하는 팀의 성적에 대해 칭찬을 아끼지 않았다. 그렇게 한 시간 가까이 야구 이야기만 하다 보니 약속된 면담 시간이 끝나가고 있었다. 마지막으로 그는 두 사람에게 자신을 찾아온 용건을 물었다. 그들은 야구 얘기를 하듯 자신들이 개발한 사업 아이템에 대해 2~3분에 걸쳐 가볍게 이야기를 던졌다. 그러자 사업가는 흔쾌히 그들의 투자 요구를 받아들였다. 그뿐 아니라 그는 투자 이후에도 지속적으로 두 사람에게 관심을 보이며 도움을 주려 노력했다. 사소한 관찰, 그리고 그에 따른 공감이 사업에 필요한 자금의 투자는 물론 든든한 인간관계까지 이루게 만들어준 것이다.

만약 두 사람이 투자를 받기 위해 처음부터 사업 이야기를 시작했다면 그들은 원하는 투자를 받을 수 있었을까? 생전 처음 보는 낯선 사람이 찾아와 자신들을 믿고 투자를 해달라고 하니 경계심 때문에 망설였을지도 모른다. 그러나 그들은 그 사업가가 가지고 있는 관심사를 주제로 이야기를 시작했고 대화를 나누는 동안 사업가는 자기도 모르게 그들에 대한 경계심을 누그러뜨렸다. 아마도 사업가는 자기 자신의 취미에 관심을 가져주는 두 사람에게 호의를 가지게 되었을 것이고 그러한 호의가 어렵지 않게 투자로 이어졌을 것이다.

이 이야기 속에도 역시 주의 깊은 관찰력이 바탕이 되어 있다. 대부분의 사람들은 자신의 관심사를 다른 사람에게 얘기하는 것을 무척 좋아한다. 그런데 그들이 먼저 자신의 관심 분야에 대한 이야기를 시작했으니 얼마나 반가웠겠는가. 게다가 사인볼에 대한 칭찬으로 어깨가 으쓱해졌을 것이다. 결론적으로 두 사람은 사업가에 대한 면밀한 관찰을 통해 그들이 원하는 것을 얻을 수 있었다.

관찰 프로세스를
습관으로 익혀라

관찰은
발견과 이해의 과정

앞서 관찰의 힘을 이용하여 큰돈을 벌거나 성공을 얻거나 사람의 마음을 얻을 수 있었던 사례들을 살펴보았다. 이제 관찰에 대해 좀 더 흥미가 당기지 않는가?

관찰이란 '사물의 현상이나 동태 따위를 주의하여 잘 살펴보는 것'이다. '눈에 보이는 것을 그냥 바라보는' 데에서 그치는 것이 아니라 '각별히 관심을 가지고 잘 살펴보는 것'이다. 관찰을 한자로 써보면 볼 관(觀)과 살필 찰(察), 두 단어가 결합한 형태이다. 이 역시 '눈여겨보고 살핀다'라는 의미이다. 가볍게 흘려버릴 수 있는 것, 사소하게 여길 수 있는 것을 관심을 가지고 적극적으로 눈여겨 잘 지켜보는 것이 관찰이라는 단어에 담긴 뜻이다.

협의적으로 보면 관찰은 '주의 깊게 본다'는 의미로 '살피는 행위' 자체에 무게를 두고 있지만 이를 좀 더 광의적으로 확대해보면 좀 더 깊은 뜻이 보인다. 한마디로 관찰은 대상이 되는 사물이나 상황을 주의 깊게 보고, 살피는 것에 더해 발견과 이해의 과정까지 포함하고 있다. 보는 것을 넘어 각도를 바꾸어 전후좌우로 살펴보고, 입장을 뒤집어놓고 대상을 봄으로써 그 안에 숨겨진 의미를 발견하고 그것으로부터 이해를 얻는 과정 자체가 관찰이다. 이해를 다른 말로 하면 '깨달음'이다.

그리고 관찰은 목적을 수반한다. 그러므로 관찰의 대상이 무엇이 되었든 간에 관찰의 결과는 분명하게 성과로 나타날 수 있다. 그 이유는 관찰이 무심한 행위가 아니라 무언가 명확한 의도를 포함한 적극적인 행위이기 때문이다. 그 의도라는 것, 즉 관찰의 목적은 기존과 다른 무언가 새로운 것을 찾아내는 것이 되어야 한다. 기존에 모르고 있던 것 또는 기존과 다른 새로운 아이디어 등 기존의 것을 바꿀 수 있는 아이디어를 찾아내는 것이 관찰의 목적이다. 이를 통칭하여 '개선'이라고 하자.

조금만 주의 깊게 살펴본다면 앞에서 제시한 모든 사례들은 이러한 연속적인 과정을 거치고 있음을 알 수 있다. 가시철조망의 개발로 전 세계에서 가장 큰 부자가 된 조셉의 사례를 예로 들어보자. 그의 발명 이야기는 다음과 같이 4개의 단계로 나눌 수 있다.

양이 울타리를 뛰어넘는 이유를 알기 위해 양들의 움직임을 바라봄

⬇

양들이 덩굴장미의 가시를 무서워하여 덩굴을 뛰어넘지 못함

⬇

양들이 울타리를 뛰어넘지 못하게 하려면 덩굴장미처럼 뾰족한 가시가 있는 물건으로 양들을 가두면 됨

⬇

철사에 가시를 만들어 붙여 가시철조망을 만듦

　양이 울타리를 뛰어넘는 이유를 알기 위해 양들의 움직임을 바라본 것은 '관찰'이며, 덩굴장미는 가시가 있어 양들이 울타리를 넘을 경우 가시에 찔릴까 봐 피한다는 사실을 알아낸 것은 '발견'이다.

　이러한 발견으로부터 양들이 울타리를 뛰어넘지 못하게 하려면 덩굴장미처럼 뾰족한 가시가 있는 물체로 양들을 가두면 된다는 생각을 하게 된 것은 '깨달음'이다. 이 깨달음이 철사를 잘라 뾰족한 가시를 만들어 붙인 가시철조망을 만들 수 있는 아이디어로 이어졌다. '개선'인 것이다. 이것을 도식화하면 다음과 같은 흐름을 만들 수 있다.

| 관찰 | ➡ | 발견 | ➡ | 깨달음 | ➡ | 개선 |

이렇게 관찰로부터 시작하여 발견과 깨달음, 그리고 개선에 이르는 일련의 과정을 '관찰 프로세스'라고 이름 붙여보자. 그렇다면 수정액의 발명으로 갑부의 반열에 오른 베티 그레이엄의 사례도 이러한 관찰 프로세스로 정리될 수 있을 것이다.

관찰	화가가 은행의 간판을 그리는 장면을 목격함
발견	잘못 그린 그림 위에 물감을 덧바르고 다른 그림을 그림
깨달음	잘못된 그림을 수정하는 방법을 오타 수정에도 사용할 수 있음
개선	종이와 같은 색의 물감으로 오타를 지울 수 있는 수정액을 만들어냄

조금 더 이해를 돕기 위해 다른 사례를 살펴보자. 실제 자연을 관찰한 결과로부터 깨달음을 얻고 그것을 아이디어로 구체화하면서 인간생활에 유용하게 활용되는 물건으로 만든 사례는 부지기수로 많다.

씨앗을 널리 퍼트리기 위해 날개처럼 진화한 단풍나무 열매의 모습

단풍나무 열매에는 보통 씨가 두 개씩 들어 있으며 각 씨의 한쪽으로 날개가 달려 있다. 이러한 종류를 통틀어 시과(翅果)라고 한다. 뿌리가 땅에 박혀 움직일 수 없으니 가급적 멀리 자손들을 퍼뜨리기 위해 이렇게 진화한 것이다. 날개는 고무밴드처럼 긴 타원형 모양을 하고 있다.

열매가 바람에 날려가면 열매를 중심으로 양쪽의 날개들이 빙그르르 회전하며 날아간다. 우리가 너무나 잘 알고 있는 헬리콥터의 날개가 바로 이 단풍나무 열매에서 비롯된 것이다. 두 손을 맞대고 비비면서 하늘로 날려 보내면 빙글빙글 돌아가면서 사뿐히 땅으로 내려앉는 프로펠러 장난감도 역시 이러한 원리를 응용한 것이다. 이를 관찰 프로세스에 도입해 보면 관찰 ➡ 발견 ➡ 깨달음 ➡ 개선의 단계를 거치고 있음을 알 수 있다.

관찰	단풍나무 열매가 바람에 날려가는 모습을 바라봄
발견	열매를 중심으로 양쪽의 날개가 빙그르르 돌아가며 회전운동을 하고 이로 인해 상하운동이 가능함
깨달음	대칭형의 양쪽 날개가 마주보고 회전운동을 하면 부드럽게 상하운동을 할 수 있음
개선	헬리콥터 날개를 개발함

이렇게 관찰의 순환고리를 잘 완성한다면 관찰은 우리 삶에 큰 변화를 가져다 줄 수 있는데 이 중에서도 가장 중요한 단계는 '깨달음'이다.

깨달음이란 특정한 현상과 사물에 대한 원리를 이해하는 과정이다. 원리에 대한 이해가 있어야만 그 원리를 이용하여 변형, 가공, 발전, 단순화 등의 과정을 거쳐 새로운 아이디어를 도출할 수 있다. 즉 깨달음의 단계를 반드시 거쳐야만 관찰 프로세스의 마지막 단계인 개선에 이를 수 있는 것이다.

아르키메데스(Archimedes)는 목욕을 하기 위해 욕조에 몸을 담그다가 수면이 높아지는 것을 보고 비중의 개념을 발견했다. 피타고라스(Pythagoras)는 물체의 길이가 음의 높낮이와 관련이 있음을 처음으로 알아냈다. 대장장이가 망치질을 하는 소리를 듣다가 망치질 소리가 일정하지 않고 높낮이가 다른 것을 주의 깊게 듣고 관찰한 덕분이었다.

갈릴레오 갈릴레이(Galileo Galilei)는 높은 곳에서 바라보는 바다는 낮은 곳에서 바라보는 바다보다 더 넓게, 더 멀리 볼 수 있다는 사실을 관찰함으로써 지구가 둥글다는 이론에 확신을 가지게 되었다.

19세기의 물리학자 존 틴달(John Tyndall)은 파란 하늘을 주의 깊게 관찰하다가 대기 중의 먼지나 다른 입자에 부딪혀 산란하는 햇빛에 의해 하늘의 색이 결정된다는 것을 알게 되었다.

뉴턴(Isaac Newton)은 아무도 관심을 가지지 않았던 사실, 즉 떨어지는 사과를 보면서 모든 3차원 행성에서 공통적으로 적용될 수 있는 만유인력의 법칙을 발견했다.

찰스 다윈(Charles Robert Darwin)은 갈라파고스 섬의 동물들을 관찰하다가 같은 종임에도 불구하고 사는 환경에 따라 모양새가 다르다는 사실을 발견하고 진화론의 개념을 고안했다.

자연현상을 잘 관찰함으로써 그 속에 숨겨진 일정한 패턴, 즉 원리를 찾아내고 그것을 체계화하며 발전하는 과정은 과학을 발전시켰다. 관찰을 통해 사물들의 행동 패턴들을 구분해내고, 패턴들로부터 원리들을 추출해내고, 사물들이 가진 특징에서 유사성을 이끌어내고, 행위모형을 창출해냄으로써 부정할 수 없는 하나의 이론이 성립되었다. 그리고 이러한 원리들을 바탕으로 인류의 삶은 한 단계씩 발전을 거듭해왔다.

일상생활 속에서도 관찰을 통해 원리를 발견하고 활용하는 사례들이 많다. 예를 들어, 토끼는 앞다리가 짧고 뒷다리가 길다. 그래서 산을 오를 때는 잘 뛰지만 산을 거슬러 내려갈 때는 잘 뛰지 못한다. 이것은 정형화된 패턴이다. 예외가 없다. 모든 토끼들은 산을 오를 때는 빠르지만 산을 내려갈 때는 느려진다. 이러한 정형화된 패턴을 이용하여 사냥꾼들은 토끼 사냥을 할 때 산 위에서 산 아래로 토끼들을 몬다.

사회적인 현상을 분석하는 데 있어서도 원리의 도출은 영향력을 크게 발휘한다. 자연현상처럼 정형화되고 유일무이한 법칙이 있는 건 아니지만 사회적인 현상에 있어서도 대체적으로 적용 가능한 패턴들이 존재한다. 이런 것들을 잘 관찰하고 분석하여 가설을 도출해내는 것이 사회과학이다. 사람들의 행동유형을 깊이 있게 관찰함으로써 행동과학이나 심리학 같은 학문들도 발달하게 되었다. 경제학 역시 마찬가지이다.

말콤 글래드웰(Malcolm Gladwell)이 쓴 세계적인 베스트셀러 『아웃라이어(Outlier)』는 '1만 시간의 법칙'이라는 이론을 배경으로 하고 있다. 신경과학자 다니엘 레빈틴(Daniel Levintin)의 연구결과에서 유래한 이 법칙은 누구나 자신이 맡은 일에 있어 전문가가 되려면 적어도 1만 시간 이상을 그 일에 쏟아부어야만 한다는 이론이다. 그걸 어떻게 알았을까? 당연히 관찰로부터 도출한 것이다. 성공한 사람들을 대상으로 그 사람들은 과연 어떻게 해서 크게 성공할 수 있었을까를 연구하던 학자들은 그들이 성공하기까지 오랜 시간 노력을 했고 그 시간이 적어도 1만 시간은 넘을 것이라는 공통점을 발견하고 가설을 세운 후 증명하여 원리로 만들어낸 것이다.

성공한 사람들을 주의 깊게 관찰하고 분석하지 않았다면 1만 시간의 법칙은 태어나지 않았을 것이다.

본질을 파악하면 보인다, 통찰

큰아이가 어렸을 때 〈디지몬〉이라는 일본 만화영화가 선풍적인 인기를 끌었다. 온갖 형태의 몬스터들이 내공이 쌓일수록 점점 더 강력한 몬스터로 진화해나가며 악당들과 맞서 싸운다는 내용이었다. 뜬금없이 만화영화 이야기를 했지만 디지몬이 점점 더 강력한 파워를 지닌 몬스터로 진화할수록 강력한 존재가 되는 것처럼 관찰 프로세스도 내공이 쌓이면서 진화해나간다. 관찰의 프로세스가 반복적으로 일어나게 되면 통찰의 깨달음을 얻을 수 있기 때문이다.

'통찰(洞察)'의 사전적 의미는 '예리한 관찰력으로 사물의 이치를 꿰뚫어보는 것'이다. 그리고 통찰할 수 있는 그 역량을 통찰력이라고 한다. 통찰의 중요성은 익히 공감할 것이다. 통찰은 '눈에 보이지 않는(invisible)' 것을 '눈에 보이게(visible)' 만드는 능력이다. 경쟁이 더 심화되는 세상에서 남들이 볼 수 있는 것만 본다면 경쟁자를 제치고 앞으로 나갈 수 없다. 기회는 언제나 남들이 보지 못하는 것에 있다. 그 안에는 차별화된 무엇이 있다. 문제의 본질을 정확히 파악하고 그것을 기반으로 미래를 예측할 수 있다면 그의 경쟁력은 아무도 따라올 수 없는 초강력 단계로 접어들 수 있다.

점점 환경변화의 속도가 빨라진다. IT 기술이 발달하면서 산업 전체의 판도가 뒤바뀌는 경우도 잦다. 과거에는 생각할 수 없었던 산업들이 등장하기도 하고 과거 촉망받던 산업들이 하루아침에 몰락하는 경우도 비일비재하다. 이렇게 급속하게 바뀌는 환경일수록 트렌드를 잘 읽으면 새로운 사업 기회를 발견할 가능성이 높아진다.

20세기 들어 가장 위대한 발명은 인터넷이 아닐까. 인터넷의 등장으로 인해 인류의 삶은 혁명적인 변화를 경험했다. 정보의 공유 속도가 이전에 비해 비교할 수 없이 빨라졌고 전 세계의 사람들이 국경을 초월하여 만날 수 있는 기회와 공간이 폭발적으로 확대되어 마치 이제 정말 진정한 지구촌의 개념이 실현되는 듯하다. 검색엔진의 활용으로 과거에는 특정 소수에 국한되어 있던 특별한 지식들 또한 일반 대중들에게 보편화되고 있다. 인터넷의 발달과 함께 스마트폰과 같은 첨단 정보통신 기기의 발달과 보급이 늘었으며 이는 우리 삶의 패턴을 송두리째 뒤바꿨다.

  정보의 흐름이 자유로워지면서 기업의 입장에서도 큰 변화가 일어나고 있다. 인터넷에서 공공연히 이루어지는 가격비교, 제품비교로 인해 기업은 더 심화된 차별화를 추구해야 한다. 또한 아이디어로 승부하는 후발 기업들이 오랜 세월 자리를 지켜온 기업들을 제치고 전 세계적인 상위 기업으로 도약할 역전의 기회를 얻을 수도 있다. 과거 포춘 500대 기업에 올랐던 GE, GM, IBM 등 전통적인 기업들은 이제 애플이나 구글 등의 IT 기업에 상위 순위를 내주고 뒷걸음질만 치고 있다. 늘 일본 기업들에 밀려 값싼 복제품을 만드는 기업으로 인식되던 한국 기업들이 일본 기업을 제치고 전 세계적인 기업으로 경쟁력을 인정받은 것도 모두 인터넷의 발달과 함께 달성한 노력이다.

  2006년 타임지는 '올해 최고의 발명'으로 유튜브(YouTube)를 선정했다. 개발과 함께 전 세계인을 사로잡은 유튜브의 명성은 지금도 식지 않고 계속되고 있다. 싸이의 '강남스타일' 뮤직비디오는 유튜브에서 숱한 화제가 되며 15억 번의 뷰(view)를 넘어설 정도로 대단한 인기를 누리며 싸이를 일약 세계적인 스타로 만들었다. 대한민국 가수로는 처음으로 미국 아이튠즈(i-Tunes) 뮤직차트에서 1위, 빌보드 핫 100차트에서 2위에 오르는 전무후무한 기록을 세우기도 했다. 전 세계적으로 선풍적인 열기를 일으켰고 빌보드지에 K-Pop이라는 새로운 장르를 만들어낸 한

류 역시 유튜브가 없었다면 불가능했을 것이다.

이렇게 개인의 운명은 물론 역사의 흐름까지 바꾸는 초강력 미디어로 자리 잡은 유튜브 역시 그 출발은 자기가 만든 동영상을 보다 많은 사람들과 손쉽게 공유하고 정보를 주고받고 싶다는 인간의 숨은 욕망을 꿰뚫어보았기 때문에 가능한 일이었다. 즉 인간의 욕망에 대한 통찰력의 결과인 것이다.

유튜브뿐 아니라 전 세계의 지인들과 손쉽게 소통할 수 있는 페이스북(facebook)이나 트위터(twitter) 같은 소셜네트워크서비스(SNS)도 모두 사람들과 소통하고 자기 의견을 다른 사람들에게 전달하고 싶어 하는 인간의 기본적인 심리를 잘 꿰뚫어본 결과다. 이러한 발명들로 인해 우리들은 보다 많은 사람들과 시간, 공간의 제약 없이 자유롭게 의사소통이 가능해졌고 손쉽게 원하는 정보들을 얻게 되었다.

대중에게 숨겨진 니즈들을 면밀하게 관찰하고, 변화의 트렌드를 앞서 읽어 그것을 실제 세계에서 구현한 사람들은 과거 이 세상에 없던 전혀 새로운 산업의 영역을 개척했고 돈과 명예는 물론이고 전 세계인들의 라이프스타일까지 바꿔놓는 막강한 영향력을 과시하고 있다.

이처럼 통찰력은 강력한 힘을 가지고 있는데 이러한 역량은 앞서 얘기한 관찰 프로세스가 반복적으로 이루어질 때 갖춰질 수 있는 역량이다. 한두 번의 관찰 프로세스를 통해 통찰력을 갖기는 힘들지만 관찰 프로세스가 여러 차례 반복되다 보면 통찰력이 길러질 수 있다. 여기에서 중요한 것은 '반복'이다. 그리고 그 반복을 가능하게 하는 것은 경험과 훈련이다. 통찰력이라는 것이 사물의 원리, 사물의 현상, 사람들의 행동을 꿰뚫어보는 능력이므로 통찰력이 깊어지기 위해서는 경험이 수반되지 않으면 안 된다. 이를 그림으로 나타내보면 다음과 같다.

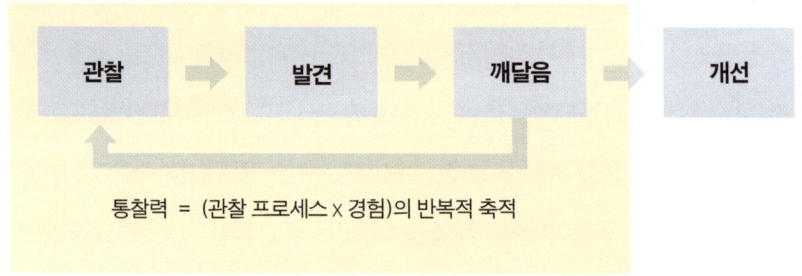

즉 통찰이란 관찰이 오랜 시간을 두고 경험과 만나 화학반응을 일으켜서 얻을 수 있는 힘이다. 일반적으로 관찰은 길러지는 힘이지만 통찰은 축적되는 힘이다. 오래 묵은 된장이나 간장이 깊은 맛을 내듯이 시간이 쌓이면 쌓일수록 더욱 진가를 발휘할 수 있는 것이 통찰력이다.

통찰력이 중요한 또 다른 이유는 통찰력이 강할수록 관찰 프로세스가 강해질 수 있기 때문이다. 다시 말해 관찰로부터 개선의 아이디어를 얻어내는 선순환의 힘이 커진다는 것이다. 종종 우리는 주위에서 통찰력이 뛰어나다고 하는 사람들을 만날 수 있는데 이러한 사람들은 문제의 본질을 파악하고 문제해결을 위한 대안 제시 능력이 뛰어나다. 그러니 통찰력을 기르기 위해서는 '관찰 ➡ 발견 ➡ 깨달음'으로 이어지는 관찰 프로세스를 무의식적으로 반복할 수 있도록 내재화하는 것이 필요하다.

혁신의 시발점이 되는 관찰

인류의 역사는 오랜 시간 동안 꾸준한 발전을 거듭해왔다. 시간이 흐를수록 인간의 뇌는 점점 발달했고 경험이 쌓이고 학습속도가 빨라지며 지식 수준은 더욱 높아져 모든 학문 분야에서 탄탄한 이론적 배경을 갖추게 되었다. 그리고 이를 이용하여 삶을 더 편리하게 만들어주는 문화와 각종 도구들이 연이어 등장했다. 이러한 발전은 시간이 지날수록 점점 더 가속도가 붙어 인간의 삶은 더욱 풍요롭고 편리하게 진화되어 나아가고 있다. 이러한 인류의 발전은 끊임 없이 기존의 지식을 뛰어 넘으려는 연구와 그것을 인간의 삶에서 구체적으로 실현하고자 하는 창조정신으로부터 비롯되었다. 창조정신을 발휘하여 기존에 존재하던 것과 다른 새로운 것을 만들어내는 능력을 창의력이라고 하는데, 이는 기존에 존재하는 패러다임이라는 문을 열고 새로운 세계로 들어가 혁신적인 아이디어를 꺼내오는 것이다.

'기존의 사고'라는 거대한 철문으로 굳게 닫혀진 방에서 '혁신'이라는 아이디어를 꺼내오기 위해서는 어떻게 해야 하는가? 철문을 부수거나 벽을 허물어버리거나 철문에 구멍을 낼 수도 있고, 그 외 다양한 방법을 생각해낼 수 있다. 하지만 가장 쉬운 방법은 그 문에 맞는 열쇠를 이용하여 문을 여는 것이다. 관찰은 굳게 닫힌 '기존의 사고'라는 철문을 가장 쉽고 빠르게 열 수 있는 열쇠라고 할 수 있다.

지능이론가이자 창의력 연구의 대가인 길포드(Joy Paul Guildford)는 '창의력이란 주어진 사물이나 현상에 대해 새로운 시각에서 다양한 아이디어나 산출물을 표출할 수 있는 능력'이라고 정의했다. 이 말은 창의력의 바탕이 '이미 우리에게 주어져 있는 사물이나 현상'이며 새로운 시각을 가지기 위해서는 기존에 존재하는 것들에 대한 주도면밀한 관찰이 필요하다는 이야기다. 다음 그림을 한번 보자.

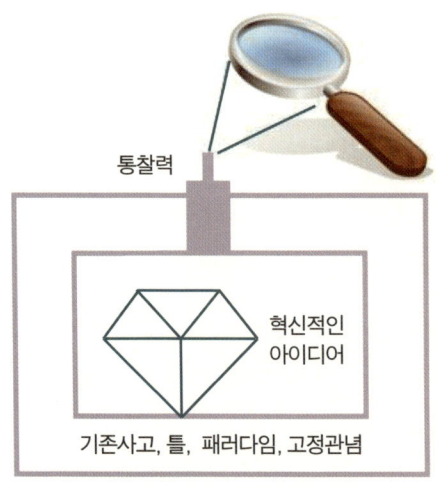

일반적으로 혁신적인 아이디어를 방해하는 것은 기존의 사고나 생각, 고정관념, 패러다임과 같은 것들이다. 많은 사람들이 '혁신'이라는 단어를 귀가 따갑도록 듣고 있고 그 필요성에 대해서도 공감하고 있지만 정작 자기가 가진 틀을 깨지 못한다. 관찰은 이러한 고정관념을 탈피하는 가장 근본적인 수단이다. 또한 통찰력은 기존사고의 틀을 부술 수 있는 가장 강력한 무기가 된다.

앞서 말한 관찰 프로세스는 이러한 통찰력에 불을 붙이는 행위이다. 즉, 관찰 프로세스는 돋보기를 이용하여 통찰력이라는 다이너마이트에 햇빛을 쪼여 불을 붙이는 행위와 마찬가지라고 할 수 있다. 통찰력에 불이 붙어야 다이너마이트가 폭발할 수 있고 그 폭발력으로 기존의 사고와 틀, 패러다임이 깨지며 그 안에서 다이아몬드처럼 영롱하게 빛나는 혁신적인 사고를 끄집어낼 수 있다. 결국 창의력이란 '관찰 프로세스를 통해 사물에 대한 통찰력을 기르고 그 통찰력을 이용하여 기존 사고의 틀을 깸으로써 혁신적인 아이디어를 도출해내는 힘'이다.

새로운 아이디어는 높은 관심과 애정을 가지고 지속적이고 면밀한 관찰과 함께 끝없는 질문을 계속한 결과이며 가치 있는 창조의 과정은 늘 관심을 가지고 주변을 관찰함으로써 당연하게 여겼던 일상에서 새로운 세계를 발견하는 통찰력으로부터 시작된다.

세상을 바꾼 기발한 아이디어들도, 세상 사람들을 감동시킨 예술이나 문학작품 등도 남다른 관심과 관찰에서 얻은 아이디어를 재료로 해서 이루어진다. 우리 주변을 면밀히 관찰함으로써 우리가 원하는 단서와 답을 찾아낼 수 있을 것이다. 이것이 바로 우리가 관찰을 해야 하는 이유이자 관찰이 가진 중요성이다.

관찰은 습관적인 행위이다. 관찰은 무의식적이고 반복적으로 일어나야 하며 저절로 몸에 배어 자연스럽게 체화될 수 있어야 한다. 관찰이 자연스럽게 체화된 사람들은 그렇지 않은 사람들에 비해 차별화된 기회를 가질 확률이 높다. 그렇다면 관찰력을 기를 수 있는 방법이 있을까?

관찰력이란 관심을 가지고 키우려고 한다면 충분히 길러질 수 있는 역량이다. 많은 학자들도 관찰력은 후천적인 노력에 의해 길러질 수 있는 능력이라고 말하고 있다. 다만 많은 사람들이 관찰의 필요성과 중요성을 깨닫지 못한 채 살아왔기 때문에 자신에게 재능이 있는지 없는지 모르고 있으며 그것을 키워나갈 필요도 못 느꼈을 뿐이다.

그런데 앞에서 말한 것처럼 관찰은 단순히 보고 지나치는 것이 아니라 관찰 프로세스를 완수해야만 그 의미가 커진다. 관찰 프로세스의 출발점인 '관찰'이 시작되기 위해서는 관찰을 위한 동인 즉, 모티베이션이 제공되어야 한다.

나는 관찰 프로세스가 시작될 수 있도록 방아쇠 역할을 하는 동인을 8가지 요소로 구분해 각각의 머리글자를 따 간략히 '왓칭(WATCHING)'이라고 이름 붙였다. 평소 이 왓칭의 개념을 염두에 두고 실생활 속에서 습관화한다면 관찰력이 크게 향상될 수 있을 것이다. 다음 장에서는 이 8가지 요소에 대해 자세히 살펴보도록 하겠다.

2부

관찰력을 높이기 위한 8가지 기술, '왓칭WATCHING'

Wonder
당연한 것일수록 의문을 가져라

관찰의 힘을 기르기 위해서는 일상 속에서 일어나는 일들에 대해 '당연하다'고 여기는 사고방식을 바꾸어야 한다. 우리는 대개 일정한 패턴대로 살아간다. 매일 아침, 같은 시간에 일어나 어제와 같은 준비를 하고 매일 동일한 차를 타고 동일한 경로를 거쳐 일터로 나간다. 점심시간에는 자주 가는 집에서 자주 먹는 음식을 먹고 시간이 되면 일터에 갈 때와 동일한 과정을 거쳐 다시 집으로 돌아온다. 특수한 일을 하거나 특별한 일이 있지 않는 한 예외적인 경우는 거의 없다.

이렇게 동일한 일이 계속 반복되다 보면 행동이 고착화된다. 그러면 아무 의심 없이 '당연한 것으로' 받아들여진다. 그리고 자기도 모르게 그것으로부터 벗어나려고 하지 않는다. 그렇게 되면 생각이 멈추게 된다. 우리가 자주 쓰는 말처럼 '아무 생각 없이' 행동하는 경우들이 많아진다.

쳇바퀴 속에 갇히게 되는 것이다.

사람들은 기본적으로 익숙한 것을 좋아한다. 익숙한 것이 편리하기 때문이다. 반면에 낯선 것은 불편해한다. 변화 또한 마찬가지다. 즉 당연한 삶, 당연한 현상 속에서 사는 것을 기꺼이 받아들이게 된다. 이러한 삶에 젖어들면 새로운 것을 볼 수 있는 기회가 줄어든다. 익숙함에서 벗어나야만 새로운 것을 만날 수 있다.

선풍기, 날개가 없어도 되지 않을까?

올 여름도 무척이나 덥지만 2012년 여름은 기록적으로 더웠다. 30도만 넘어도 숨쉬기가 어려운데 38도까지 오르내리는 날들이 비일비재했다. 지역에 따라서는 40도를 넘어가는 곳도 있었고 밤에도 30도를 넘는 열대야가 한 달 내내 지속되었다. 그렇게 더운 날이면 시원한 바람 한줄기가 주는 꿀 같은 상쾌함은 숨통이 확 트이는 즐거움이다. 작년만큼 선풍기 바람의 고마움을 절실하게 느꼈던 적은 없었던 것 같다.

그런데 이 선풍기도 어떻게 바라보느냐에 따라 결과가 크게 바뀔 수 있다. 지금까지 우리가 생각하는 선풍기는 언제나 비틀린 형태의 둥근 날개가 달려 있었다. 날개가 있어야만 회전하면서 기압 차이를 만들어

바람을 형성할 수 있으므로 날개가 없이는 바람을 만들어낼 수 없다고 생각해왔다. 지금과 같은 모습의 선풍기가 처음 등장한 1882년 이래로 그러한 생각은 변하지 않았다. 그러나 선풍기의 날개는 청소하기도 쉽지 않고 특히 어린아이가 있는 집에서는 항상 안전의 문제가 있었다.

그런데 2009년 영국의 다이슨(Dyson)이라는 회사가 혁신적인 제품을 선보였다. 바로 날개 없는 선풍기였다. 선풍기는 날개가 있어야 한다는 '당연한' 생각을 깨고 다이슨이 날개 없는 선풍기를 세계 최초로 개발해낸 것이다.

바람이 부는 원리는 간단하다. 고기압에서 저기압으로 공기가 이동하면서 그 움직임에 의해 바람이 생성되는 것이다. 어느 두 지역에서 기압이 같지 않고 차이가 발생할 경우 고기압 부근에 머물던 공기가 저기압 부근으로 빨려 들어가면서 그 움직임이 바람으로 나타나게 되는 것이다.

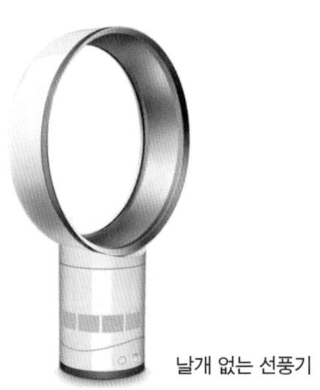

날개 없는 선풍기

그리고 공기는 압력이 높은 곳에서는 느리게 흐르고 압력이 낮은 곳에서는 빠르게 흐른다. 이것이 '베르누이의 법칙(Bernoulli's theorem)'이다. 다이슨이 개발한 날개 없는 선풍기는 이 원리를 활용한 것이다.

 이 날개 없는 선풍기는 선풍기 스탠드에 내장된 팬과 모터를 작동시켜 기압을 낮게 만듦으로써 바람을 빨아들인다. 이렇게 빨아들인 공기를 둥근 고리 내부로 밀어 올린다. 비어 있는 고리 내부로 밀려 올라간 공기는 고리의 특성상 유속이 빨라진다. 이 빠른 속력의 공기가 빈 고리 내부의 작은 틈을 통해 빠져나오면서 둥근 고리 안쪽 면의 기압은 낮아지게 된다. 이 때문에 고리 주변의 공기는 고리 안쪽으로 유도되어 고리를 통과하는 강한 공기의 흐름을 생기게 한다. 이때 고리를 통과하는 공기의 양은 모터에서 빨아들인 공기 양의 15배 정도 증가하게 되는데 이러한 원리로 바람이 만들어진다. 일반 사람들의 상식을 깨는 혁신적인 제품이지

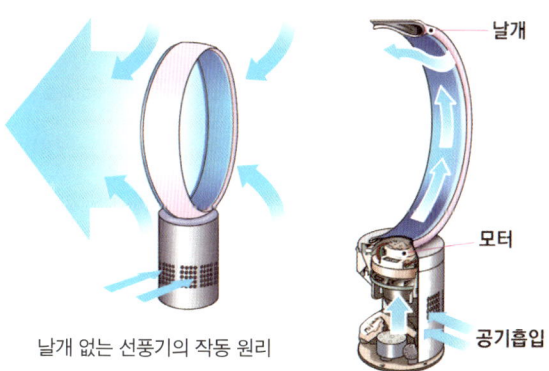

날개 없는 선풍기의 작동 원리

만 그 원리는 아주 단순하다. 바람이 부는 원리와 베르누이의 법칙을 잘 이해한다면 쉽게 만들 수 있는 제품이다. 하지만 다이슨 사가 이 제품을 만들기 전까지는 누구도 날개 없는 선풍기를 만들 생각을 하지 못했다.

선풍기에 대한 고정관념을 송두리째 바꿔놓은 이 혁신적인 제품은 결국 당연한 것을 당연한 것으로 받아들이지 않는 파격으로부터 비롯되었다. '선풍기는 꼭 날개가 있어야만 할까? 자연에서 바람이 부는 원리를 이용하여 선풍기를 만들 수는 없을까?' 하는 의문이 결국 날개 없는 선풍기라는 혁신적인 제품을 만들었다. 만약 당연한 것에 대한 의문이 없었다면 이 혁신적인 제품은 세상의 빛을 보지 못했을 것이다.

다이슨이 만든 날개 없는 선풍기의 사례에서 관찰 프로세스를 일으킨 동인은 선풍기는 비틀어진 형태의 날개가 있어야만 한다는 '당연한 사실'에 대한 의문이다. 즉 보편적으로 받아들이고 있던 사실에 의문을 제기함으로써 관찰 프로세스가 시작된 것이다.

그런데 조금 더 생각해보자. 다이슨이 날개 없는 선풍기를 만든 것은 매우 혁신적이다. 그러나 선풍기는 꼭 다이슨이 만든 제품처럼 스탠드 형태여야 하는 걸까? 아마도 많은 사람들이 그것을 당연하다고 여길 것이다. 그래야 필요한 곳으로 쉽게 옮기면서 사용할 수 있으니 말이다. 그렇지만 그 당연함도 한 번쯤 의문을 가져볼 수 있지 않을까?

선풍기의 바람은 시원하지만 오래 사용하다 보면 모터에서 발생한 열이 전달되어 더운 바람이 분다. 어느 순간에 이르면 선풍기 바람이 시원

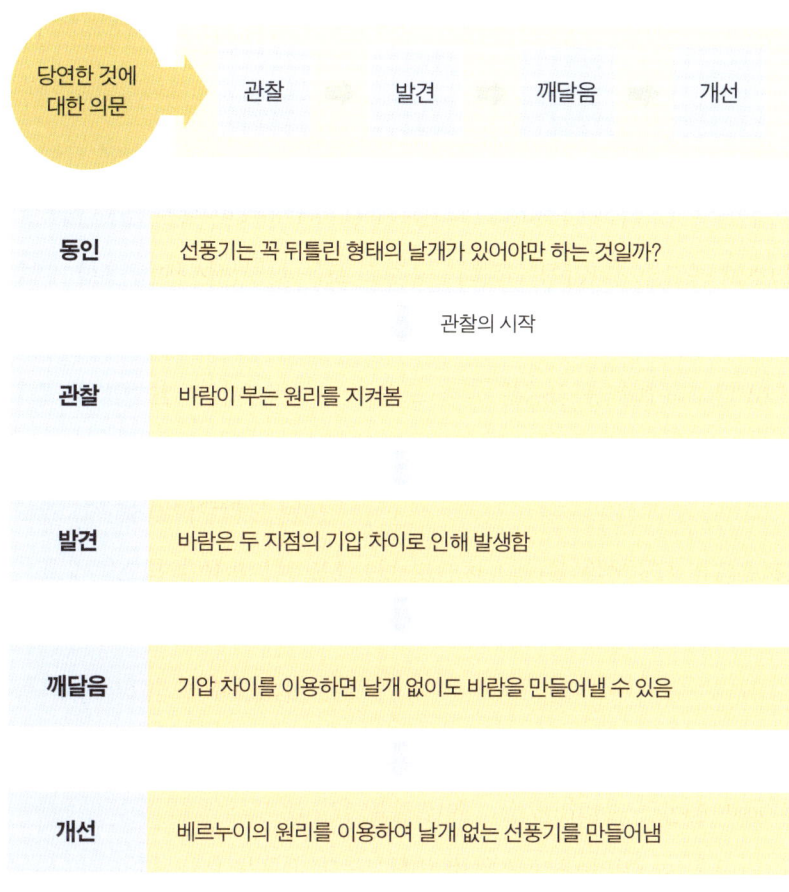

한 게 아니라 덥게 느껴질 때가 있다. 그러나 자연에서 부는 바람은 내체로 시원하다. 자연에서 부는 바람이 시원한 이유는 확 트인 공간 때문이다. 선풍기의 모터처럼 바람에 열이 담길 수 없고 좁은 거리에서 바람을 불어 보내지 않으므로 상대적으로 시원함을 느낄 수 있다. 그렇다면 이 원리를 응용해볼 수는 없을까?

 붙박이 시스템 에어컨과 같은 선풍기를 만들어보는 것은 어떨까? 집의 한쪽 끝 천장과 다른 한쪽 끝 바닥에 각각 장치를 두고 두 지점에 기압차이를 발생시키면 베르누이의 원리에 의해 천장에서 바닥으로 또는 그 반대 방향으로 바람이 불지 않을까? 그렇다면 스탠드 형태에 구애받지 않고 보다 자연에 가까운 바람을 즐길 수도 있을 것이다. 물론 나의 구상도 과학적인 검증을 거치지 않은 상태지만 중요한 것은 당연하다고 여겼던 것에 의문을 가짐으로써 새로운 발견의 기회를 가질 수 있다는 점이다.

 이처럼 엉뚱한 생각은 세상을 바꿀 수 있다. 그러나 당연하다고 받아들이면 세상을 바꿀 수 없다. 그냥 이미 만들어진 세상에 적응하며 살아갈 뿐이다.

처칠에게는
너무나 당연했던 시가를 뺏다

당연하게 생각되는 일상의 평범함을 거부하고 의문을 가지게 되면 매사에 자신이 하는 일이나 자신의 주변에 대해서도 보는 관점이 달라지고 일을 하는 태도도 달라질 수밖에 없다. 인물사진에 있어서 세계적으로 유명한 거장의 반열에 오른 유섭 카쉬(Yousuf Karsh)는 인물사진을 찍

시가를 빼앗기고
심통이 난 표정의 처칠

기에 앞서 대상의 작품이나 평소 일상생활 등을 깊이 관찰하여 그 인물의 인간적·사회적 특성을 파악하고 이를 자신만의 느낌으로 해석하여 작품으로 표현했다. 겉으로 드러나는 피사체의 특징을 파악하는 것도 중요하지만 그 이면에 숨겨진, 눈에 보이지 않는 의미를 찾아 자신만의 해석을 넣어 완성하는 방법을 택한 것이다.

위의 사진은 세계 사진 역사에 있어 가장 많이 인용된 사진 중 하나인 영국의 수상 윈스턴 처칠(Winston Churchill)의 보습이나. 우리가 흔히 보았던, 시가를 입에 물고 온화한 미소를 짓고 있는 처칠의 사진과는 사뭇 그 느낌이 다르다. 이 사진은 2차 세계대전을 앞두고 있던 1941년, 캐나다의 오타와를 방문하였을 때 수상 맥킨지 킹(Mackenzie King)이 처칠에게 선물하기 위해 유섭 카쉬에게 의뢰하여 찍은 사진이다. 사진은 독일에 대항하는 영국과 처칠의 결연한 의지를 담고 있다.

온화한 미소 대신 결연한 표정의 카리스마 있는 표정을 담고 싶었던 유섭 카쉬는 사진 촬영에 앞서 강제로 그의 입에서 시가를 뺏어버렸다. 이 사진은 유섭 카쉬에게 시가를 빼앗기고 골이 난 처칠의 표정을 담은 것이다. 여기에는 유섭 카쉬의 작품 의도가 잘 담겨 있는데, 그는 어떻게 하면 강한 의지가 담긴 사진을 찍을까 고민하다가 평소 처칠이 시가 피우는 것을 좋아하며 시가가 없으면 처칠의 표정이 어두워진다는 사실을 발견했다. 그래서 처칠의 습관을 이용하여 이런 걸작을 남길 수 있게 되었다. 유섭 카쉬가 아니었다면 처칠은 평소처럼 시가를 물고 있었을 것이다. 당연하게도 말이다. 그러나 그는 당연한 사고를 벗어나 고민하고 관찰하고 발견하여 역사적으로 유명한 작품 사진을 남기게 되었다.

빨간 코끼리 법칙

앞서 언급했지만 혁신적인 아이디어를 방해하는 것은 기존의 사고나 생각, 고정관념, 패러다임과 같은 것들이다. 하늘이 파란 것에 의문을 가지면 빛의 산란이라는 원리를 발견할 수 있는 출발점이 되지만 '하늘이 당연히 파랗지, 그럼 빨갛겠어?' 하고 당연하게 받아들이면 아무것도 얻는 게 없다. 주위의 사물이나 현상을 당연하다고 생각하는 것은 기존의 틀 속으로 들어가 문을 걸어 잠그는 것이나 다를 바가 없다. 그리고 한번 틀 속에 갇혀버리면 틀 밖에 있는 것은 바라볼 수가 없게 된다.

'빨간 코끼리 법칙'이라는 것이 있다. 일명 프레임 법칙이라고도 하는데 버클리대학교의 언어학과 교수인 조지 레이코프(George P. Lakoff)가 『코끼리는 생각하지 마』라는 책에서 처음으로 언급한 이론이다. 어떤 사람이 '절대로 코끼리는 생각하지 마!'라고 말하는 순간 그 말을 듣는 사람의 머릿속에는 커다란 코끼리가 자리 잡는다. '코끼리'라는 말을 듣는 순간 머릿속에 이미지를 형상화하기 때문이다. 이렇게 동일한 이미지가 머릿속에서 반복되면 그 생각을 떨쳐버리기가 쉽지 않은데 그건 바로 프레임(frame)이 형성되었다는 것을 의미한다. 그런데 '프레임'은 '정형화된 틀'이기 때문에 그 틀을 깨부수는 것이 상당히 어렵다. 프레임에 갇혀버리게 되면 그 프레임에 맞추어 모든 것들을 바라보게 되고 그 프레임에 맞지 않는 정보는 쉽사리 받아들이지 못하게 된다. 사실이나 진실을 알려고 하기보다는 자신이 갖고 있는 프레임에 맞는 것만을 선택하려는 경향이 나타난다.

프레임에서 빠져나오는 가장 좋은 방법은 프레임을 없애는 것이다. 아이들에게 '불량식품은 먹지 마'라고 하면 아이들은 머릿속에서 불량식품을 상상하게 되고 한 번쯤 먹어보고 싶은 충동을 느끼게 된다. 차라리 '엄마가 해주는 깨끗하고 안전한 음식을 먹어'라고 말하면 아이들은 더욱 불량식품을 조심하게 될 것이다. '패러다임을 바꾸자'는 말도 결국은 기존에 사로잡혀 있던 프레임을 벗어 던지자는 말과 다르지 않다.

프레임에 갇혀 있는 사람은 늘 그 프레임 안에서만 생각할 수밖에 없다. 프레임을 벗어난 아이디어는 생각을 못한다. 일상에서 사물을 '당연하다'는 사고로 바라보는 것은 바로 프레임에 갇혀버리는 것이다. '당연'이라는 팻말을 붙인 방 안에 갇혀 있으니 모든 것들이 당연해 보이고 그 안에서는 새로운 생각이 떠오르질 않는다. '당연'이라는 문을 열고 밖으로 나와야만 새로운 사고를 할 수 있다.

당연한 것을 의심하라, 먼지봉투 없는 청소기

다이슨의 사례를 하나 더 들어보자. 지금은 많이 달라졌지만 예전의 청소기는 모두 먼지봉투를 사용했다. 빨아들인 먼지를 보관할 수 있는 장소가 필요하고 손쉽게 그것을 버릴 수 있도록 청소기에는 당연히 먼지봉투가 있어야만 한다고 생각했다. 그것도 꽤 오랜 시간 동안. 그러나 먼지봉투는 여러 가지 불편한 점이 있었다. 청소기를 오랜 시간 사용할수록 먼지가 청소봉투의 미세한 구멍을 막기 때문에 흡입력이 떨어질 뿐 아니라 자주 먼지봉투를 교체해야 했다. 봉투를 교체하는 동안 먼지도 많이 날렸다. 그러나 모두가 당연히 꼭 있어야 하는 부품이라고만 생각했다.

그 당연한 사고를 깨고 먼지봉투 없는 청소기를 만들어 선풍적인 인기를 끈 회사가 바로 앞에서 날개 없는 선풍기를 만들어낸 다이슨이다. 다이슨은 3년이란 긴 세월을 들여 먼지봉투가 없는 청소기를 개발했다. 그는 그 모형을 들고 청소기 제조업체를 찾아다녔지만 아무도 그의 아이디어를 받아들이려고 하지 않았다. 그들은 청소기에는 당연히 먼지봉투가 있다는 프레임에 빠져 있었고 그러한 프레임에 갇혀 다이슨의 이야기를 들으려고 하지 않았다. 오히려 먼지봉투 없는 청소기가 팔리겠냐며 그를 비웃고 조롱했다. 모두에게 거절당한 다이슨은 직접 회사를 차려 자신이 개발한 청소기를 제조하고 판매했다. 이 청소기는 출시한 지 1년 반 만에 영국에서 판매 1위를 기록했다. 이미 유럽과 미주(美洲)에서는 판매율 1위를 기록했고 미국시장에서는 출시 3년 만에 미국의 토종 브랜드 후버(Hoover)를 제치고 가장 많이 팔리는 청소기 브랜드로 자리매김했다.

이 이야기는 당연한 사실에 품은 의문이 엄청난 결과를 가져왔다는 것을 알 수 있는 하나의 예다. 만약 기존의 청소기 제조업체들이 프레임을 부수고 다이슨의 혁신적인 제품을 알아보았다면 아마도 지금 세계 청소기 시장은 그들의 차지가 되었을 것이다. 하지만 그들은 당연한 것을 당연하다고 여기는 사고의 함정에 빠져 더욱 강력한 기업으로 성장할 절호의 기회를 상실해버렸다.

칼라 분리형 와이셔츠 개발로
부자가 된 몬타크 부부

일상생활 속에서 당연하게만 받아들이는 일에 의문을 가지고 관찰을 한 결과 큰 부자가 된 사람의 이야기가 있다. 바로 칼라 탈부착이 가능한 와이셔츠를 만든 미국의 몬타크 부부이다.

와이셔츠는 하루만 입어도 목과 소매 부분이 쉽게 더러워지고 다른 부분에 비해 쉽게 해진다. 특히나 공해가 심한 지역에서 근무하거나 육체적인 활동이 많은 사람은 더욱 그렇다. 그래서 더러워진 목과 소매를 깨끗하게 하기 위해서는 자주 빨아야 하는데 다른 부분은 깨끗한데도 전체 세탁을 해야 하는 게 여간 번거로운 일이 아니다.

하지만 이 당연한 일을 당연하지 않게 여긴 사람이 있으니 바로 미국의 한 대장장이 아내였다. 트로이 마을에 사는 대장장이 몬타크는 하루 종일 대장간에서 먼지와 땀에 절어 지내다 보니 언제나 목과 소매 부분이 기름에 찌들어 더러워져 있었다. 쉽게 빨 수도 없는데 요즘처럼 세탁기가 있는 것도 아니어서 매일 빨래를 하는 게 여간 힘든 일이 아니었다. 게다가 당시만 해도 천이 귀했기 때문에 대장장이의 생활수준에서 여러 벌의 와이셔츠를 가지고 있기도 힘들었다. 보통의 아내들 같으면 힘들어도 당연히 손으로 빨래를 하며 견뎠겠지만 몬타크 부인은 이 문제를 두고 고민하기 시작했다. '보다 수월하게 빨래를 할 수는 없을까? 와이셔츠 전체를 빨지 않으면서도 청결함을 유지할 수 있게 하는 방법은 없을까?'

그러던 어느 날 그녀는 남편이 일하는 대장간에서 부러진 삽날 부분을 갈아 끼우는 것을 우연히 목격하게 되었다. 순간 몬타크 부인의 뇌리를 스치는 생각이 있었다. '그래, 바로 저거야. 와이셔츠도 몸통 부분은 그대로 두고 목 부분만 갈아 달면 되겠구나.' 집으로 돌아온 몬타크 부인은 새 천을 이용하여 와이셔츠 칼라를 만들었다. 그리고 단추를 이용하여 몸통과 칼라를 붙였다 떼었다 할 수 있도록 만들었다. 이렇게 하여 칼라를 바꿔 다는 혁신적인 개념의 와이셔츠가 등장하게 되었다. 더러워진 칼라만 떼어내어 빨래를 하면 되고 해지면 쉽게 다른 칼라로 바꿔 달 수 있으므로 훨씬 간편해졌고 비싼 천값도 아낄 수 있게 되었다. 몬타크 부부는 이것을 즉시 특허 등록했다. 칼라를 바꿔 다는 와이셔츠는 출시되자마자 선풍적인 인기를 끌었고 몬타크 부부는 덕분에 돈방석에 앉게 되었다. 이후로 트로이 마을은 와이셔츠의 명산지로 알려졌다.

몬타크 부부의 사례는 와이셔츠의 칼라가 더러워지면 통째로 빨아야 한다는 사실을 '당연하다고' 여기지 않고 그것에 의문을 품고 개선하려는 노력을 했기 때문에 큰 성공을 거둔 경우이다. 만약 몬타크 부인이 힘들고 귀찮아하면서도 매일 와이셔츠를 통째로 빠는 것을 당연한 일로 여겼다면 부러진 삽날을 갈아 끼우는 것을 보고도 그냥 지나쳤을 것이다.

'당연하다'고 생각되는 사실에 대한 작은 의문 하나가 개인에게는 부와 명예를, 그리고 다른 사람들에게는 큰 편리함을 가져다 준 것이다.

당연하다는 사고는 현실에 안주하기 때문에 생긴다. 늘 그 환경에 익숙해져 있기 때문에 우리는 당연한 것을 새로운 시각으로 보지 못한다. 아침에 일어나면 세면을 하고 밥을 먹고 학교나 직장에 가는 일상생활처럼 주위에 있는 모든 것들에 대해 당연하다고 여기는 순간 우리에게 현실을 개선할 기회는 주어지지 않는다.

또 당연하다는 생각은 사람을 매너리즘(mannerism)에 빠지게 한다. 매너리즘은 어떤 일이 반복적으로 되풀이되는 과정에서 방법이나 수단, 즉 매너(manner)가 고착화되어 무의식적, 습관적인 행동을 되풀이함으로써 독창성과 신선한 맛을 잃어버리는 것을 말한다.

매너리즘에 빠지면 일의 효율이 떨어진다. 똑같은 일을 같은 방식으로 하니 효율이 오를 수가 없다. 매너리즘에 빠진 인간관계 또한 갈등으로 번질 수 있다. 지루하고 신선함이 없는 인간관계가 지속될 가능성은 높지 않다. 결국 매너리즘에서 벗어나기 위해서는 당연하고 익숙한 환경에서 벗어나려는 노력을 해야만 한다. 익숙한 현실을 바꾸려는 노력 없이 개선은 이룰 수 없다.

Thinking Point

평소 일상생활에서 의문을 가져볼 필요가 있다. 예를 들어, 우리는 기본적으로 하루에 세 번 양치질을 한다. 물론 사람에 따라서는 횟수의 차이가 있을 수 있지만 기본적으로 식사를 마친 후에 양치를 하게 되므로 식사횟수와 양치횟수가 같다. 양치를 할 때는 당연하게도 치약을 칫솔에 짜서 이를 닦는다. 그게 모든 사람들이 당연하게 하는 행동이다. 그래서 그것에 대해서는 의문을 갖지 않는다. 그러나 다음과 같이 생각해보자.

- 양치질은 반드시 칫솔로만 해야 하는가?
- 치약과 칫솔은 꼭 떨어져 있어야만 하는가?
- 치약은 꼭 짜서 쓸 수 있는 젤 타입이어야만 하는가?
- 양치는 하루에 세 번만 해야 하는가?

양치질이라는 당연한 일상 속에서도 의문을 가지는 것으로 새로운 기회를 찾아낼 수 있다. 양치질할 때 칫솔을 이용해야만 하는가 하는 의문을 가짐으로써 칫솔보다 편리하고 간편한 양치도구를 개발할 수도 있다. 치약과 칫솔을 따로 가지고 다녀야 하는 번거로움에 의문을 가진다면 샤프펜슬의 끝을 누르면 연필심이 나오는 것처럼 치약과 칫솔의 일체형 제품을 만들 수도 있다.

영국의 러쉬(Lush)사는 치약이 젤 타입이어야 한다는 것에 의문을 가지고 알약 형태의 치약을 만들어냈다. 하루 세 번 이상 양치의 필요성을 느끼는 경우를 위해 치아세정제와 같은 제품을 만들 수도 있고 다른 형태의 새로운 제품을 구상할 수도 있을 것이다. 일상에서 마주치는 모든 것들을 무의식적으로 당연하게 받아들이지 않는 것이 중요하다. 그 당연함에 의문을 가질 때 새로운 기회가 찾아올 수 있다.

가정에서, 직장에서 혹은 일터에서, 출근하는 길에, 집으로 돌아가는 길에 주위를 둘러보고 당연한 것들에 대해 의문을 가져보자. 그 의문으로부터 개선점을 찾아낼 수도 있다. 직장에서 매일 반복적으로 하는 일에 대해서도 의문을 품어보라. 왜 이 일은 꼭 이렇게 해야만 하지? 이 일을 다른 방식으로 처리할 수는 없을까? 그렇게 당연하게 처리하던 일에 의문을 품고 새로운 접근방식으로 일을 처리한다면 당신은 직장 내에서 인정받는 존재가 될 것이다.

Assignment
해결하고자 하는 문제를 가지고 있어라

잠시 상상해보라. 당신은 지금 모든 면에서 아주 만족스럽다. 재정적으로 아주 여유로워 힘들게 돈을 벌 이유도 없으며 돈에 대한 욕심도 그다지 없다. 주위 사람들과의 관계도 아주 만족스러우며 많은 사람들로부터 존경을 받고 있다. 사회적인 지위도 높아 명예나 권력에 대한 욕심을 낼 이유도 그다지 없다. 모든 것이 충족되어 있고 모든 것이 만족스럽다. 사는 것이 행복하다. 이런 상황이라면 당신은 굳이 새로운 변화를 꾀하려고 할까? 대부분이 변화의 필요성을 못 느낀다면 굳이 변화하려는 노력을 하지 않게 된다. 관찰을 잘 하려면 우선 동기가 필요하다. 무언가 풀어내야 할 숙제, 문제가 가슴에 있으면 주위에 관심을 가질 동기가 된다.

'궁즉변, 변즉통, 통즉구(窮則變, 變則通, 通則久)'라는 말이 있다. 즉,

곤궁하면 변화하고, 변화하면 통하고, 통하면 오래간다는 뜻으로 문제가 있어야 변화를 이룰 수 있고 그 변화를 통해 지속할 수 있는 힘을 얻을 수 있다는 말이다. '궁(窮)'이라는 말은 무언가 꽉 막혀 있어 답답하고 해결하지 않으면 안 되는 상황을 나타내는 것이고, '통(通)'이란 막힘이 없고 거칠 것이 없어 시원스럽게 뚫린 상태를 말한다. 아마도 많은 분들이 이 말에 동의하리라 생각한다. 해결해야 할 문제가 있으면 집중적으로 그 문제에 대해 관심을 가지고 신경을 집중하게 되고 그런 노력이 쌓이면 문제해결에 필요한 아이디어가 떠오르게 되어 있다.

중국의 사마천이 쓴 사기(史記) 1권 마지막에는 다음과 같은 말이 나온다. 호학심사심지기의(好學深思心知其意) 즉, 배우기를 좋아해서 깊이 생각하면 그 뜻을 마음으로 알 수 있다는 뜻이다. 사마천은 평소 배우기를 좋아해서 어떻게 하면 효율적으로 배울 수 있을까 깊이 생각하고 고민했더니 저절로 그 해답을 알 수 있었다고 한다.

나의 경우에는 해결해야 할 문제가 있을 때 사무실보다는 퇴근길의 차 안이나 잠들기 전 침대 위에서 해답을 얻는 경우가 종종 있다. 심지어는 꿈속에서 영감을 얻는 경우도 많다. 이러한 이유로 인해 관찰력을 기르기 위해서는 해결해야 할 문제를 항시 가슴에 담고 있어야 한다.

안전한 고체폭약을 만들고 싶었던
노벨의 고민

전 세계적으로 대단한 권위를 가진 노벨상의 제정자, 노벨(Alfred Bernhard Novel). 그는 어려서부터 전쟁에서 무기로 사용되던 액체폭약을 제조하는 아버지 밑에서 일했다. 당시 액체폭약은 니트로글리세린을 원료로 사용했는데 안정성이 떨어져 작은 충격에도 잘 폭발하는 위험성을 가지고 있었다. 그러다 보니 제조공정이나 운반 도중 수시로 폭발사고가 일어났고 많은 사람들이 사고로 죽거나 다쳤다. 노벨은 이 액체폭약의 위험성 때문에 안전한 폭약을 만들기 위해 상당한 고민을 했다. 수없이 많은 연구와 실험이 반복되었지만 안전한 폭약을 만드는 일은 그리 수월하지 않았다. 노벨에게는 이 문제가 반드시 풀어야만 하는 큰 숙제였다.

그러던 어느 날, 니트로글리세린을 운반하던 마차가 돌부리에 걸려 덜컹거리는 바람에 통 안에 담겨 있던 액체가 흘러내리기 시작했다. 작은 마찰에도 쉽게 폭발한다는 것을 잘 알고 있었기에 사람들은 서둘러 대피했다. 하지만 한참 시간이 지나도 니트로글리세린은 폭발하지 않았다. 조심스럽게 마차에 접근해보니 마차에서 흘러내린 니트로글리세린이 땅속으로 스며들어 있었다. 분명 폭발했어야 할 액체가 그대로 안전하게 남아 있었던 것이다.

노벨은 액체가 스며든 땅을 유심히 관찰했다. 흙을 연구실로 가져와 분석해본 결과 그것이 규조토라는 것을 알게 되었다. 규조토는 흡수력이 뛰어나 이전에 사용되던 숯가루나 톱밥보다 니트로글리세린을 빨아들이는 성질이 강했다. 노벨은 탄성을 질렀다. 안전한 폭약개발에 매달렸던 오랜 노력의 종지부를 찍는 순간이었다. 이후 노벨은 니트로글리세린과 규조토를 섞은 고체화약을 발명했다. 이는 망치로 두드려도 터지지 않을 만큼 안전했고 뇌관에 의해서만 터지므로 필요할 때만 사용할 수 있었다. 이 다이너마이트는 곧바로 수에즈 운하와 알프스 터널 등 대형 공사에 사용되었고, 노벨은 막대한 돈을 벌었다.

노벨은 작은 충격에도 쉽게 폭발하는 액체폭약을 보면서 아주 오랜 시간 동안 그 문제를 해결하기 위해 고민했기에 단서를 포착할 수 있었다. 그의 친동생 역시 폭발사고의 피해자였기에 노벨은 늘 그 문제를 해결해야 한다는 짐을 가슴속에 담고 있었던 것이다. 같은 사물을 보면서도 관심을 가지고 보는 것과 관심 없이 보는 것은 천지 차이다. 그리고 그 관심의 도화선은 문제의식이기도 하다. 노벨의 사례에서 관찰 프로세스를 일으키게 된 동인은 해결해야 할 과제가 된다.

해결해야 할 과제가 있다는 것은 심리적인 압박이 전제되며 스트레스와 긴장 상태에 있다는 말일 수 있다. 그래서 사람들은 가급적 무거운 과제를 떠안고 살려고 하지 않는다. 그러나 바꾸어 생각하면 해결해야 할 과제는 삶을 더욱 건강하게 만들어주는 요소일 수도 있다. 만일 인생에

| 해결과제 | → | 관찰 | → | 발견 | → | 깨달음 | → | 개선 |

| 동인 | 액체폭약을 안전하게 운반하거나 보관할 수 있는 방법은 없을까? |

관찰의 시작

| 관찰 | 니트로글리세린이 마차에서 땅으로 흘러내렸으나 폭발하지 않음 |

| 발견 | 니트로글리세린이 흘러내린 흙의 성분이 규조토임 |

| 깨달음 | 규조토가 니트로글리세린의 결합력을 높여 폭발하지 않게 함 |

| 개선 | 안전하게 보관하고 운반할 수 있는 다이너마이트를 만듦 |

적당한 긴장감이 없다면 김빠진 맥주처럼 아무 맛도 없는 인생이 되어버리지 않을까?

어떤 미국인이 아프리카를 여행하다가 형형색색의 아름다운 열대어들을 발견했다. 그는 열대어를 잡아다가 수족관에 팔아 돈을 벌 생각으로 희망에 들떴다. 그런데 막상 열대어들을 배에 싣고 미국으로 돌아와 보니 그중 대다수가 죽어버리고 살아 있는 것들도 색이 흐릿하게 바래 있었다. 미국인은 그 이유가 궁금했다. 분명 오랜 여행에도 버틸 수 있도록 안전한 운반시설에 담아 왔음에도 불구하고 대다수가 죽어 있던 것이다.

미국인은 다시 아프리카로 돌아가 열대어들을 잡았다. 그런데 어느 순간 고요하게 헤엄치던 열대어들이 무언가에 놀란 듯이 분주하게 움직이기 시작했다. 알고 보니 저 멀리서 뱀장어가 다가오고 있었던 것이다. 뱀장어에게 잡아먹히지 않기 위해서 열대어들은 분주하게 움직이며 긴장을 늦추지 않고 있었다. 그는 이 방안에 착안하여 열대어를 안전하게 미국으로 가져올 수 있었다.

우리나라에서도 이와 비슷한 사례가 있다. 미꾸라지 양식장에 메기를 풀어 기르는 것이다. 미꾸라지가 주는 사료만 받아먹고 편안하게 자라면 작은 접촉에도 상처가 많이 나고 질병에 대한 내성도 떨어져 상품가치가 떨어지기 일쑤였다. 반면에 미꾸라지의 천적인 메기를 같이 넣으면 미꾸라지들이 잡아먹히지 않기 위해 늘 긴장하고 활발하게 움직여 더욱 건강해진다고 한다.

사람이든 조직이든 무언가 해야 할 과제가 있다는 것 자체가 열대어에게 있어서의 뱀장어, 그리고 미꾸라지 양식장의 메기와 같이 꼭 있어야만 할 건강한 긴장이 된다. 그러한 과제가 있어야만 그 과제를 해결하기 위해 고민하고 노력함으로써 점점 나아지는 길을 갈 수 있게 된다.

고무에 미친 사람, 찰스 굿이어

다른 사례를 한번 보자. 이제 현대인들에게 자동차는 없어서는 안 될 생활의 필수 수단이 되었다. 경쟁에서 살아남기 위해 바쁘게 움직여야 하는 현대인들에게 삶은 속도전이기도 하다. 그러다 보니 자동차가 차지하는 중요성은 날이 갈수록 커지고 있다. 요즘에는 집은 없어도 차는 반드시 있어야 한다는 생각이 상식처럼 자리 잡고 있다. 이렇게 필수가 된 자동차에서 중요한 부분 중 하나가 바로 타이어이다. 타이어는 고무를 원료로 만들어진 제품이다. 고무에 평생을 매달린 찰스 굿이어(Charles Goodyear). 그가 있었기에 우리는 오늘날 다양한 영역에서 쉽게 고무를 활용할 수 있게 되었다.

처음에는 고무나무 수액을 모아 만든 천연고무가 널리 이용되었다. 그러나 이 천연고무는 냄새가 많이 나고 날씨가 더울 때는 쉽게 녹아버리는 단점이 있었다. 찰스 굿이어는 이러한 고무의 단점을 개량하기 위해 연구에 매달렸다. 보다 쉽고 편리하게, 그리고 다양한 영역에서 고무를 사용할 수 있게 만드는 것이 그가 해결하고자 하는 과제였다. 자나 깨나 고무 연구에 매달렸기에 주위 사람들로부터 '고무에 미친 사람'이라는 말을 들을 정도였다. 그의 연구는 수많은 시행착오와 실패를 거듭했다. 생활고에 시달리면서도 찰스 굿이어는 포기하지 않고 새로운 고무 개발에 매달렸다.

어느 겨울날, 찰스 굿이어는 고무에 황을 섞는 실험 중에 실수로 고무 덩어리를 난로 위에 떨어뜨리고 말았다. 뜨거운 열로 인해 녹아버릴 줄 알았던 고무 덩어리는 약간 그슬렸을 뿐 녹지 않았다. 게다가 탄성도 획기적으로 늘어나고 내구성도 좋아졌다. 찰스 굿이어는 감탄했다. 그가 그토록 찾고자 했던 해법이 바로 거기 있었던 것이다. 고무와 황을 섞은 혼합물에 적당한 온도를 가하면 분자결합이 변형되면서 고무의 탄성과 내구성이 획기적으로 증가된다는 사실을 알게 된 것이다. 찰스 굿이어는 조건을 여러 가지로 달리하며 다시 실험에 매달렸다. 그리고 마침내 오늘날과 같은 고무 가공방법인 '고무가황법'이라는 제조공정을 발견하게 되었다. 찰스 굿이어의 발명을 계기로 고무 공업은 이후 획기적인 발전을 거듭했다.

쉽게 녹아버리고 내구성도 떨어지는 고무를 보다 오래, 안정적으로 사용할 수 있도록 만드는 과제가 바로 그가 안고 있던 '궁(窮)'이었다. 그가 새로운 고무를 만들겠다는 절대적인 염원이 없었다면 난로 위에 떨어진 고무덩어리는 사소한 실수에 불과했을 것이다. 간절함이 우연한 실수로부터 관찰 프로세스를 이끌어낸 것이다.

평소 해결해야 할 과제를 가지고 있어야 하는 중요한 이유 중 하나는 집중력이 높아지기 때문이다. 현대사회에서 우리가 단 하루에 생산하는 정보의 양은 2003년 이전에 인류가 생성한 전체 정보량보다 많다고 한다. 이렇게 주위에서 접할 수 있는 정보의 양이 기하급수적으로 늘어나고 있기 때문에 우리는 모든 정보들에 주의를 기울일 수가 없다.

미국의 사회과학자이자 경영학자였던 허버트 사이먼(Herbert Simon)은 '정보 사회가 가져온 복수 미디어를 통한 정보량의 폭증은 정보의 과부하를 초래했다. 현대사회는 개인의 주의(attention)라는 무형자산을 효율적으로 활용할 수 있도록 효과적인 시스템을 구축하는 것이 매우 중요하다'고 언급했다. '정보의 풍요가 오히려 주의의 빈곤을 야기한다'는 것이 그의 주장이다. 그만큼 자신이 중요하다고 생각하는 정보에 대해 선택적으로 접근할 수 있는 역량이 필요하다는 말이다.

이러한 정보의 홍수시대에 해결해야 할 과제가 있다는 것은 그 수많은 정보 속에서 자신에게 필요한 정보를 취사선택할 수 있도록 도와주는 깔때기 역할을 한다. 즉, 자신의 문제해결에 도움이 될 수 있는 정보만을 거를 수 있는 여과장치인 셈이다.

안전하게 면도를 하고 싶었던 질레트

요즘에는 면도기의 종류도 다양해졌지만 질레트가 면도기를 발명하기 이전에는 안전면도기라는 것이 없어서 면도를 하다 얼굴을 베는 일이 허다했다. 킹 캠프 질레트(King Camp Gilette) 역시 면도할 때마다 번번이 얼굴을 다치곤 했다. 그는 궁리 끝에 직접 면도기를 만들어보기로 계획하고 당장 철물점으로 달려가 필요한 재료들을 사고 밤을 새워가며 안전한 면도기 개발에 매달렸다. 실험실에 파묻혀 지내던 어느 날 그는 머리가 덥수룩하게 자라 있는 자신을 발견했다. 하는 수 없이 질레트는 동네 이발소를 찾았다. 자리에 앉아 머리를 다듬으며, 그는 이발사의 행동에 주목했다. 이발사는 빗으로 머리를 빗어 사이에 끼우고 가위로 잘라 두피를 건드리지 않고 안전하게 머리카락만 자르고 있었다. 그 순간 질레트의 눈이 번쩍 뜨였다. '그래 바로 저거야!'

　면도날 양쪽에 얇은 철판을 덧대고 그 사이를 빠져나온 털만 칼날에 닿게 하는 아이디어가 떠오르자 머리를 자르다 말고 서둘러 집으로 돌아갔다. 실험 결과는 대성공이었다. 면도날 양쪽에 철판을 대니 얼굴이 베일 염려도 없으면서 면도도 깨끗하게 잘되었던 것이다. 그는 특허를 내고 제품을 만들어 판매하기 시작했다. 초기에는 사업자금의 부족과 소비자들의 인식부족으로 인해 어려움을 겪었지만 얼굴을 베지 않고도 면도를 할 수 있다는 장점 때문에 질레트의 안전면도기는 많은 남자들의 사랑을 받으며 불티나게 팔려나갔다. 이후 P&G의 주력 사업 중 하나로 자리 잡을 정도로 고속 성장을 거듭했다.

지금 전 세계 사람들에게 사랑받는 이 혁신적인 제품 또한 질레트가 오랜 시간 동안 강한 집념을 품고 일상 속에서 단서를 얻었기에, 제품이 개발되어 오늘날 모두가 누릴 수 있게 된 것이다.

그녀는 왜 나를 좋아하지 않을까?

관찰의 영향력은 물질적인 발견이나 발명에만 국한되지 않는다. 관찰은 인간관계에 있어서도 자신이 원하는 것을 손에 넣을 수 있는 막강한 힘을 제공한다. 심지어 남녀 관계에 있어서도 마찬가지다. 실제로 내 주변에 그러한 사례가 있다.

대기업에 다니던 K. 그는 우연히 만난 Y에게 첫눈에 반하게 되었다. K는 밤낮으로 Y를 따라다니며 구애를 했지만 그녀는 도무지 시큰둥하기만 했다. 그는 Y를 사로잡을 방법을 찾지 못해 애만 태우다가 그녀가 모 아이돌 그룹을 무척이나 좋아한다는 것을 알게 되었다. 모바일폰의 벨소리에서부터 컬러링까지 모두 그 아이돌 그룹의 노래였으며 종종 대화 중에 그 그룹의 이야기를 꺼내면 눈을 반짝이며 지대한 관심을 보이는 것이었다. 그는 여기에서 힌트를 얻어 계획을 세웠다. 광고기획사에 근무하고 있는 친한 대학 선배를 통해 아이돌 그룹의 소속 매니지먼트사에 연락했고, 담당 관리자에게 간곡히 사정을 설명해 협조를 부탁했다. 다행히도 매니지먼트사의 담당 관리자는 K의 사정을 이해해주었고 흔쾌히 도와주겠다고 약속했다.

그녀의 생일날, K는 꽃다발과 함께 작은 선물을 준비했다. 그 안에는 그녀가 좋아하는 아이돌 그룹 멤버들의 친필 사인이 적힌 커플티와 함께 K의 편지가 담겨 있었다.

'비록 아이돌 그룹처럼 매력적이지는 않지만 당신을 기쁘게 할 수 있는 일이라면 그 어떤 일이라도 평생 마다하지 않겠습니다. 사랑합니다.'

K의 선물을 받은 Y는 그의 정성에 감탄했고 둘은 아름다운 사랑을 이어나가다가 얼마 후 결혼에 골인했다.

닭살이 오글오글 돋는 이야기이지만 이 속에서도 관찰의 힘을 파악할 수 있다. 그녀를 자세히 관찰하다 보니 그녀가 열성적으로 좋아하는 무언가를 찾게 된 것이다. 물론 이러한 해피엔딩 또한 그녀를 얻고 싶었던 K의 절박함이었을 것이다. K의 가슴속에 Y양과 결혼하고 싶다는, 이루고 싶은 간절한 소망이 있었기에 관찰이 가능했던 것이다.

Thinking Point

관찰이 사랑까지 결실을 맺어준다니 참으로 매력적이지 않은가! 사랑으로 가슴 아파본 사람들은 사랑하는 사람을 얻기 위해서라면 내가 가진 모든 것을 다 내주어도 아깝지 않다는 감정을 느낀 적이 있을 것이다. 관찰을 통해 사랑을 얻은 이야기가 새로운 제품 개발을 이루고 막대한 돈을 번 이야기보다 대수롭지 않게 들릴지 모르겠지만 사실 성공적인 인간관계를 이루어나가는 데에 있어 이보다 더 큰 성과는 없을지도 모른다.

사람의 마음은 소소한 것으로부터 움직이는 경우가 많다. 내가 드러내지 않은 사실을 상대방이 알아내고 관심을 가지고 어루만져주면 대부분의 사람들은 마음을 연다.

전업 작가로 활동하는 사람이 아님에도 불구하고 내가 틈틈이 글을 쓰는 것을 본 주위 사람들 중에는 자신도 글을 쓰고 싶다고 하는 경우가 많다. 하지만 대부분은 글쓰기에 자신이 없다거나 어떻게 써야 할지를 몰라 망설였다. 그러나 글쓰기가 그리 어려운 것은 아니다. 글을 쓰는 솜씨보다 더 중요한 것은 글의 주제이기 때문이다.

패션에도 유행이 있듯이 책도 시대의 흐름을 탄다. 칭찬, 경청, 배려, 습관 등 한동안 출판 시장의 트렌드를 주도했던 키워드들이 있었다. 최근 몇 년간은 힐링이 대세였던 것 같다. 전통적으로 리더십은 누구나 예외 없이 조직생활을 하는 사람들에게 불멸의 화두이다. 하지만 이 케케묵은 주제만으로 독자들의 관심을 끌기는 어렵다. 그래서 리더십도 '섬김'이나 '서번트' '소통' 등 다양한 주제를 접목하여 새로운 트렌드를 형성해왔다. 진부한 주제 속에서도 새로운 트렌드는 얼마든지 태어날 수 있다.

만약 당신이 책을 쓴다고 하면 어떤 주제로 글을 쓸 것인가? 요즘 사람들의 주요 관심사항은 무엇인가? 어떤 주제로 글을 쓰면 독자들이 관심을 가지고 읽어볼 것인가? 아무리 잘 쓴 글이라고 해도 그 시대의 독자들의 관심을 반영하지 못하면 아쉽게도 빛을 보지 못한 채 서고에서 먼지를 뒤집어쓴 채 소리소문없이 사라져버릴 수도 있다. 자, 여러분들이 책을 쓴다면 어떤 주제를 선택하겠는가?

Trivial
사소한 것을 유심히 보아라

인류의 삶을 발전시킨, 그리고 개인의 삶을 혁신적으로 바꾼 많은 발견과 발명품들은 모두 사소한 것으로부터 시작되었다.

사소한 것은 대부분 보잘것없이 작거나, 쉽게 지나쳐버릴 수도 있는 것들을 의미하기도 한다. 하지만 완벽은 사소한 것들이 모여 이루어지는 것이다. 어마어마하게 큰 강물도 그 시작은 깊은 계곡에서 퐁퐁 솟아오르는 작은 샘물이다.

경영학 분야의 세계적인 구루인 톰 피터스(Tom Peters)는 그의 저서 『리틀 빅씽(Little big thing)』에서 사소한 것으로부터 위대한 성공을 이끌어낼 수 있다고 말한다. 하나의 사소함은 무의미하게 여겨질지 모르지만 그 사소함을 간과하지 않고 집중하면 큰 발견을 이룰 수 있다.

악명 높은 뉴욕의 범죄율을 줄인 사소한 변화

1980년대만 해도 뉴욕의 지하철은 강력범죄의 온상지로 악명이 높았다. 당시 뉴욕 시는 연간 60만 건 이상의 중범죄 사건이 발생했는데 그중 90퍼센트 이상이 지하철에서 일어난 범죄였다. 해외여행객들 사이에서는 뉴욕 지하철은 절대 타지 말라는 소문이 돌 정도였다. 1994년에 새로 뉴욕 시장으로 선출된 루돌프 줄리아니(Rudolph W. Louis Giuliani)와 신임 검찰국장 윌리엄 브래턴(William Bratton)은 이 문제를 바로 잡기 위한 노력을 시작했다. 우선은 지하철 무임승차를 철저히 단속하고 지하철 역사 곳곳에 무방비로 방치된 낙서들을 지우기 시작했다. 이를 두고 시민들과 언론은 줄리아니 시장과 브래턴 국장이 강력범죄는 방치한 채 경범죄만 처벌한다고 비난했다. 그럼에도 불구하고 두 사람은 의지를 굽히지 않고 지하철 차량의 낙서를 지우는 작업을 5년간 계속했다.

　5년이 지난 후 놀랍게도 뉴욕의 범죄율이 줄어들기 시작했다. 연간 2,000건이 넘던 살인범죄가 반 이하로 줄어들었고 지하철 범죄율은 75퍼센트나 급감했다. 성과가 있자 줄리아니 시장과 브래튼 국장은 뉴욕 전체를 대상으로 범죄 예방활동을 확대해나갔다. 도심 곳곳에 방치된 낙서 지우기, 무단횡단 단속, 쓰레기 불법투기 단속 등 가장 사소한 것들을 강단 있게 추진했다. 그 결과 뉴욕 전체의 범죄율 역시 급속히 감소했다.

줄리아니 시장이 시작한 일은 아주 사소한 것이었지만 이러한 사소함이 인구 870만이 사는 거대한 도시 뉴욕을 완전히 바꿔놓았다.

줄리아니 시장의 이야기에 늘 따라다니는 이야기가 '깨진 유리창의 법칙'이다. 깨진 유리창을 수리하거나 교체하지 않고 그냥 놔두면 사람들은 그 건물이 버려졌거나 사용되지 않는다고 판단하고 돌을 던져 다른 유리창마저 깨뜨린다. 이렇게 되면 온 건물의 유리창이 깨지게 되고 그 지역은 슬럼가로 바뀌게 된다는 것이다.

1931년 미국 보험회사의 관리감독자였던 하인리히(Herbert. W. Heinrich)가 수천 건의 고객보험 상담을 분석한 결과를 통계로 정리한 '하인리히 법칙'이라는 것이 있다. 1:29:300의 법칙이라고도 알려져 있는데 심각한 사고 한 건의 뒤에는 29건의 경미한 사건이 있고, 29건의 경미한 사고 뒤에는 300건이나 되는 위험요소가 존재한다는 것이다. 따라서 이러한 징후들을 잘 파악하고 사전에 대비책을 철저하게 세운다면 대형 사고를 막을 수 있다는 논리이다. '하인리히의 법칙'이나 '깨진 유리창의 법칙'이나 모두 사소한 문제를 그냥 지나쳐버리면 '호미로 막을 것을 가래로도 못 막는' 큰 사고로 이어질 수 있다는 경고를 담고 있다.

이는 반대로 사소한 것에 관심을 가지고 잘 들여다보면 그 안에서 위대함을 발견할 수 있다는 이야기가 될 수도 있다.

고객의 무의식적인 습관에
마케팅의 답이 있다

흔히 주차티켓을 입에 문 채 운전을 하는 장면을 본 적이 있을 것이다. 대부분의 지하주차장을 이용할 때에는 좁고 굴곡진 길을 내려가야 하므로 두 손을 모두 핸들을 잡는 데에 사용해야 한다. 그러니 티켓을 받고 놔둘 장소가 마땅치 않으면 일단 입으로 티켓을 무는 것이다.

Extra Polar Fresh 홍보 광고

뤼글리(Wrigley)라는 회사에서 만든 민트 맛 사탕, 엑스트라 폴라 프레시(Extra Polar Fresh)는 바로 이런 상황을 이용해 마케팅을 펼쳐 성공한 제품이다.

두 손이 자유롭지 못한 상황에서 주차 티켓을 뽑아 든 운전자는 서둘러 차를 이동시키기 위해 티켓을 입에 물고 운전을 한다. 그런데 이때 입

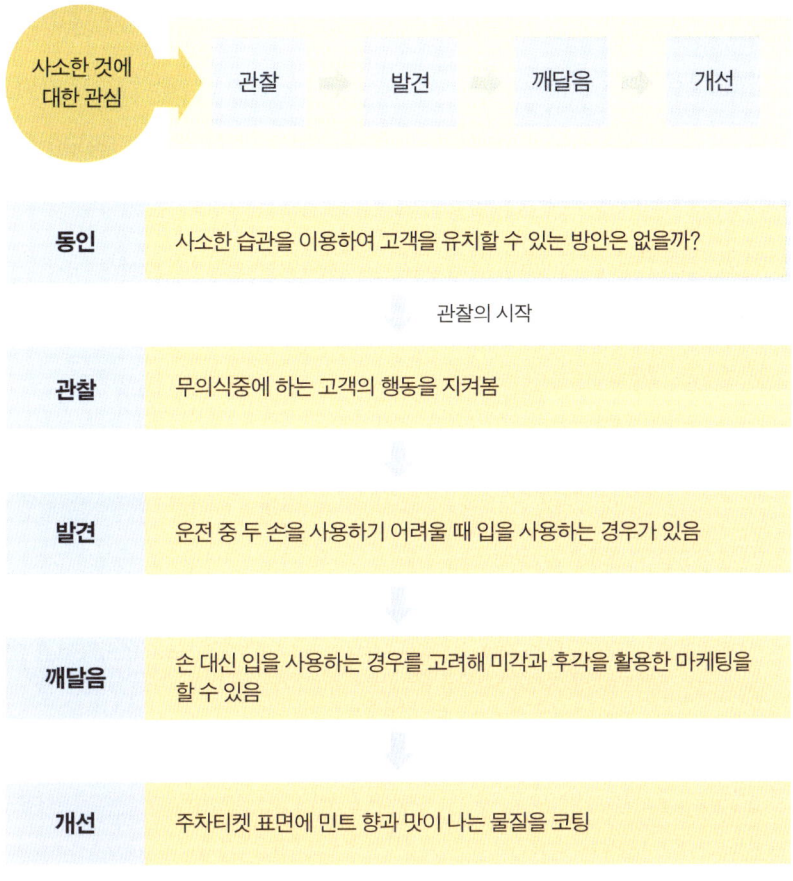

에 문 티켓에서 은은한 민트 향과 맛이 퍼진다면 어떤 느낌이 들까? '이게 뭐야?' 하고 궁금해할 것이다. 관심이 있는 사람이라면 매장에서 바로 구입하려고 할지도 모른다. 실제로 이 티켓 마케팅을 활용한 이후 주차장의 인근에 있는 엑스트라 폴라 프레시 매장에서는 매출이 급증했다고 한다.

한번 생각해보자. 여기에 아주 어려운 수학 원리가 적용되었는가? 3차 방정식이나 미적분을 적용해야 할 만큼 어려운 수학 공식이 적용되었는가? 아니면 머리를 싸매고 풀어도 풀기 어려운 물리학이 적용되었는가? 단지 주차티켓에 민트 맛과 향이 나는 식용물질을 코팅하여 사소한 변화만 주었을 뿐이다. 이로 인해 업체의 매출은 급증했다. 그 단초는 운전자들이 급할 경우에 티켓을 입에 문다는, 너무나 단순하고 사소해서 누구도 눈여겨보지 않았던 행동이다.

엑스트라 폴라 프레시의 사례에서 관찰 프로세스를 일으키게 된 동인은 사소한 것에 대한 관심이다.

헐리웃 영화사를 뒤흔든 우연한 발견

사소한 것을 그냥 지나치지 않고 관심을 가지고 관찰한 덕분에 세계 영화사에 길이 남을 명작을 만든 감독이 있다. 로버트 로댓(Robert Rodat)은 콜게이트(Colgate) 대학에서 역사를 전공한 후 하버드 비즈니스 스쿨(Harvard Business School, HBS)에서 MBA를 취득했다. 그 이후 서던 캘리포니아(Southern California) 대학에서 영화를 전공하고 감독이 되

톰 행크스 주연의 영화
〈라이언 일병 구하기〉의 포스터

었다. 1995년 6월 어느 날, 뉴햄프셔의 조그만 시골 마을에서 기거하던 로버트 로댓은 아들과 함께 산책을 하던 중 기념비 하나를 보게 되었다. 해당 고장 출신으로 전쟁에 나갔다가 사망한 사람들을 위로하기 위한 기념비였는데 거기에는 전사자들의 명단이 빼곡히 적혀 있었다. 로댓은 기념비를 꼼꼼하게 들여다보다가 남북전쟁 당시 한 가정에서 다섯 명의 아들이 싸움터에서 목숨을 잃었다는 충격적인 사실을 알게 되었다.

로댓은 영감이 떠올랐다. 한 가족의 대가 끊어지지 않고 계속되어야 하는 것을 정부가 중요하게 생각하고 그러한 상황을 막기 위해서 특공대가 급파된다면 어떻게 될까? 로댓은 자신의 아이디어를 폭스 영화사의 제작자에게 말했고 제작자는 큰 호응을 보였다. 그리하여 로댓의 아이디어는 영화가 되어 세상에 알려지게 되었다.

2부 | 관찰력을 높이기 위한 8가지 기술, '왓칭WATCHING' 133

이것이 바로 숱한 화제를 낳았던 영화 〈라이언 일병 구하기〉의 탄생 비화다. 만약 그가 우연히 본 기념비를 그저 그런 흔한 것이라 여기고 무심코 지나쳤다면 〈라이언 일병 구하기〉와 같은 걸작이 만들어질 수 있었을까? 로댓의 세심한 관찰력이 없었다면 이 스토리가 세상의 빛을 볼 기회는 없었을 것이다. 사소한 것에 대한 꼼꼼한 관찰력의 차이가 할리우드 영화사에 있어 큰 방점을 남기는 계기가 된 것이다.

작지만 성공과 실패를 가른 분명한 '차이'

연준혁 씨는 『사소한 차이』라는 그의 저서에서 별것 아닌 자질구레한 것들까지 신경을 쓰는 사람들이 오히려 쩨쩨하게 보일지도 모르지만 그 사소한 차이가 미래의 '큰 차이'를 불러오는 결정적인 계기가 된다고 지적한다. 그는 학교에 입학할 때는 대개가 비슷한데 졸업할 때는 개인별로 큰 차이가 나는 것, 또 같은 입사동기라도 시간이 지날수록 진급의 차이가 벌어지는 것을 보면서 성공과 실패에는 작고 사소하지만 분명한 '차이'가 있다는 것을 알게 되었다. 『사소한 차이』에서 그는 '사소함'을 놓치지 않고 소중히 생각하고 실천할 수 있는 방법들을 제시한다. 예를 들면 '흘리지 않고 밥 먹기'나 '가만히 앉아 사람 구경하기'와 같은 것들이다.

'이런 사소한 것들을 잘한다고 해서 정말 달라지는 것이 있을까?' 하고 의심이 들겠지만 정말 '가만히 앉아서 사람 구경하기'로 인해 큰 성공을 거둔 사람들이 있다.

첫 번째 이야기다. 일본의 시마무라 요시오(島村義雄)라는 사람은 보잘것없는 작은 포장지 가게의 점원이었다. 이 사람의 유일한 즐거움은 퇴근 후 공원 벤치에 앉아 지나가는 사람들을 구경하는 것이었다. 그러던 어느 날 그는 사람들이 종이봉투를 많이 들고 다니는 것을 보고 앞으로 종이로 된 쇼핑백이 유행할 것임을 감지했다. 그래서 종이백을 보다 편리하게 들고 다닐 수 있는 방법을 고민한 끝에 쇼핑백 손잡이를 만드는 사업을 시작했다. 그 결과, 시마무라 요시오는 크게 성공하여 그야말로 돈방석에 올랐다. 우리가 사용하는 손잡이가 달린 종이백은 시마무라 요시오의 아이디어에서 출발한 것이다. 사람들의 모습을 유심히 관찰하던 그의 습관이 그에게 커다란 부와 명예를 안겨줬을 뿐 아니라 대중에게도 편리함을 가져다주었다.

두 번째 이야기다. 요로즈 하지메(萬大)는 전철로 출퇴근을 하는 일본의 평범한 직장인이었다. 그는 출퇴근 시간의 지루함을 달래거나 자리에 앉아서 가기 위해 전철 안의 사람들을 유심히 바라보았다. 특히 그는 곧 내리려는 사람들을 예리하게 관찰하고 그 결과를 자신이 운영하는 메일 매거진에 연재했다. 곧 그의 글은 한 출판사의 눈에 띄어 『출퇴근 전철에서 앉는 기술』이라는 책으로 발행되어 많은 부수가 팔려나갔다.

두 사례의 공통점은 사람들이 사소하게 여기거나 아무 생각 없이 넘기고 말 수 있는 것으로부터 아이디어를 찾아냈다는 점이다. 요로즈 하지메가 복잡하고 피곤한 출퇴근 전철 안에서 일어나는 일들을 사소하다고 여기고 무관심하게 넘겼다면 그는 아직도 무료하게 전철 안에서 시간을 보내고 있을지도 모른다. 시마무라 요시오의 경우도 마찬가지다.

이렇듯 사소한 일상 속에서도 우리는 중요한 발견을 할 수 있다. 다만 사소한 것을 그냥 지나치지 않고 그 안에서 개선의 기회를 찾고자 하는 노력이 필요하다. 사소한 일에서 남들과 다른 발견을 한다면 당신의 인생은 그 순간 특별하게 바뀔 수 있다.

손톱만큼 작은 손잡이가 만든 큰 차이

지금은 우리 생활 주변에서 완전히 사라지고 없지만 예전에는 통성냥이 보편적으로 사용되었다. 커다란 원형 또는 팔각형 통 안에 성냥개비가 빼곡하게 들어 있다. 라이터가 대중화되기 전까지는 이 통성냥이 불을 피우는 가장 편리한 수단이었다. 그런데 이 통성냥에도 사소한 발명을 통해 인생역전을 이룬 성공 신화가 숨겨져 있다.

보통 통성냥을 새로 구입하면 내용물이 빠지지 않도록 뚜껑이 닫혀 있

개선 전의 통성냥 　　　　　개선 이후의 통성냥

다. 처음에는 성냥뚜껑을 뜯을 때 다른 도구를 사용하지 않으면 쉽게 뜯을 수가 없었다. 우리가 흔히 마시는 캔음료에 뚜껑을 따기 위한 안전손잡이가 없다고 상상했을 때 느껴지는 불편함을 상상하면 이와 비슷할 것이다.

그런데 여기에 손톱만큼 작은 손잡이를 고안하여 떼돈을 번 사람이 있다. 발명보다는 실용신안 정도였겠지만 사소한 것을 지나치지 않고 관심을 가졌기에 좋은 결과를 얻을 수 있었을 것이다.

개미굴로 인해
무너져버린 둑

우리는 종종 사소한 것을 미리 신경 쓰고 대응하지 못해서 큰 피해를 입는다. 사소한 것에 관심을 가지고 관찰하면 미래에 닥칠 수 있는 큰 불행을 막을 수 있다. 오래전에 중국의 왕중추가 쓴 『디테일의 힘』이라는 책이 선풍적인 인기를 끌었다. 흔히들 큰 성공을 이루려면 큰일을 잘해야 한다는 생각을 가지고 있지만 이건 사고의 오류이며 모든 실패는 신경 쓰지 않는 사소한 일로부터 시작된다는 내용이었다. 실제 233년의 오랜 역사를 지닌 영국의 베어링스 은행(Barings Bank)은 하루아침에 파산을 맞고 네덜란드의 ING에 단돈 1파운드라는 상징적인 가격에 매각되고 말았는데 그 근본 이유는 직원 한 사람의 부정행위를 사소하게 여기고 제때 조치를 취하지 않은 것 때문이었다.

이 책에 나온 다른 이야기 역시 사소한 것의 위력을 잘 설명하고 있다.

황허(黃河)에서 멀지 않은 한 마을에서 홍수에 대비하기 위해 사람들이 높은 둑을 쌓았다. 그런데 하루는 늙은 농부가 그 옆을 지나다가 둑에 개미굴이 갑자기 많아진 것을 우연히 발견하게 되었다. 개미굴 때문에 둑이 위험해질 수도 있다고 여긴 농부는 서둘러 마을 사람들에게 알려야겠다고 생각했다. 그런데 그의 아들이 이렇게 말했다.

"이렇게 단단한 둑이 설마 그깟 작은 개미굴 몇 개 때문에 무너지기야 하겠어요?"

농부는 마지못해 아들에게 이끌려 그냥 밭으로 갔다. 그런데 그날 밤, 거센 비바람이 몰아치더니 강이 범람하기 시작했다. 거센 강물이 둑까지 차올랐다. 처음에는 별일이 없을 것처럼 보였지만, 개미구멍으로 조금씩

물이 새어들더니 점점 구멍이 커지면서 물이 분수처럼 쏟아졌다. 머지않아 둑은 일시에 무너졌고 인근에 있던 마을과 논밭은 순식간에 물바다로 변해버렸다.

어제와 다른
작은 변화를 보라

사소한 것에 대한 관찰이 큰 사고를 막은 경험은 내게도 있다. 요즘은 애완동물들을 키우는 가정이 많다. 덕분에 예전에 비해 동물들에 대한 관심이 많이 늘어난 편이지만 말 못하는 동물이다 보니 때로는 그들이 표현하고자 하는 것을 제대로 알기 힘들 때가 있다. 예를 들어 애완동물이 아플 때 주인이라면 일상과 다른 사소한 변화를 알아채고 그에 맞게 조치를 취해줘야 하는데 그 시기를 놓치면 치료시기가 늦어져 큰 비용과 고생을 들여야만 한다.

 우리 집에는 '이슬'이라고 하는 일곱 살 된 검은 푸들이 있다. 어느 날 퇴근하고 집으로 돌아오니 이슬이가 반갑게 달려와 안겼다. 어느 애완견이나 비슷하겠지만 이슬이는 반가우면 그 표시로 손가락을 살살 깨문다. 그날도 어김없이 품에 안겨 손가락을 깨물기 시작했다. 처음에는 아무 눈치를 못 채고 그저 평소와 똑같다고 생각하고 있었는데 가만 보니 유난히 힘이 없어 보였다. 손가락을 깨무는 것도 힘이 약했고 평소에는 반갑다고 뛰어오르며 안아달라고 조르는데 그러지도 않았다. 자세히 보니 꼬리를 흔드는 것도 힘이 없었다.

순간적으로 무언가 이상하다고 느끼고 즉시 이슬이의 배변을 확인해 보았다. 아니나 다를까, 대변에 피가 섞여 있었다. 그제야 이슬이가 축 늘어진 게 확실히 눈에 들어왔다. 무언가 잘못 먹은 게 있었던 모양이었다. 서둘러 응급실에 전화를 하고 병원으로 가 응급처방을 했다. 다행히도 빠르게 응급처치를 한 덕분인지 이슬이는 며칠이 지나 완벽하게 회복되었지만 조금만 더 늦었다면 어떤 일을 겪었을지 알 수 없다. 사소하지만 빠른 관찰이 더 큰 피해를 막을 수 있었던 것이다.

Thinking Point

봄이면 주위에 나비들이 나폴나폴 날아다닌다. 따뜻한 햇살을 맞으며 나비가 날아다니는 모습을 보면 기분이 상쾌해진다. 어렵지 않게 만날 수 있는 아주 소소한 일상이어서 그냥 흘려보내기 십상이다. 그런데 나비를 보고 나비 모양의 포스트잇을 만들어낸 사람이 있다. 책상 위나 컴퓨터 모니터에 나비 모양의 포스트잇이 붙어 있다고 상상해보라. 기분이 밝아지지 않겠는가?

대중교통을 이용하는 분들이라면 오늘부터 당장 사람들의 행태를 관찰해보라. 사람들이 주로 무엇을 하는지, 그리고 그들에게 찾을 수 있는 공통점이나 특이점은 무엇인지, 그러한 것들은 시간에 따라 어떻게 달라지는지 등등. 그러한 것들이 모이면 당신도 요로즈 하지메처럼 베스트셀러 작가가 될 수 있을지 누가 아는가.

주위에서 접할 수 있는 사소한 것들을 떠올려보고 그것을 지속적으로 관찰해보고 기록해보라. 기록들이 쌓이면 그 안에서 좋은 아이디어를 얻을 수도 있다. 그것이 당신에게 큰 행운을 가져다줄지도 모른다.

Count Mistake / Failure
실패나 실수를
그냥 지나치지 마라

위대한 발명과 발견은 화려한 성공을 보장하지만 반대로 실패나 실수는 사람을 위축되게 만든다. 그래서 사람들은 실패나 실수를 드러내놓고 이야기하기보다는 숨기고 싶어 한다.

그러나 세상은 지금까지 수많은 실패와 실수를 거치면서 진화해왔다. 사실 성공을 통해 배울 수 있는 것도 많지만 성공보다는 실패나 실수를 통해 배울 수 있는 것들이 더 많다. 다만 그것을 어느 정도 용납하고 받아들이느냐는 문화의 차이에 기인할 뿐이다.

실패하지 않고서는 성공할 수 없다. 어린 시절에 자전거를 배울 때를 생각해보라. 처음부터 넘어지지 않고 자전거를 타는 사람은 없다. 비틀거리고 넘어지면서도 다시 일어나 균형을 잡으려고 노력하다 보면 어느 순간 요령을 터득하게 되고 넘어지지 않고도 자전거를 탈 수 있게 된다. 스키를 배울 때도 넘어지지 않고서는 제대로 타는 방법을 배울 수 없다. 넘어지고 쓰러지면서 같은 행동을 반복하지 않으려고 노력해야 활강 요령을 터득하게 되는 것이다. 학창시절을 되돌아보면 공부를 잘하는 친구들은 기본적으로 오답 노트를 잘 만들고 관리한다. 한 번 틀린 답은 왜 틀렸는지 이유를 분석하고 다음에는 똑같은 실수를 되풀이하지 않기 위해 대비한다.

에디슨은 전구 하나를 발명하기 위해 만 번의 실험을 거듭했다고 한다. 그러면서 자신은 9,999번의 훈련을 했을 뿐이라고 아무렇지도 않게 말했다. 실패가 없으면 성공도 그만큼 더딜 수밖에 없다. 실수 역시 마찬가지다. 이 세상에 누구도 실수하지 않는 사람은 없다. 실패나 실수를 감추어야 할 '잘못된 것'으로 받아들이지 말고 그 실패나 실수를 잘 관찰하다 보면 그 안에서 다른 기회를 찾을 수도 있다.

강력접착제 개발의 실패가
가져다준 행운

포스트잇(post-it)의 경우가 실패에서 성공을 일구어낸 대표적인 사례다. 원래 포스트잇은 강력한 접착제를 만들기 위한 과정에서 만들어졌다. 스카치테이프를 만들던 3M의 연구원 스펜서 실버(Spencer Silver)는 강

력한 접착제를 만들기 위해 실험하던 도중 접착력이 떨어지는 접착제를 만들어냈다. 사람들은 접착력이 떨어지는 접착제는 사용할 수 없다며 그 제품을 판매할 수 없는 실패작으로 여겼다.

그 즈음 개발자의 동료인 아트 프라이(Art Fry)는 교회에서 성가대 활동을 하고 있었다. 그는 부르려는 찬송가를 쉽게 찾을 수 있도록 종이쪽지를 원하는 페이지에 끼워두곤 했다. 그러나 이 종이쪽지는 쉽게 빠져버려 원하는 부분을 찾기가 쉽지 않았다. 아트 프라이는 부르고자 하는 찬송가를 쉽게 찾을 수 있는 방법이 있었으면 좋겠다는 생각을 했다.

글로벌 기업들은 대개 사내에서 성공한 기술뿐 아니라 실패한 기술도 공유하는 기회를 가지곤 하는데 3M도 마찬가지였다. 스펜서 실버는 동료들을 모아놓고 자신이 개발에 실패한 접착제에 대해 설명했다. 마침 그 자리에 있던 아트 프라이가 그의 실패 사례를 보고 찬송가집에 적용

| 실패를 그냥 넘기지 않음 | → | 관찰 | ⇒ | 발견 | ⇒ | 깨달음 | ⇒ | 개선 |

동인	실패라고 생각한 것을 활용할 수 있는 방법은 없을까?

관찰의 시작

관찰	성가대에서 사람들이 찬송가를 쉽게 찾기 위해 종이를 끼우는 것을 봄
발견	그러나 종이가 쉽게 빠져버려 찾고자 하는 페이지를 쉽게 찾을 수 없는 경우가 많음
깨달음	떨어지지 않으면서도 떼도 흔적이 남지 않는 것으로 표식을 해놓으면 원하는 페이지를 쉽게 찾을 수 있음
개선	실패한 접착제를 종이에 발라 쉽게 붙였다 뗄 수 있는 포스트잇을 개발함

해볼 아이디어를 떠올렸다. 작은 종이에 스펜서 실버가 개발하다 실패한 접착제를 바른 후 이 종이를 찬송가집의 원하는 부분에 붙여보았던 것이다. 이 종이는 떨어진 후에도 자국이 남지 않고 깨끗하게 떨어질 뿐만 아니라 몇 번이고 재사용이 가능해서 사용이 편리했다. 이렇게 해서 3M의

포스트잇이 탄생했다. 만약 접착제를 만드는 과정에서 실패로 인해 접착력이 현저하게 떨어지는 접착제가 만들어지지 않았다면 오늘날 포스트잇과 같은 편리한 제품은 만들어지지 않았을 것이다.

포스트잇의 사례에서 관찰 프로세스를 일으킨 동인은 실패를 그냥 넘기지 않은 꼼꼼함이라고 할 수 있다.

협심증 치료제가 실패하지 않았다면?

전 세계의 수많은 남성들에게 희망을 준 비아그라도 실패로부터 비롯된 것이다. 세계적인 제약회사인 화이자(Pfizer)는 80년대 후반 협심증 치료제를 개발하는 프로젝트를 진행했다. 그 과정에서 '구연산실데나필'이라는 물질을 얻었고 이 물질의 의학적 효과를 검증하기 위해 임상실험을 진행했다. 임상실험은 큰 효과를 보지 못하고 끝났다. 협심증 치료 물질 개발은 실패로 끝나는 것처럼 보였다.

그런데 임상실험에 참여했던 환자들이 실험이 끝난 후 불만을 제기했다. 임상 실험기간 중에는 예전과 달리 부부간의 성생활이 원만했는데 실험이 끝난 이후에는 다시 예전처럼 불만족스러운 상태로 돌아가게 되었다는 것이다. 화이자 측은 이 특이한 현상을 주의 깊게 관찰했다. 그 결과 '구연산실데나필'이라는 물질에 발기부전을 치료할 수 있는 성분이 있음을 발견하게 되었고 협심증 치료제 대신 발기부전 치료제로 방향을 바꾸어 제품화하게 된 것이다.

포스트잇이나 비아그라의 사례를 보면 실패가 얼마나 소중하고 값진 경험이 되는지 알 수 있다. 강력한 접착제를 개발하는 것이 목적이었으므로 접착력이 떨어지는 접착제는 쓸모없는 것이라고 폐기해버렸다면 오늘날 우리가 그토록 편리하게 사용하는 포스트잇은 탄생하지 않았을 것이다. 협심증 치료제가 실패로 끝났다는 사실에만 주목했다면 비아그라의 탄생도 없었을 것이다. 두 사례 모두 실패를 묻어두지 않고 그 안에서 더욱 큰 기회를 발견했다. 애초에 달성하고자 하는 목적보다 실패로 인한 방향전환이 더욱 큰 기회를 가져다준 것이다. 이 모두가 실패에서 기회를 찾아보기 위해 관찰한 덕분이었다.

우리나라에서는 실패에 대해 참으로 인색하고 겉으로 드러내는 것조차 금기시하지만 글로벌 업체들은 오히려 실패를 도전의 결과라 여기고 긍정적으로 받아들이려는 경향이 있다. 3M에서 실패사례를 공유하는 것도 실패를 용인하는 문화 없이는 불가능했을 것이다. 만약 3M에서 실패를 미래의 발전을 위한 경험으로 받아들이지 않고 쉬쉬하며 감추었다면 동료인 아트 프라이가 포스트잇을 개발하는 쾌거를 얻을 수는 없었을 것이다.

1등 기업으로 가기 위해서는 신제품 개발의 실패를 통해 교훈과 시사점을 얻고 성공의 기회로 적극 활용해야 한다. 성공한 사람이 되기 위해서는 다양한 사회생활의 경험과 인간관계의 실패를 통해 반성하고 깨달음을 얻어 발전의 계기로 삼아야 한다. '꺼진 불도 다시 보자'는 말은 안전을 강조하기 위해 나온 말이지만 실패한 사례도 다시 보면 그 안에서 황금을 캐낼 수 있다.

　실패학의 창시자라고 할 수 있는 일본인 하타무라 요타로(畑村洋太郎)는 새로운 일이나 미지의 분야에 도전할 때 99.7퍼센트는 실패하고 단 0.3퍼센트만 성공한다고 했다. 그러나 99.7퍼센트의 실패가 두려워 도전하지 않는다면 0.3퍼센트의 성공도 얻을 수 없다. 다만 그 실패를 통해 실패의 원인을 관찰하고 같은 결과를 반복하지 않도록 노력하는 것이 중요하다.

어제의 실패가
오늘의 성공 요인이다

　나는 신장에 비해 몸무게가 지나치게 많이 나가는 바람에 3년 연속으로 건강검진에서 고도비만 판정을 받았다. 각종 건강수치들에 빨간 불이 들어오면서 더 이상 비만을 방치하면 안 되는 수준에 이르렀다. 살을 빼지 않으면 건강에 심각한 위협을 받을 수 있는 상황까지 온 것이다. 그래서 살을 빼기로 결심했다. 다이어트를 시도해본 사람이라면 공감하겠지만 나도 과거에 여러 번 살을 빼려고 시도했다가 번번이 실패한 경험을 가지고 있었다. 이번에도 어설프게 살을 빼려고 하다간 또 실패하고 말 것이 분명했다. 그래서 다이어트를 시작하기에 앞서 과거에 실패한 경험을 돌아보았다.

우선 먹는 것이 문제였다. 지나치게 많이 먹고 저녁은 퇴근 후에 집에서 먹는 경우가 많으니 밥을 먹는 시간이 늦었다. 늦은 시간에 밥을 많이 먹고 자니 좋을 리가 없었다. 먹는 음식도 기름기가 많은 것을 주로 먹다 보니 살이 찔 수밖에 없었다. 이를 통해 식사의 양과 식단을 바꾸어야겠다고 결심했다.

우선 하루 세끼 중 아침은 과일 위주, 그것도 당분이 적은 토마토 위주로 바꾸었다. 매일 밥과 반찬으로 정찬을 하던 아침을 아이 주먹만 한 토마토 두 개로 바꾸었다. 점심은 평소의 양대로 먹되 한 숟가락씩만 남기기로 했다. 그리고 저녁은 평소 먹던 양에서 반 또는 1/3 수준으로 줄였다. 과식하는 습관을 없애는 것이 중요한데 그렇게 하기 위해서는 위의 양을 줄일 필요가 있었던 것이다. 식단의 구성에도 변화를 줬다. 탄수화물 섭취는 줄이되 다른 음식은 그대로 먹었다. 고기 종류도 그대로 먹되 채소의 양을 늘려 포만감을 느끼게 함으로써 고기의 양을 줄였다. 그러나 식사량과 식단을 조절하는 것만으로는 진도가 더디다. 운동이 병행되지 않으면 안 된다. 그 반대로 운동만으로 살을 빼는 것도 참으로 힘들다. 하지만 운동과 식사량 감소, 그리고 식단 조절이 병행되면 큰 효과를 낼 수 있다. 과거에 몇 번 살을 빼려고 시도를 하면서 알게 된 사실은, 살은 '꾸준히' 빠지는 게 아니라는 것이다. 먹는 것을 줄여서 살을 뺀 후 운동으로 그것을 유지하고 다시 먹는 것을 줄여서 살을 뺀 후 운동으로 유지하는 식의 계단식 원리를 이용해야 효과적이다.

나는 식사량 및 식단 조절과 함께 운동을 시작했다. 과거 실패한 경험을 되돌아보면 몇 가지 시사점을 찾을 수 있다. 우선, 운동은 지루한 것이어서는 안 된다. 흔히들 살을 빼려고 런닝머신 위에서 걷거나 뛰는데, 이는 정말 지루한 일이다. 실컷 운동을 했다고 생각해서 시간이 얼마나 지났나 보면 겨우 20분 정도 지나 있곤 했다. 그러나 이래서는 꾸준히 운동을 하기 어렵다. 운동은 재미를 느낄 수 있는 것이어야 한다. 재미가 있어야 싫증을 느끼지 않고 꾸준하게 할 수 있기 때문이다. 무슨 운동을 할까 고민하다가 이왕 하는 거 지금까지 한 번도 해보지 않은 운동을 하기로 했다. 그렇게 선택한 운동이 수영이었다.

운동을 하는 시간도 문제였다. 아침잠이 많아 이른 시간에 일어나기 힘들다 보니 과거에 운동을 하는 시간은 늘 퇴근한 후였다. 퇴근 후에 운동을 하는 것의 단점은 시간이 불규칙하고 회식이나 야근 등 이러저러한 이유로 인해 빠지는 날들이 많다는 것이다. 그래서 운동을 꾸준히 하려면 이왕이면 저녁시간 보다는 아침시간이 낫다. 비록 잠자리에서 일어나는 것이 어렵지만 일단은 시작해보기로 했다.

그렇게 운동과 식사조절을 병행하며 운동을 시작했다. 아무리 힘든 일이 있어도 운동과 식사조절은 지키려고 노력했다. 술이 만취가 되어 새벽에 귀가하는 날에도 운동만은 거르지 않으려고 노력했다. 그렇게 1년간 운동을 거르지 않고 계속했고 식사조절도 병행했다.

그 결과 1년이 지난 지금까지 15킬로그램을 감량할 수 있었다. 허리는 33인치와 34인치 사이를 오가던 것이 지금은 29인치로 줄었다. 옷 사이즈도 한 치수씩 줄어들어 모든 옷들을 새로 장만해야 했지만 그래도 즐겁기만 하다. 6개월이 넘도록 큰 변화 없이 몸무게가 유지되고 있으며 건강에도 이상이 없는 걸 보면 다이어트는 성공적인 것 같다. 비록 살을 조금 뺀 것뿐이지만 이로 인해 몸과 마음도 더 젊어진 것 같고 무언가 자신감도 더욱 커졌다. 이렇게 다이어트에 성공할 수 있었던 가장 큰 비결은 과거 여러 차례 시도했다가 실패한 경험에 대해 철저하게 관찰하고 분석하여 대응했던 것에 있다. 과거의 경험을 바탕으로 실패한 이유들을 관찰하고 그 실패를 되풀이하지 않기 위해 계획을 철저하게 세운 것이 성공을 이끌어낸 바탕이 되었다. 이를 정리해보면 다음과 같다.

	실패 원인에 대한 관찰	성공을 위한 전략
먹는 것	지나치게 많이 먹고 저녁식사 시간이 늦음	식사량을 줄임 - 아침 : 과일 위주 - 점심 : 정량대로 식사하되 1숟가락 절감 - 저녁 : 정량의 1/2 또는 1/3만 섭취
	기름기가 많은 육류 섭취가 잦음	채소의 양을 늘려 포만감을 느끼게 함으로써 육류 섭취량을 줄임
운동	러닝 위주의 운동으로 지루함을 느껴 운동을 지속하기 어려움	운동의 재미를 느끼기 위해 과거에 해보지 않은 운동을 선택(수영)
	퇴근 이후 저녁시간에 운동을 하다 보니 불규칙하고 운동을 거르는 경우가 많음	출근 전 아침시간을 이용

디지털 캐스트와 애플의 차이

실패나 실수를 소홀히 여기면 안 되는 이유 중 또 다른 하나는 '반면교사(反面敎師)' 때문이다. 즉, 나의 실패가 아닌 다른 사람의 실패, 다른 기업의 실패를 잘 관찰해보고 그것을 거울 삼아 나의 실패를 줄일 수도 있기 때문이다. 성공을 벤치마킹하는 것도 중요하지만 실패사례에 대한 벤치마킹도 꼭 필요한 활동 중 하나다.

레코드테이프나 디스크 형태의 카세트 플레이어 이후 음악재생 방법의 글로벌 표준이 된 MP3 플레이어는 우리나라의 디지털 캐스트라는 회사에서 세계 최초로 개발되었다. 자긍심을 가질 만한 얘기다. 그러나 지금까지 제일 히트를 치고 전 세계적으로 가장 많이 팔린 상품은 애플에서 만든 아이팟(iPod)이다. 왜 그런 걸까? MP3는 그 특성상 음원(音源)을 다양하게 보유할 수 있어야 가치가 있는 상품이다. 즉, 하드웨어보다는 하드웨어를 통해 재생할 수 있는 소프트웨어가 중요한 상품이다. 그러나 처음 디지털 캐스트에서 MP3 플레이어를 만들었을 때만 해도 기계의 기능에만 초점을 맞추었을 뿐 음원의 중요성은 바라보지 못했다. 기계는 있되 기계에서 재생할 수 있는 음원에는 한계가 있다 보니 큰 인기를 끌 수 없었다. 마치 잉크젯 프린터를 구입했는데 잉크를 구할 수 없는 것과 마찬가지 상황이 된 것이다.

반면 아이팟은 5GB의 HDD에 1,000여 곡의 노래를 저장할 수 있게 만들었고 아이튠즈(i-Tunes)라는 뮤직스토어를 통해 합법적으로 음원을 다운로드 할 수 있게 만들었다. 그 결과 미국 디지털 음악 유통 시장의 70퍼센트, MP3 플레이어의 90퍼센트를 아이팟이 차지하고 말았다. 그리고 MP3를 세계에서 처음으로 개발한 한국 기업의 사취는 더 이상 찾아볼 수 없게 되었다.

만약 디지털 캐스트가 MP3 플레이어를 만든 이후 소비자들이 자신들의 제품을 사용하는 패턴을 주의 깊게 관찰했다면 음원의 중요성을 발견할 수 있었을 것이고 그에 적절한 대응 방안도 수립할 수 있었을 것이다. 시장을 선점하고도 시장을 뺏기는 우를 범한 것이다.

애플의 아이팟과 디지털 캐스트의 사례를 관찰프로세스를 이용하여

	디지털 캐스트	애플 아이팟
관찰	PC의 보급 확대에 따라 MP3 형식으로 음악재생이 가능해짐	젊은 세대를 중심으로 MP3를 이용하여 음악을 재생하여 듣는 라이프스타일이 확대됨
발견	MP3 형식의 음악을 듣기 위해서는 컴퓨터가 필요하여 야외에서는 MP3 형식으로 된 음악을 들을 수 없음	기존 MP3 플레이어는 용량의 한계와 저작권 문제로 인해 원하는 만큼 곡을 저장하기 어려움
깨달음	휴대용 기기에서 MP3 형식의 음악을 재생하도록 하면 편리하게 사용할 수 있음	소비자들은 음원을 편리하게 합법적으로 다운받을 수 있기를 원함
개선	MP3 형식의 음악을 재생할 수 있는 휴대용 재생기기를 개발함 (하드웨어의 개발에만 집중 / 당시 기술의 한계로 인해 저장용량이 4~8곡에 불과함)	아이튠즈라는 앱스토어를 통해 다양한 음원을 확보하여 합법적이고 편리하게 다운받을 수 있도록 함
	하드웨어 개발에 집중하여 소비자들이 MP3를 사용하는 라이프스타일의 관찰에 소홀함	소비자들의 라이프스타일을 관찰하여 하드웨어의 미진한 점을 컨텐츠 확보로 만회함

비교해보면 그 차이를 보다 더 명확히 알 수 있다. 물론 애플이 만든 MP3는 이미 초창기의 MP3가 출시되고 나서도 오랜 시간이 지나 나온 것이므로 그만큼 학습효과가 있었다는 것을 감안할 필요가 있다. 하지만 제품의 성공 요인을 잘못 관찰하고 대응했다는 면에 있어서는 디지털 캐스트 측에 아쉬움을 느낀다. 디지털 캐스트가 초기 시장에서 실패한 이유를 좀 더 면밀하게 관찰했다면 재기의 기회를 놓치지 않았을 수도 있다.

수많은 사람들의 목숨을 구한 실수

실패와는 다른 차원에 있지만 실수 또한 마찬가지로 중요하다. 실수도 그 안에서 잘못한 이유를 발견하고 그것을 적극 분석하여 대응함으로써 개선의 기회를 창출할 수 있다. 작은 실수에서 큰 깨달음을 얻어 인류의 삶을 획기적으로 바꾸어놓은 물질이 있다. 바로 푸른곰팡이에서 얻어진 페니실린이다.

영국의 미생물학자였던 알렉산더 플래밍(Alexander Fleming)은 인체에 해를 끼치는 포도상구균에 대한 연구를 하던 중 실수로 한 배양접시의 뚜껑을 열어놓고 휴가를 떠나게 되었다. 6주 동안의 긴 휴가를 마치고 실험실로 돌아온 그는 뚜껑을 덮은 배양접시 안에서는 노랗게 세균 덩어

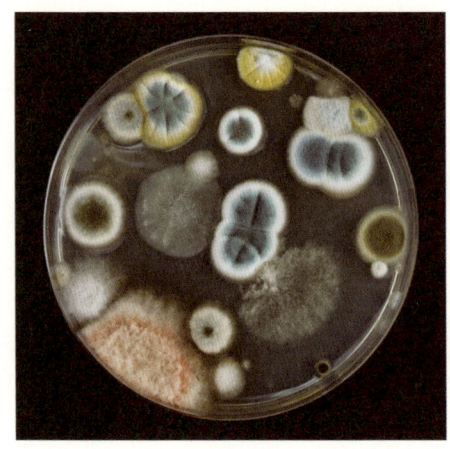

수만 명의 목숨을 살린
푸른곰팡이 포자

리들이 번식했지만 뚜껑을 열어놓은 배양접시 안에서는 세균들이 모두 죽어있는 것을 발견했다. 그곳에는 노란 세균 덩어리 대신 푸른색을 띤 곰팡이가 가득 피어 있었고 포도상구균은 모두 죽어 있었다. 플래밍이 실수로 배양접시의 뚜껑을 덮지 않고 실험실을 비운 사이에 마침 어디선가 푸른곰팡이의 포자가 바람에 날려 배양접시 위에 내려앉았고 그 덕분에 접시 안에 있던 포도상구균이 죽어버린 것이다.

플래밍은 이 현상에 의문을 갖고 연구에 연구를 거듭했고 마침내 푸른곰팡이 안에 있는 페니실린이라는 물질이 인체에 해로운 세균을 죽인다는 것을 알아냈다. 페니실린의 개발로 인해 인류의 삶은 획기적으로 달라졌다. 치료제가 없어 죽어가던 수많은 사람들이 페니실린으로 인해 목숨을 건지게 된 것이다.

실패가 만든 노벨상, 전도성 플라스틱

우리가 알고 있는 상식에 의하면 플라스틱은 전기가 통하지 않는 부도체이다. 그런데 이러한 고정관념을 깨고 전기가 흐르도록 만든 전도성 플라스틱을 개발하여 2000년 노벨 화학상을 받은 사람들이 있다.

일본의 시라카와 히데키(白川英樹) 박사는 폴리아세틸렌이라는 고분자를 개발하기 위한 실험을 하던 도중 실수로 반응 촉매를 과다하게 넣었다. 실수를 깨닫고 바로잡으려고 하는 순간 반응 용액 표면에서 은빛의 찬란한 막이 생기는 것을 발견했다. 이 현상에 의문을 가지고 펜실바니아 대학의 앨런 맥더미드(Alan G. MacDiarmid) 교수와 앨런 히거(Alan J. Heeger) 박사와 함께 공동실험을 진행했고 그 결과 전기가 통하는 플라스틱이 개발되었다.

이렇게 개발된 전도성 플라스틱은 현재 광학재료나 유기발광소자(OLED), 유연 디스플레이(Flexible display) 등의 분야에서 다양하게 활용되고 있다.

기적이나 우연이라고 치부할지도 모르겠으나 3M의 포스트잇이나 화이자의 비아그라, 푸른곰팡이에서 얻어진 페니실린, 그리고 전도성 플라스틱 모두 실패나 실수를 부끄럽게 여기고 숨기려고 했다면 얻을 수 없었던 값진 발견이다. 부끄러워하고 숨기면 아무것도 얻을 수 없겠지만 실패나 실수를 감추지 않고 그것으로부터 교훈을 얻고자 한다면 더 큰 결과를 얻을 수 있다. 종종 기업에서 실패를 장려하는 것도 바로 이러한 이유 때문이다. 이 때문에 실패는 성공의 어머니 자리에 오를 수 있었던 것 아닐까?

Thinking Point

나는 주말이면 가족들을 위해 요리를 즐겨 하는데 요리야말로 실패를 거듭하면서 발전해나갈 수 있는 대표적인 활동이라는 생각이 든다. 힘들게 만든 음식이 제맛이 안 나는 경우에는 속이 상하지만 무엇이 잘못된 것인지 요리과정을 되짚어보고 레시피를 체크해보면 더욱 나은 기회를 가질 수 있다. 그렇게 실패하고 재도전하는 과정에서 요리솜씨는 점차 나아지고 그러한 과정을 통해 자신만의 독자적인 노하우가 쌓여 다른 사람과는 다른 독창적인 요리를 만들어낼 수도 있다.

　사람은 누구나 실패나 실수를 한다. 실패나 실수가 없는 사람은 없다. 정도의 차이가 있을 뿐이다. 완벽한 사람이 있다면 그는 인간이라기보단 신에 가까울 것이다. 이 책을 읽는 독자들도 모두 실패나 실수의 경험이 있을 것이다.

곰곰이 과거의 실패나 실수 사례들을 되돌아보는 것이 중요하다. 그중에서 배울 수 있는 것은 없었는지, 조금만 개선했더라면 좋은 아이디어로 발전될 수 있는 것은 없었는지, 조금만 다른 관점에서 생각했다면 다른 결과를 얻을 수 있는 것은 없었는지 생각해보자. 일이 될 수도 있고 무언가를 배우는 것이 될 수도 있고 어떤 사람과의 인간관계가 될 수도 있다. 실패나 실수는 오히려 성공할 수 있는 기반을 갖출 수 있게 만드는 중요한 요인이다.

High Sense
오감을 충분히 활용하라

관찰의 사전적인 의미는 사물의 현상이나 움직임 따위를 주의하여 잘 살펴본다는 것이다. 그러나 관찰은 단순히 보는 것, 즉 시각에만 의존하는 것이 아니다.

인간은 오감 즉, 시각을 포함하여 청각, 촉각, 후각, 미각을 충분히 활용할 수 있다. 다른 동물들 역시 이러한 감각들을 가지고 있지만 이를 생존을 위해 주로 사용할 뿐 인간처럼 발전할 수 있는 기회로 사용하지는 못한다. 인간은 다행히도 그것들을 잘 활용할 수 있는 장점이 있다. 관찰 행위에 시각뿐 아니라 청각, 후각, 촉각, 미각 등 오감을 복합적으로 활용하여 더 큰 기회를 창출해낼 수 있다.

오감을 활용한
러쉬의 마케팅 전략

영국의 수제 화장품 전문점인 러쉬(Lush)는 오감을 활용한 마케팅 기법을 활용하여 큰 성공을 거두었다. 러쉬는 '후각 ➡ 시각 ➡ 청각 ➡ 촉각 ➡ 미각'으로 이어지는 오감 브랜딩 방법을 사용한다. 먼저 후각을 자극한다. 매장 앞에 커다란 욕조를 설치한 뒤 강한 향이 나는 입욕제를 넣고 월풀을 가동시켜 향기를 더욱 진하게 만든다. 사람들은 이 향에 끌려 발걸음을 멈추고 두리번거리게 된다.

그러고 나면 시각적으로 자극한다. 대부분의 천연재료를 이용한 제품들은 인공색소를 사용하지 않기 때문에 무채색 계열이 많은데 러쉬는 천

오감을 자극하는 러쉬 매장

연화장품에 빨강, 파랑, 노랑, 보라 등 자연에서 추출한 천연색소를 첨가하여 선명한 색을 낸다. 이 화려한 색상을 내세워 고객들의 시각을 사로잡는 것이다.

향과 색에 이끌려 매장에 들어선 사람들에게는 빠른 비트의 음악을 들려준다. 잘 알려진 것처럼 빠른 비트의 음악은 고객의 청각을 자극해서 흥분하게 만든다. 다음 단계로는 매장 입구에 베이커리를 연상하게 하는 방식의 디스플레이로 비누를 진열해두고 고객들이 만져볼 수 있게 한다. 다양한 색깔의 비누나 화장품을 손으로 만져보면서 만족감을 느끼도록 한 것이다. 마지막으로 고객이 비누를 구입하면 치즈처럼 큰 덩어리로 된 비누를 도마에 올려놓고 칼로 썰어준다. 고객은 그 모습을 보면서 마치 치즈를 보고 침이 고이는 것처럼 간접적인 미각 체험을 하게 된다. 이러한 마케팅 기법으로 인해 러쉬는 날이 갈수록 번창하고 있으며 2011년에는 영국제국훈장을 받기도 했다. 러쉬의 이러한 마케팅 전략은 최근 유행하고 있는 오감 브랜딩을 이용한 것이다.

맛의 혁명, 아지노모토의 탄생

MSG로 불리는 인공조미료의 유해성에 대해 논란이 많지만 인공조미료는 오랜 세월에 걸쳐 전 세계인들의 가정에서 음식의 맛을 더욱 깊게 해주는 첨가제로서의 역할을 해왔다. 현대인들의 입맛은 이제 조미료가 없는 음식은 맛이 없다고 느낄 정도로 인공조미료에 길들어 있다. 맛집으로 소문난 집 치고 인공조미료를 쓰지 않는 가게가 없을 정도이다. 오죽하면 30대 종갓집의 종부가 죽으면서 자식들에게 '내 맛의 비밀은 조미료 두 스푼'이라고 고백을 했다는 우스갯소리까지 있을까.

최초의 인공조미료는 글루타민산 소다를 주성분으로 하는 아지노모토였다. 인공조미료의 대명사로 불리는 이 아지노모토는 일본의 이케다 기쿠나에(池田菊苗) 박사에 의해 처음으로 개발되었다. 저녁식사를 하던 1908년 어느 날, 이케다 박사는 국물 맛이 기가 막히게 맛있다고 느꼈다. 그래서 아내에게 어떻게 국물 맛을 냈는지 물었다. 아내는 다시마 국물을 우려내서 만들었다고 알려주었다.

이케다 박사는 다시마 국물의 맛에 흥미를 느껴 연구를 시작했다. 우선 솥에 다시마를 한가득 넣고 다시마 국물을 만든 후 그 국물에 계속 열을 가해 수분을 증발시켰다. 수분이 다 증발되고 나자 솥 바닥에는 하얀 결정체가 남아 있었다. 다시마 표면에 붙어 있던 흰 가루가 소금과 함께 침전물이 되어 남아 있었던 것이다. 이케다 박사는 흰 가루와 소금을 제거하고 또다시 솥에 열을 가했다. 이렇게 단계적으로 여러 가지 요소를 제거하고 나니 최종적으로 솥 바닥에 쌀 모양의 결정체가 남게 되었다. 이것이 바로 최초의 인공조미료로 사용된 글루타민산 소다였던 것이다.

이후 이케다 박사는 밀 등에 들어있는 단백질을 추출하여 염산으로 분해한 화학조미료를 만들어냈다. 그 이후로도 계속된 연구 끝에 핵산계 조미료가 발명되었고 시간이 지남에 따라 더욱 다양한 종류의 화학조미료들이 개발되었다.

인공조미료의 유해 여부에 대한 논란도 크지만 조미료의 발견이 세계인의 식탁에 맛의 혁명을 가져온 것도 사실이다. 이 혁신의 시작은 미각을 통한 관찰이었다. 이케다 박사가 감칠맛 나는 국물을 그냥 맛있다고 생각하고 무심코 넘겼다면 오늘날과 같은 인공조미료는 세상에 없었을지도 모른다. 미각을 이용한 이케다 박사의 관찰 프로세스가 잘 적용되었던 덕분이었다.

미각을 이용한 직업도 있는데 바로 소믈리에(sommelier)다. 포도주의 맛을 감별하고 좋은 포도주를 구별해내는 것이 핵심이다. 단지 뛰어난 미각만으로도 이름난 소믈리에들은 부와 명예를 누리며 살아간다. 와인이 가지는 고유의 색상도 중요하기 때문에 시각적인 감각도 중요하지만 절대적으로 미각과 후각이 중요한 직업이다. 아무튼 일반인들은 구분하기 쉽지 않은 미묘한 맛의 차이를 구분해내기 위해서는 미각을 기르는 훈련이 집중적으로 필요하다. 어느 지방에서 언제, 어떤 환경에서 재배되고 만들어졌는지, 또 그러한 포도주는 어떤 맛을 내는지, 그 차이를 주의 깊게 분별해낼 수 있어야만 소믈리에의 자격을 갖출 수 있다. 일반인들은 구분하지 못하는 수많은 종류의 와인을 섬세하게 구분해내는 미각을 갖추기 위해서는 타고난 재능도 필요하겠지만 절대적인 반복 훈련이 수반되지 않으면 안 된다.

자연에서 찾은 발명품, 향수

냄새를 감지할 수 있는 기관은 콧속의 제일 위쪽에 위치한 후각상피세포로 1~2천 만 개의 후각세포로 이루어져 있다. 후각세포 끝에는 머리털 모양의 섬모들이 달려 있고 세포 내부에는 후각신경이 모여서 후구를 통해 뇌로 연결된다. 사람의 후각은 1600만 종의 냄새를 감지할 수 있는 능력을 가지고 있는데 이 능력을 활용하여 큰 기회를 만들어낸 사례가 바로 향수다.

향수는 기원전부터 신에게 제사를 지내는 물품으로 사제들에게 특히 사랑을 받아왔다. 향수의 기원은 고대 이집트인들이 나무를 태우다가 향기로운 냄새를 발견한 데에서 출발한다. 이는 곧 제사 의식에 활용되었다. 짐승을 태워 신에게 제물로 바치는 의식에서 살이 타는 고약한 냄새를 없애기 위해 탈취제 역할이 필요했기 때문이다. 또한 이집트인들은 피부가 검게 그을리는 것을 방지하기 위해 몸에 기름을 바르곤 했는데

이때 향이 강한 백합이나 향나무 등을 섞어 천연의 향내를 즐긴 것이 오늘날 몸에 뿌리는 향수의 유래가 되었다.

나쁜 냄새를 없애려는 목적으로 사용되다가 점점 미용의 용도로 발전한 것이다.

'향기의 예술가'라고 불리는 조향사(調香師)들은 여러 가지 향의 원료들을 조합해 새로운 향이나 필요한 향을 만들어낸다. 조향사는 사람들이 먹는 식품이나 상품의 향을 다루는 플레이버리스트(flavorist)와 향기로운 냄새를 만들어내는 퍼퓨머(perfumer)로 나뉘는데 이들에게 다양한 원료의 향에서 나타나는 미묘한 차이를 구분해내고 조합해내는 후각적인 변별력은 필수적인 능력이 된다. '샤넬의 코(The Nose of Channel)'라고 불리는 자크 폴주(Jacques Polge)는 1978년부터 샤넬의 향수를 총지휘하면서 세계적인 명성을 쌓아왔다. 자크 폴주는 원래 영문학을 전공한 문학도였지만 프랑스 남부의 작은 향수회사에서 인턴을 지낸 것이 계기가 되어 조향사로 변신했고 세계적인 거물이 되었다. 향수와는 전혀 관련 없는 자크 폴주가 향수계의 대부 자리에 오르기까지 그가 얼마나 오랫동안 노력했는지를 예상하는 건 그리 어려운 일이 아닐 것이다.

그들에게 읽는 것을 허락하라, 점자책의 발명

앞을 보지 못하는 맹인들에게 점자는 책 속에 담긴 지식과 접할 수 있는 가장 직접적인 수단 중 하나다. 만일 점자가 없었다면 맹인들의 의사소통이나 지식의 습득은 전적으로 청각에만 의존할 수밖에 없었을 것이다. 이렇게 맹인들에게 큰 편리함을 안겨준 점자를 개발한 사람은 맹인이었던 루이 브라유(Louis Braille)였다. 당시 맹인들은 책을 읽지 못해 배우는 것을 포기해야 했다. 그러니 할 수 있는 일이란 바구니 만들기와 같은 낮은 수준의 노동이나 허드렛일이 전부였다. 루이 브라유는 맹인들의 비참한 현실을 바꾸고 싶었다.

그러던 어느 날, 그는 이상한 느낌의 종이 한 장을 손에 쥐게 되었다. 작은 요철이 규칙적으로 배열되어 있는 종이였다. 그것은 불을 켤 수 없는 전쟁터에서 급한 전령을 보낼 때 손으로 더듬어 알 수 있도록 만든 암호였다. 그 순간 루이 브라유의 뇌리에 무언가가 번개처럼 스치고 지나갔다. 앞을 볼 수 없는 맹인들이 손가락의 촉감을 이용하여 글을 읽을 수 있는 점자책을 구상해낸 것이다. 그는 곧바로 6개의 점철을 기본으로 알파벳 기호를 만들고 자신이 속해 있는 맹아 학교에서 시범적으로 사용했다. 또한 점자책을 만들기 위해 두 개의 금속판 사이에 종이를 끼우고 펜촉으로 찍어 점자를 만드는 방식을 고안해냈다. 물론 루이 브라유의 점자가 실제 맹인들에게 보급되어 본격적으로 사용하기까지는 많은 시간이 걸렸지만 그가 고안해낸 점자가 맹인들의 삶의 질 개선에 혁혁한 공헌을 한 것은 분명한 사실이다. 이 어마어마한 성과는 그가 촉감으로 관찰한 것을 놓치지 않고 보다 편리한 삶을 위해 개선하고 적용했기 때문에 얻어진 것이다.

귀뚜라미가 알려준
아름다운 악기

우리 주변의 악기들은 모두 청각적 관찰에 의해 만들어졌다. 서로 길이가 다른 여러 개의 관을 두드리거나 불면 소리의 높낮이가 달라지는 것을 관찰하고 이를 응용하여 만든 것이 관악기이다. 같은 원리로 줄의 장력을 다르게 하여 서로 다른 높이의 음을 내도록 만든 것이 현악기이며 타악기 역시 비슷한 원리로 만들어졌다. 청각 역시 관찰의 도구로 사용될 수 있음을 보여주는 좋은 사례라 할 수 있다.

　삼성전자에서 주최한 제 19회 휴먼테크 논문 대상 시상식에서 참가자 중 가장 어린 나이로 금상을 수상한 학생이 있다, 바로 인천과학고 1학년에 재학 중인 이은성 양이다. 논문 제목은 「귀뚜라미 날개패턴을 이용한 악기의 공학적 설계」였다. 귀뚜라미의 소리를 듣고 관찰한 결과 귀뚜라미가 아름다운 소리를 내는 원리가 양 날개를 비비는 것임을 발견했고 이를 이용하여 악기를 설계한 것이다.

 귀뚜라미 앞날개의 오른쪽은 빨래판처럼 생겼고, 왼쪽에는 그 빨래판을 긁어주는 마찰편이 있다. 이은성 양은 이를 응용하여 쇠막대와 톱니의 홈이 맞물린 악기를 구상했고 어린 나이에도 인정받을 수 있었다.

한 목동이 찾아낸 '악마의 유혹'

요즘 길을 다니다 보면 사방에 보이는 것이 커피 전문점 간판이다. 서울 시내에서 제일 많은 게 교회당 첨탑이었는데 요즘은 커피전문점 간판을 더 쉽게 찾을 수 있는 것 같다. 이러다 보니 젊은 사람들의 소비문화 패턴도 바뀌고 있다. 바야흐로 커피가 우리나라 사람들의 삶을 지배하는 세상이 도래한 듯하다. 그런데 이런 커피도 대중에게 소개되고 음료로 사용된 지는 얼마 되지 않았다. 원래 커피는 들이나 산에서 자라는 이름 없는 열매에 불과했고 원주민들 사이에서 진통제나 각성제 정도의 약효를 지닌 약품으로 대용되는 정도였다. 커피의 유래에 대해서는 여러 가지 설이 분분하지만 가장 널리 인용되고 있는 것은 이디오피아의 목동 칼디(Kaldi)의 전설이다.

　기원전 7~6세기 경, 에디오피아 산악지대에 칼디라는 이름의 목동이 살고 있었다. 그는 어느 날 염소들이 나무에 달린 빨간 열매를 먹고 흥분하며 날뛰는 모습을 보았다. 칼디는 호기심에 그 열매를 따 먹어보았다. 그러자 기분이 좋아지면서 힘이 났다. 칼디는 그 열매를 따서 사원의 승려에게 가져갔고 그것을 먹어본 승려 역시 기분이 좋아지는 것을 느꼈다. 그러나 승려들은 그 열매를 '악마의 유혹'이라고 생각하여 불에 태워버린다. 그런데 그 열매가 불에 타면서 향기로운 냄새를 냈다. 이것을 본 승려들은 이 열매를 이용하여 음료수를 만들어 마시기 시작했다. 이 열매의 음료를 맛본 승려들은 피로감이 줄어들고 졸음이 물러나는 효과를 발견했고 밤늦게까지 기도하는 승려들의 경우 일부러 이 음료를 마시기도 했다. 이후 커피는 예멘에서 처음으로 경작되기 시작했고 이슬람 문화권에 의해 발전되어 유럽으로 퍼져나가게 되었다. 이것이 오늘날 우리가 마시는 커피의 유래이다.

세상 사람들의 라이프스타일을 송두리째 바꿔놓은 커피의 유래에도 감각적인 관찰의 힘이 숨어 있다. 커피 열매를 먹은 염소들이 날뛰는 모습을 시각적으로 관찰하고, 그 열매를 직접 따 먹음으로써 미각으로 관찰하고, 기분이 좋아지고 피로가 풀리는 느낌을 감각적으로 (또는 지각적으로) 관찰하고, 태우면 향이 좋다는 것을 후각적으로 관찰했기에 오늘날 전 세계인들에게 사랑받는 기호식품으로 발전할 수 있었던 것이다.

오감을 활용하여 베테랑이 되다

나는 SBS에서 매주 월요일 저녁에 방영하는 〈생활의 달인〉을 즐겨본다. 이 프로그램은 한 분야에서 다른 사람들이 따라올 수 없을 정도로 독보적인 경지에 이른 사람들을 찾아내 공개하는 프로그램인데, 352회에 나온 위조지폐 감별사 배원준 씨의 이야기는 오감을 이용하여 관찰력을 높인 대표적인 사례이다.

우선 그가 가장 먼저 위폐를 구분하는 방법은 시각에 의한 것이다. 기계를 통해 1차적으로 걸러진 지폐의 진폐 여부를 육안을 통해 확인하는 것이다. 위폐 기술이 발달하여 눈으로 진폐와 위폐를 구분하는 것은 무척 어렵지만 홀로그램이나 지폐 속에 숨겨진 은선, 그리고 실루엣 등을 통해 위폐를 가려내는 것이다. 다음은 촉각을 이용한다. 손가락 끝을 이용하여 지폐를 만져보면 진폐는 오톨도톨한 돌기가 있고 위폐는 그러한 돌기가 없어 구분이 가능하다고 한다. 세 번째로는 후각을 이용한다. 진폐는 여러 사람의 손을 거치고 복잡한 유통경로를 거치면서 살짝 곰팡이 냄새 같은 것이 나지만 위폐는 짧은 유통경로를 통해 입수되기 때문에 아무 냄새도 나지 않는다는 것이다. 마지막으로 그는 위폐감별에 청각을 활용한다. 지폐를 한 손에 들고 손가락으로 팅겨보면 진폐는 찰랑찰랑 맑은 소리가 나는 반면 위폐는 다소 둔탁한 소리가 난다. 하지만 그가 진폐와 위폐를 구분하는 차이는 아주 미세한 것이어서 오랜 반복에 의한 관찰과 훈련이 따르지 않고서는 불가능한 것이다. 그는 빨래집게에 돈을 매달아 손가락으로 쳐보기도 하고 동시에 떨어뜨려 속도를 보기도 하고, 물에 담가보기도 하면서 수많은 시행착오와 반복실험, 또 치밀한 관찰을 통해 진폐와 위폐의 차이를 습득했고 그래서 베테랑의 자리에 오를 수 있었다.

   그가 자신만의 독특한 업무역량을 갖추고 그 분야에서 독보적인 존재로 자리매김하기까지는 오감을 이용한 관찰 프로세스를 충실하게 활용한 덕이 컸다.

| 오감을 활용 | → | 관찰 | ⇒ | 발견 | ⇒ | 깨달음 | ⇒ | 개선 |

동인	오감을 활용하여 위폐를 구분할 수 없을까?

관찰의 시작

관찰	진폐와 위폐의 차이를 오감을 이용하여 살펴봄

발견	진폐와 위폐는 모양, 냄새, 소리, 촉감 등에 있어 미묘한 차이가 있음

깨달음	오감을 이용하여 진폐와 위폐를 구분할 수 있는 방법을 터득

개선	반복적인 훈련을 통해 진폐와 위폐를 구분하기 위한 오감을 훈련하여 위폐 감별의 역량을 높임

Thinking Point

앞선 사례들에서 보았듯이 눈으로 보는 것 이외에도 미각과 후각, 청각, 촉각 등 인간이 가지고 있는 모든 감각을 동원하여 관찰할 수 있다. 낯선 맛이나 냄새, 소리, 촉감 등에 대해 스쳐 지나버리지 않고 주의 깊게 관찰하거나 그러한 감각들을 기업활동 또는 일상생활에 활용한다면 분명 기존에 없었던 새로운 기회를 발견할 수 있을 것이다.

미각이 발달한 사람은 미각을, 후각이 발달한 사람은 후각을, 청각이 발달한 사람은 청각을, 그리고 촉각이 발달한 사람은 촉각을 활용하여 다른 사람들과 차별화되는 자신만의 역량을 구축할 수 있다. 미각을 이용하여 전국의 맛있는 집을 찾아내고 그것을 이용하여 맛집에 관련된 책을 쓸 수도 있고 후각을 이용하여 사람들이 좋아하는 냄새를 찾아냄으로써 제품개발에 활용할 수도 있을 것이다.

자신의 오감을 활용해보자. 새로운 세계가 열릴 것이다.

Inconvenience
생활 속의 작은 불편을
기회로 삼아라

아무리 기술이 발달하고 세상이 살기 좋아졌다고 해도 아직 우리 주변에는 사소하지만 불편한 것들이 수도 없이 널려 있다.

이 세상의 많은 발명품은 우연히 탄생된 경우도 많지만 대다수는 생활의 불편을 해소할 목적으로 만들어졌다. 불편한 것들을 보다 편리하게 만들면 좋겠다는 필요가 생기고 그 필요에 따라 고민하다 보니 새로운 것들이 탄생하게 된 것이다. 필요가 발명의 어머니라면 불편은 발명의 할머니쯤 된다고 할 수 있다. 불편함이 곧 창조의 동인이 된 것이다.

인간관계 역시 어떤 사람과의 불편한 점을 개선함으로써 보다 편안한 인간관계를 맺고자 하는 게 목적이다. 좋든 싫든 매일 사무실에서 마주쳐야 하고 하루 대부분의 시간을 같이 보내야 하는 사람이라면, 서로 껄끄럽게 지내기보다는 매끄러운 관계를 유지하는 것이 좋다. 이렇게 일상생활 속에서의 불편점들에 대해 보다 주의를 기울인다면 관찰력은 더욱 높아질 것이다. 그 불편함이 큰 것일 수도 있고 작은 것일 수도 있다. 그러나 중요한 것은 불편함의 크고 작음에 있는 것이 아니라 불편함을 그냥 흘려 지나쳐버리느냐 아니냐에 있다.

우산 손잡이의 작은 홈으로 간이 걸이대를?

비가 오는 날을 상상해보자. 한 손에는 우산을 들고 다른 한 손에는 무언가 짐을 들고 지하철을 기다리고 있는 상황이라고 치자. 이때 혹시 짐이 무거워 잠시 우산을 세워두고 손잡이에 짐을 걸치려고 해본 적이 있는가? 옆의 그림처럼 말이다. 많은 사람들이 이렇게 한다. 하지만 곧 이러한 행동이 불편하다는 것을 깨닫게 된다. 우산의 손잡이는 둥근 곡선 형태이기 때문에 짐을 걸쳐 놓으면 중력의 법칙에 따라 자꾸 아래로 미끄러지기 때문이다. 그래서 짐을 걸쳐둔 손잡이를 잡고 있는 손에 점점 힘이 가해질 수밖에 없다. 비록 짐을 우산 손잡이에 걸쳐두고는 있지만 자꾸 미끄러지는 짐을 잡고 있자니 신경도 쓰이고 여간 불편한 게 아니다. 아주 사소한 불편이지만 이러한 불편을 바꾸어볼 수는 없을까?

아래의 그림은 일본의 디자이너인 나오토 후카사와(深澤直人)가 고안

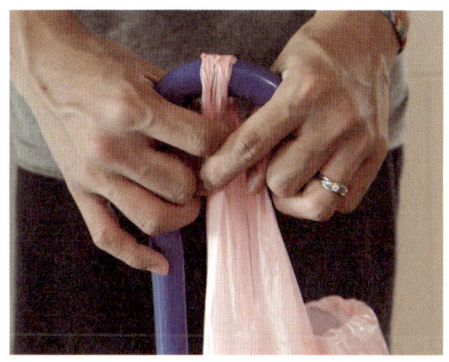

한 우산이다. 우산 손잡이를 보면 작은 홈을 하나 파놓은 것이 보인다. 사람들이 미끄러지는 걸 알면서도 자꾸 우산 손잡이에 무언가를 걸치려고 하는 모습을 보고 만든 우산이라고 한다. 이런 우산이라면 보다 편하게 짐을 걸 수 있을 것이다. 아주 작은 변화이지만 기발하지 않은가?

주변을 돌아보면 이런 사소한 불편함은 헤아릴 수 없이 많다. 그러한 것들을 못 보거나 설사 보더라도 그냥 지나치기 때문에 기회를 찾을 수

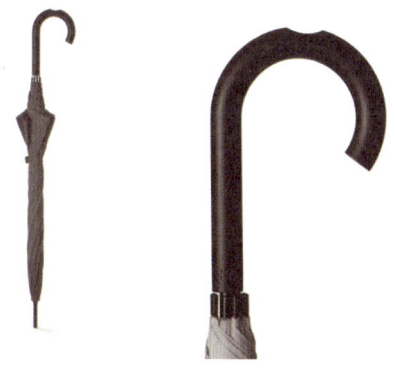

없었던 것이다. 스팀청소기를 개발한 한경희 생활과학의 대표 한경희 씨 역시 주의 깊은 관찰을 통해 성공한 케이스라고 할 수 있다. 맨바닥에서 생활하는 우리나라 가옥과 주거문화의 특성상 여성들은 걸레를 손에 들고 쭈그려 앉아 바닥을 닦는 경우가 많다. 그렇게 물걸레질을 하다 보면 허리나 종아리, 팔 등 온몸이 결리고 아프다. 그래서인지 여자들은 유독 청소를 기피한다. 특히나 찌든 때는 물걸레질로도 쉽게 지워지지 않아 있는 힘을 다해 박박 문질러야 한다. 그녀는 이런 모습들을 보며 보다 쉽고 간편하게 바닥을 청소할 수 있는 청소도구가 있다면 성공할 수 있겠다는 신념을 가지게 되었다. 물론 이후 제품개발에서 판매에 이르기까지 수없이 많은 실패와 좌절을 겪었기에 지금과 같은 성공을 거둘 수 있었겠지만 역시 여성의 입장에서 생활 속의 불편한 점을 놓치지 않고 잡아낸 관찰력이 없었다면 불가능했을 것이다.

불편하니까 개선점이 보인다, 스마트폰 장갑

IT 기술이 발달하고 스마트폰의 보급률이 높아지면서 최근 지하철이나 길거리를 다니는 젊은 사람들의 풍속도 많이 달라졌다. 예전처럼 신문을 읽거나 책을 보는 광경은 거의 사라지고 모두들 스마트폰을 만지고 있다. 심지어는 길을 걸으면서도 스마트폰 화면을 보는 사람들도 많다. 그러나 겨울에는 장갑을 끼기 때문에 외부에서 스마트폰을 조작하기가 불편하다. 스마트폰의 터치스크린은 인체에서 발생하는 정전기를 이용하여 신호를 주고받는 방식이기 때문에 장갑을 끼게 되면 터치스크린이 정전기를 감응하지 못하기 때문이다. 추운 날씨에도 불구하고 스마트폰을 조작하려면 부득이하게 장갑을 벗고 맨손으로 스마트폰을 조작해야만 한다. 손이 시렵더라도 말이다.

이러한 불편함을 잘 관찰한 결과 등장한 것이 바로 스마트폰 전용 장갑이다. 이 스마트폰 전용 장갑은 스마트폰을 조작할 때 주로 쓰이는 엄지와 검지에만 도전성 물질을 이용하여 인체에서 흐르는 전기가 터치스크린에 전달되도록 만들었다. 젊은 사람들의 스마트폰 이용 습관을 잘 관찰한 결과 만들어진 아이디어 제품이라고 할 수 있다.

생활 속의 작은 불편함을 해소하기 위한 아이디어 상품은 무궁무진하게 많다. 날씨가 추워지면 사람들은 길에서 발을 동동 구르며 종종걸음으로 목적지를 향해 바쁜 걸음을 옮기곤 한다. 짧은 거리를 이동하는 경우라면 모르겠지만 하루 종일 찬바람 속에서 일을 해야 하는 사람들은 무엇보다 발이 무척 시리지 않을까? 야외에서 일하는 사람들이 따뜻하게

스마트폰
전용장갑

일할 수 있도록 도와줄 방법은 없을까? 다음 그림은 그러한 관찰에서 나온 상품이다.

신발 깔창 속에 열선을 연결하고 건전지나 충전기를 사용해서 충전한 후 외출할 때 신발 속에 깔아서 사용할 수 있도록 만든 발열 깔창이다. 상품설명서에 보면 압력센서가 있어 신발을 신으면 전류가 흐르고 신발을 벗으면 전류가 차단된다고 되어 있다. 직접 사용해보지 않아 얼마나 따뜻한지는 모르겠으나 영하 10도를 넘나드는 추운 날씨에는 작은 열로도 충분히 따뜻함을 느낄 수 있을 테니 이러한 상품은 야외에서 일하는 직업을 가진 사람들에게는 정말 유용한 물건이 아닐 수 없다. 다만 외출 전후에 일일이 깔창을 빼내어 충전을 해주어야 한다는 불편함이 남아 있는데 이런 측면을 개선할 수 있는 방법이 언젠가는 또 나오지 않을까 생각된다.

충전이 가능한
발열 깔창

일본의 미래지향적인 친환경 화장실

작년 초 일본에 출장을 간 적이 있었다. 점심을 먹기 위해 동료들과 한 식당에 들렀는데 그 식당의 화장실에서 아주 특이한 형태의 변기를 발견했다. 보통 화장실과 달리 소변기와 세수대가 결합되어 있었던 것이다. 소변을 보고 물을 내린 후 수도를 틀어 깨끗한 물로 손을 씻는 게 일반적이므로 대부분의 화장실은 소변기와 세수대가 분리되어 있다. 그러나 관점을 바꿔보면 이는 물을 낭비하는 구조임을 알 수 있다. 지금은 물값이 그리 부담스럽지 않아 펑펑 사용해도 문제가 없을지 모르지만 2050년이 되면 지구는 물 부족에 시달리게 될 것이라는 유엔 미래 보고서가 있다. 굳이 2050년까지 가지 않더라도 이미 지구상의 많은 나라들이 물 부족

변기 위에 세수대가 있는
물 절약형 모델

에 시달리고 있다.

    일본의 이 화장실은 손을 씻고 흘려보낸 물을 모아 변기물을 내리는 데에 사용한다. 이렇게 한다면 확실히 물 절약이 될 것이다. 지금은 물 절약의 필요성이 크게 공감되지 않는 시대이지만 시간이 갈수록 크게 활용될 수 있는 아이디어가 아닐까 싶다.

Thinking Point

앞에서 한 번 등장했던 이슬이에 관한 이야기다. 나의 주말 일과 중 하나는 이 녀석과 함께 산책을 하는 것이다. 간혹 길을 걷다 보면 애완견을 찾는다는 전단지를 보는데 가족처럼 아끼는 반려동물을 잃고 얼마나 상심이 클지 짐작이 가고도 남는다. 그때마다 남의 일 같지가 않아서 이슬이와 산책하는 동안 주위를 조심스럽게 살펴보지만 잃어버린 개를 찾는다는 것이 쉽지는 않다.

    우리나라에서 연간 실종 아동 수는 2만 여 명에 달하며 매년 2천 명 정도씩 증가하고 있다고 한다. 반려동물을 잃어버려도 상심이 큰데 하물며 아이를 잃어버리는 경우에는 그 아픔이 얼마나 클까?

    조금만 주의했더라면 이런 사고들은 미연에 막을 수 있겠지만 어쩔 수 없는 상황에서 사고를 당할 수도 있다. 그런데 이런 사고를 방지할 수 있는 장치가 있다면 어떨까? 요즘은 누구나 스마트폰을 가지고 있다. 스마트폰이 있다면 근거리 통신인 블루투스(Bluetooth) 기능을 활용할 수 있으니 이를 잘 응용한다면 가슴 아픈 사고를 막을 수 있지 않을까?

예를 들어 스마트폰과 블루투스로 통신할 수 있는 아주 작은 통신장치를 반려동물이나 어린아이, 또는 스마트폰 소유주가 목걸이나 팔찌 등의 형태로 착용하는 것이다. 동물이나 어린아이의 경우 순식간에 시야에서 사라져버리므로 일정한 거리를 벗어났을 때 빠르게 경고를 울려준다면 가슴 아픈 이별 사고는 막을 수 있을 것이다.

가끔 딸아이가 머리를 감고 나왔을 때 드라이어를 이용하여 머리를 말려주다 보면 불편할 때가 있다. 두 손으로 긴 머리카락을 털며 열을 가하면 좀 더 쉬울 텐데 한 손에는 드라이어를 잡고 있으니 불편한 것이다. 이럴 때마다 세워 놓거나 어딘가에 고정시켜놓고 사용할 수 있는 드라이어가 있으면 편리하겠다는 생각이 든다. 책상 위에서 사용하는 스탠드 램프처럼 세울 수 있는 드라이어가 있다면 두 손을 자유자재로 활용할 수 있으니 편하지 않을까?

이렇게 생활 속의 불편점을 파고들다 보면 그 안에서 개선의 기회를 발견할 수 있게 된다. 그리고 그 기회가 당신의 인생을 완전히 뒤바꿔놓을 수도 있다. 비 오는 날, 긴 우산을 들고 다니는 것이 불편하다고 생각한 사람이 있었기에 2단, 3단으로 접는 우산이 개발될 수 있었던 것처럼 불편함이 있어야 그 불편함을 제거하려는 노력도 할 수 있다.

참고로 앞서 말한 블루투스 기기는 이미 외국에서 개발되어 한국에서도 판매가 되고 있다고 한다. 기가 막힌 아이디어라도 한발 앞서 이를 구체화시키는 순발력도 중요하다.

New Experience
새로운 것을 접할 수 있는 기회를 만들어라

사실 익숙한 주변 환경에서 그동안 발견하지 못했던 새로운 것을 관찰한다는 것은 그리 쉬운 일은 아니다. 어쩌면 성경이나 불경처럼 듣기 좋은 말이나 원론적인 말에 그칠 수도 있다.

간혹 남다른 관찰력으로 꾸준히 새로운 것들을 발견해내는 사람들이 있긴 하지만 보통 사람들에게 익숙한 환경은 미로처럼 쉽게 빠져나갈 수 없는 덫이 될 수도 있다. 따라서 지금까지 익숙해진 주위 환경에서 벗어나 새로운 환경을 접해보자. 오히려 새로운 것을 접할 수 있는 기회를 낯선 곳에서 찾는 것이다. 운이 좋으면 자신이 발견하지 못했던 자신의 남다른 관찰력을 발견할 수도 있을 것이다.

남태평양의 성인식,
현대인의 레저로

지금은 유행이 지나버렸지만 한동안 예능 프로그램에서 연예인들의 번지점프는 단골 메뉴였다. 시청자들은 아마 까마득하기만 한 높은 상공에서 오랜 망설임 끝에 뛰어내리는 연예인들의 다양한 반응을 보면서 간접적인 스릴과 대리만족, 또는 희열을 느낄 것이다. 사실 30~50미터씩 되는 높은 곳에서 단지 줄 하나만 믿고 뛰어내린다는 건 보통 용기가 아닐 수 없다. 하지만 두려움을 극복하고 번지점프를 하고 나면 큰 성취감을 느낄 수도 있다.

지금도 이름난 유명 유원지에 가면 번지점프대가 남아 있는데 이렇게 많은 사람들의 사랑을 받고 있는 이 번지점프는 남태평양 바투아누의 펜

현대인의 레저로
발전한 번지점프

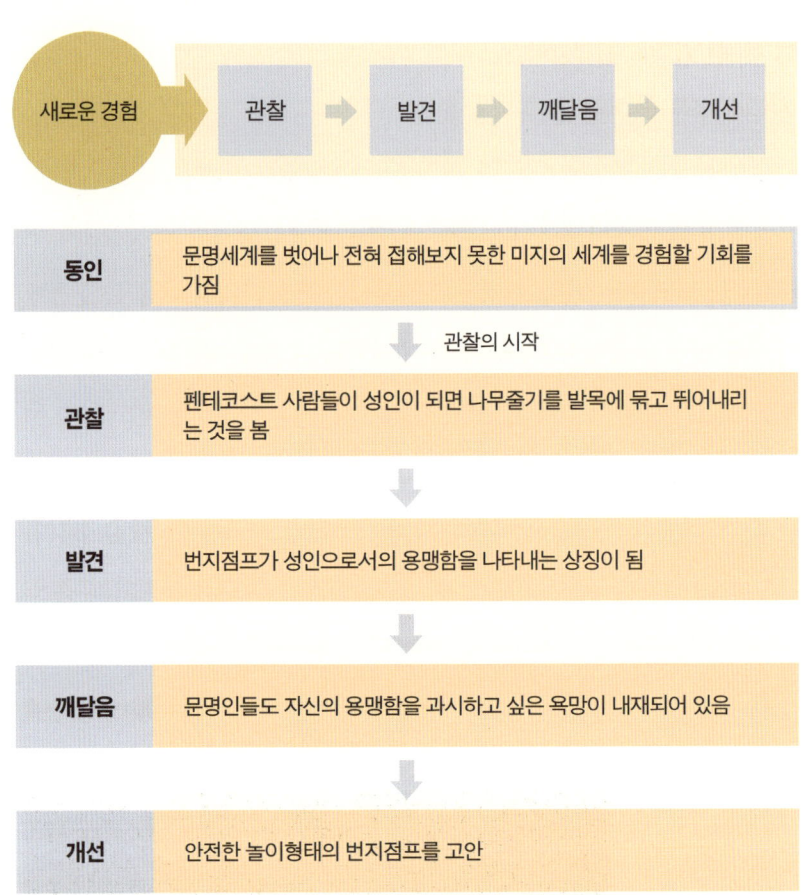

테코스트라는 섬의 전통 풍습에서 유래되었다. 이 섬에는 독특한 성인식이 전해지고 있는데 남성들이 일정한 나이가 되어 성인으로서의 역할을 할 수 있다고 여겨지면 30미터 정도의 높은 나무에 올라가 칡 종류인 '번지'라는 식물로 다리를 묶고 뛰어내림으로써 용맹함을 과시하는 것이다.

번지의 길이는 나무와 사람의 키를 합한 것보다 약간 짧아 땅에 닿기 전에 멈출 수 있도록 했는데 때로는 줄이 너무 길거나 중간에 끊어져 죽은 남자들도 종종 있었던 모양이다. 다소 미개하다고 여길 수도 있는 이 전통은 외부의 침략자들에 맞서 목숨을 걸고 싸움으로써 부족을 지켜야 하는 숙명을 타고난 남자들에게 용맹함을 나타내는 하나의 표현 수단이었지만 이제는 현대인의 레저로 거듭났다.

아프리카 어린이들의 놀이기구였던 훌라후프와 요요

살을 빼고 싶거나 허리둘레를 줄이고 싶은 여성들의 전폭적인 사랑을 받고 있는 훌라후프, 그리고 어린 아이들에게 인기가 높은 요요 역시 이문화(異文化)의 관찰로부터 비롯되었다. 이 두 가지 놀이기구는 1960년대 초에 미국인 루이 마크스(Louis Marx)에 의해 발명되었다. 사실 발명보다는 발견이라고 해야 더 적합할 것이다. 그는 평소에도 낯선 곳을 탐험하길 좋아하는 여행가였는데 한번은 친구들과 아프리카로 여행을 떠나게 되었다. 당시만 해도 아직 문명이 닿지 않았던 오지의 땅 아프리카에서 루이 마크스는 미국에서 볼 수 없었던 새로운 것들을 보았고 그것들이 바로 훌라후프와 요요였다.

마땅한 놀이기구가 없던 아프리카의 어린이들은 나무덩굴로 둥글게 테를 만들어 그것을 허리에 감고 돌리거나 목 또는 팔에 감고 돌리며 놀고 있었다. 또 어떤 아이들은 돌을 갈아 납작하게 만든 원판을 실 같은 나무껍질로 꿰어 올렸다 내렸다 하면서 놀고 있었다. 그 모습을 본 루이 마크스도 그들이 가지고 노는 도구를 빌려 직접 체험을 해보게 되었는데 생각보다 무척 재미가 있었던 모양이다.
　무사히 아프리카 여행을 마치고 돌아온 루이 마크스는 즉시 이 두 가지 놀이기구를 만들어 판매하기로 하고 제품 개발에 착수했다. 나무덩굴을 이용한 둥근 테는 속이 빈 플라스틱으로 대체하여 가볍게 사용할 수 있게 만들고, 단단한 두 개의 나무 판 사이에 쉽게 끊어지지 않는 탄력 있는 실을 감아준 것이 오늘날 훌라후프와 요요의 기원이 되었다. 두 제품 모두 세상에 나오자마자 폭발적인 인기를 얻어 전 세계로 팔려나갔고 원가 또한 그다지 많이 들지 않아 루이 마크스는 순식간에 돈방석에 앉게 되었다.

　번지점프도 그렇고 훌라후프나 요요도 사실 원시적인 모습에서 그다지 크게 변형된 것은 없다. 번지점프의 경우 간혹 줄의 길이를 맞추지 못해 사망사고가 발생했기에 길이를 조정하고 끊어지지 않도록 안전장치를 더한 것뿐이고, 훌라후프와 요요는 원래의 모습을 거의 그대로 재현했다고 해도 무방할 것이다. 그럼에도 불구하고 이 놀이기구들은 전 세계인들의 사랑을 받으며 지구촌 곳곳으로 전파되었다. 이 놀이기구들은 문명화된 기존의 환경에서 볼 수 없었으며 그 지역을 돌아보지 않았다면 발견될 수 없는 것들이었다. 게다가 그들의 놀이기구들이 문명세계에서도 통용될 수 있는 장난감이 될 수 있으리라는 혜안이 없었다면 불가능했을 것이다. 기존 환경을 벗어나 새로운 환경을 접하는 순간 관찰의 힘은 커질 수 있음을 증명한 사례이다.

내가 종종 보는 SBS 〈생활의 달인〉 207회에는 화덕만두라는 아이템 하나로 월 5천만 원, 연간 6억이 넘는 수익을 올리는 주인공이 소개된 적이 있다. 화덕만두란 뜨거운 항아리 안쪽 벽에 만두를 붙여 굽는 것으로 증기로 쪄내는 만두와는 그 맛이 다르다. 이 사업으로 크게 성공한 곡창준 씨는 대만의 야시장에서 드럼통을 이용하여 만두를 만드는 모습을 보

곡창준 씨가 고안한
항아리 화덕만두

고 그것을 응용하여 항아리를 이용한 화덕만두를 만들어 팔게 되었다고 한다. 주의 깊게 본 아이템 하나로 그는 웬만한 중소기업 못지않은 매출을 올리고 있다. 그는 조금만 유심히 지켜보면 기회는 얼마든지 있다고 강조했다.

달라서 더 획기적인 문화 차이를 발견하라

1994년에 업무로 인해 일본을 방문한 적이 있었다. 80년대에는 지금과 같은 자유여행은 꿈도 꿀 수 없었고 배낭여행은 꿈조차 꿀 수 없던 때이므로 그때가 나의 첫 해외 여행이나 다름없었다. 우리나라를 벗어나 처

일본의 음식점에서 흔히 볼 수 있는 티켓자판기

음으로 만난 외국은 모든 것이 낯설고 새롭게 보였다. 그중에서도 가장 눈에 띈 것이 손님들이 식당에서 음식을 주문하는 모습이었다. 모든 식당이 그렇지는 않았지만 대부분의 식당에서는 문밖에 설치된 티켓자판기에서 메뉴를 고르고 돈을 넣어 티켓을 구입한 후 안으로 들어가 구입한 티켓을 내고 음식을 받아가는 시스템을 갖추고 있었다. 이 시스템은 상당히 편리해 보였다. 붐비는 식당에서 종업원이나 주인이 일일이 손님을 찾아다니며 주문을 받지 않아도 되니 식당 입장에서도 주문하는 손님의 입장에서도 서로 편리할 것 같았다.

나는 이 시스템을 좀 더 발전시켜서 우리나라에 도입하면 어떨까 생각해보았다. 식당의 각 테이블마다 터치스크린 형태의 전자식 메뉴판을 설치하고 손님들이 자리에 앉아서 자기가 먹고 싶은 음식을 직접 주문할 수 있도록 하는 것이다.

식당에 들어가 메뉴를 고르기도 전에 종업원들이 다가와 무엇을 주문하겠느냐고 묻거나 메뉴를 정할 때까지 옆에 서서 기다리면 상당한 부담감이 느껴진다. 게다가 바쁜 시간에는 주문하기도 쉽지 않다. 더 나아가 식사 중에 추가적으로 필요한 반찬이나 도구들을 가져다 달라고 하려면 큰 소리로 종업원을 부르거나 종업원들과 눈이 마주칠 때까지 하염없이 손짓을 해야만 한다.

하지만 전자식 메뉴판이 있다면 손님들 각자가 자리에 앉아서 자기가 먹고 싶은 음식을 자유롭게 고르고 주문할 수 있으며 필요한 반찬이나 물건 역시 해당 아이템만 누르면 손쉽게 얻을 수 있으니 편리하게 사용될 듯싶었다. 요즘은 일본식 라멘집 등에서 이 시스템을 종종 볼 수 있다. 누구든 평소 익숙한 환경에서 벗어나 새로운 환경과 문화를 접하면 이런 아이디어를 더 많이 얻을 수 있을 것이다.

산티아고 순례길과 제주 올레길

나는 얼마전에 힐링을 핑계로 제주 올레길을 다녀왔다. 차로만 다니던 제주도의 큰 길을 벗어나 해변과 오름, 그리고 마을을 연결하는 골목길을 따라 느릿느릿 걸으니 그 어디에서도 느끼지 못한 큰 즐거움을 느꼈

제주 올레 7코스에서 바라본 풍경

다. 올레길을 따라 느린 걸음을 걷는 동안 머릿속의 온갖 생각들은 연기처럼 사라져버렸다. 푸르른 숲과 시원한 바닷바람을 맞으며 걸으니 저절로 힐링이 되는 듯했다. 지금까지 제주도에 여러 차례 다녀왔지만 이번처럼 제주의 참맛을 속속들이 느끼고 돌아온 건 처음인 것 같다.

2007년 9월에 성산 종달리에서 광치기 해변까지 올레 1코스가 개장된 것을 필두로 제주에는 지금까지 모두 26개, 전체 길이 423킬로미터의 올레코스가 개장되어 수많은 국내외 관광객들의 인기를 얻고 있다. 이름난 관광지 위주로만 되어 있던 제주여행 코스와 달리 쉽게 발견할 수 없는 제주도의 숨은 매력과 속살을 들여다보는 듯한 재미를 느낄 수 있어 제주 올레길은 폭발적인 사랑을 받으며 꾸준한 인기를 얻고 있다. 올레길이 생기기 전에는 명소관광을 목적으로 제주에 갔지만 올레길이 생긴 이후에는 주로 올레길을 트래킹하기 위해 방문하게 된다. 제주 올레길의 성공에 힘입어 전국 지자체 곳곳에서 둘레길과 같은 유사 상품들이 쏟아지고 있다. 개인의 아이디어 하나가 제주의 관광문화를 송두리째 바꿔놓고 제주도의 이미지를 완전히 뒤바꿨다. 대단한 히트 상품이다.

제주 올레길은 제주가 고향인 서명숙 이사장에 의해 만들어졌는데 이 올레길이 만들어지게 된 배경에는 스페인의 산티아고 순례길이 있었다. 산티아고 순례길은 예수의 승천 이후 성인 야고보(St. Diego, 야고보를 스페인에서는 Diego라고 하는데 산티아고는 바로 이 성 디에고에서 유래한 말이다)가 복음을 전파하기 위해 걸었던 800킬로미터의 길을 일컫는다. 20년이 넘도록 정치부 기자로 일해온 서명숙 이사장이 자신의 일에 매너리즘을 느끼고 자기성찰의 시간을 갖기 위해 선택한 장소가 산티아고 순례길이었다. 36일에 걸쳐 끊임없이 산티아고의 순례길을 걸으며 서명숙 이사장은 자신의 고향인 제주에 이를 본딴 길을 만들게 되었는데 이것이 바로 제주 올레길이다.

산티아고 순례길은 이미 오래전부터 그곳에 있었고 제주의 올레길도 이름만 붙여지지 않았을 뿐 이미 그곳에 있었다. 둘 사이에는 아무런 연관성도 없었다. 그러던 것이 산티아고를 방문한 한 사람에 의해 연관성을 갖게 되었고 제주에도 산티아고의 순례길을 본뜬 올레길이 탄생하게 된 것이다. 이렇게 낯선 경험이 새로움으로 재탄생되었다. 서명숙 이사장에게 산티아고 순례길의 낯선 경험이 없었다면 지금처럼 사랑스러운 제주의 올레길은 탄생할 수 없었을 것이다.

트렌드를 읽기 위한 현대카드의 인사이트 트립

현대카드는 국내 신용카드 업계에서 후발주자이지만 큰 성공을 거두었다고 평가되고 있다. 그들은 그들만의 특별한 활동을 하는데 그것은 바로 통찰력을 얻기 위한 여행이다. 현대카드의 정태영 사장과 마케팅 임원, 부서장 등 100여 명은 매년 세계여행을 떠난다. 이를 현대카드 내부에서는 인사이트 트립(insight trip)이라고 부른다.

  해외의 유명 마케팅 전문회사와 디자인 회사는 물론이고 새로 지은 건물, 박물관, 갤러리, 콘서트 홀, 심지어는 성공한 식당이나 바, 가게 등 톡톡 튀는 아이디어로 유명한 곳이라면 모두 방문 대상이 된다고 한다. 이런 여행을 통해 세계적으로 재능 있는 사람들의 생각과 방향을 알게 되고 미래의 트렌드를 읽는다는 게 여행의 목적이다.

  창의적인 아이디어는 책상 위에서 죽어라 고민만 한다고 떠오르는 것이 아니다. 물론 필요에 따라서는 깊이 있는 분석과 논리적인 접근을 통해야만 얻을 수 있는 아이디어도 있지만 익숙한 환경에서 벗어나 새로운 환경을 접하고 잘 관찰함으로써 얻어지는 경우도 많다. 아이디어가 잘 떠오르지 않거나 사고가 꽉 막혀 있을 때, 흔히들 여행을 추천하는 이유도 이런 것 때문이다. 낯선 것들을 경험하고 관찰하면서 그 안에서 새로움을 발견한다면 기회는 당신의 것이 될 수 있다. 이젠 낯선 것을 즐기자.

Thinking Point

나는 15년 전쯤 미국 일리노이주 시카고에서 남쪽으로 2시간 정도 떨어진 샴페인이라는 지역에서 1년간 산 적이 있다. 그곳에는 특이한 스테이크 하우스가 있었는데 건물 한가운데 커다란 화로가 있고 손님들이 각자 마음에 드는 고기를 선택하여 냉장고에서 꺼낸 후 화로에서 직접 구워 먹는 것이었다. 물론 소스와 드레싱 종류는 식당에서 제공하고 스테이크만 구워 먹으면 된다. 자신이 먹고 싶은 종류의 스테이크를 골라 자신의 기호에 맞게 익혀 먹는 재미가 쏠쏠하다. 언제 어디서나 마음만 먹으면 바비큐를 즐길 수 있는 사람들이기에 스스로 구워 먹는 방식이 익숙할 테니 특별한 차별점이 없을 거라 생각했건만 예상외로 늘 손님이 북적거렸다. 그 모습을 보면서 나는 한국에서도 비슷한 비즈니스를 해보면 어떨까 하는 생각이 들었다.

요즘은 캠핑 문화가 발달해 야외에서 고기를 구워 먹는 문화가 익숙해졌다. 적당한 시설을 갖추고 사람들이 원하는 부위를 골라 원하는 정도로 직접 익혀 먹을 수 있도록 바비큐 식당을 만든다면 잘되지 않을까? 최근 여기저기 등장한 캠핑 식당이 바로 이런 컨셉을 활용한 듯하다.

낯선 환경이 반드시 외국일 필요는 없다. 국내에서도 지역에 따라 다른 것들이 상당히 많다. 문화, 음식, 습관, 언어, 가치관 등. 또 요즘은 굳이 해외여행을 하지 않고도 TV를 통해 충분히 간접경험을 할 수도 있다. 그것들을 기억해보면서 그로부터 새로운 아이디어를 도출할 수 없을까 고민해보자. 먹을 것이 될 수도 있고 문화가 될 수도 있고 일상생활에서 사용되는 소품이 될 수도 있다. 예를 들어, 원시부족들이 사냥에서 잡아온 들짐승을 땅을 파고 집어넣은 후 뜨겁게 달궈진 돌을 채워 넣어 익혀 먹는 광경을 자주 봤을 것이다. 이를 이용한 음식을 만들 수는 없을까?

무엇이 되었든 낯선 것을 통해 새로움을 발견할 수 있다면 그것은 당신에게 새로운 기회를 제공할 수 있다.

Grow Curiosity
호기심을 키워라

관찰을 위해서는 기본적으로 사물에 대한 호기심, 주변 현상에 대한 호기심, 사람에 대한 호기심이 따라야 한다. 호기심이란 새롭거나 신기한 것에 끌리는 마음을 말한다. 과거에 보지 못한 낯선 것, 과거에 본 적이 없는 새로운 것에 대해 궁금해하고 알고 싶어 하는 마음이 호기심이다. 호기심이 관찰에서 중요한 이유는 그것이 있어야만 알려고 하고 알려고 해야만 관찰을 하기 때문이다. 호기심이 많은 사람과 호기심이 없는 사람은 관찰의 힘에 있어 큰 차이가 있다. 호기심이 없는 사람은 관찰을 잘 할 수 없다.

오늘날 르네상스 시대의 위대한 천재로 기억되는 레오나르드 다빈치(Leonardo da Vinci)는 의학, 수학, 물리학, 천문학, 과학, 미술 등의 분야에서 보통 사람으로서는 상상하기 힘든 다양한 업적을 남겼다. 그런데 레오나르드 다빈치의 업적은 대부분 뛰어난 관찰력에서 비롯된 것들이다. 그는 '알고자 하는 욕망은 선한 사람들에게는 자연스런 일이다'라고 했다. 알고자 하는 호기심이 관찰력을 키워주었고 이를 바탕으로 수많은 업적들을 남기게 된 것이다.

갈릴레오 갈릴레이(Galileo Galilei)는 우연히 네덜란드의 한 안경 제조업자가 멀리 있는 사물을 가깝게 보이도록 한 도구를 만들고 그것을 나소 가문의 모리스 백작에게 기증했다는 말을 듣게 되었다. 그는 어떻게 하여 멀리 있는 물건을 가깝게 보일 수 있도록 한 것인지 호기심이 생겼고 당장 그것을 구해와 원리와 구조를 연구하기 시작했다. 이를 통해 갈릴레이는 결국 망원경을 발명했고 이를 토대로 근대 천문학의 첫발을 내딛게 되었다. 만약 갈릴레이가 안경 제조업자의 이야기를 사소하게 흘려버리거나 호기심을 갖지 않았다면 누군가 먼 훗날에 갈릴레이의 역할을 대신하여 망원경을 발명할 때까지 인류의 역사는 그만큼 늦게 진화했을 것이다.

덥지도 않은데 자꾸 녹는 사탕?

이제 전자레인지는 없어서는 안 될 필수적인 조리도구가 되었다. 불 없이 조리가 가능한 데다 짧은 시간에 음식을 덥히거나 조리할 수 있어 빠른 스피드에 익숙한 현대인들의 삶과 잘 어울리는 조리도구로 자리매김했다.

이렇게 현대인들의 삶 속에 깊숙이 파고들어 편리함을 제공해주는 전자레인지도 호기심 덕분에 발명되었다. 전자레인지를 발명한 사람은 미국의 퍼시 L 스펜서(Percy L. Spencer)로 그는 집안 형편이 어려워 초등학교도 제대로 졸업하지 못하고 어릴 때부터 공장에서 일을 해야만 했다. 첫 직장인 철공소를 거쳐 진공관을 만드는 레이턴사에서 근무하게 되었지만 배운 것이 없던 탓에 20여 년을 보조공원으로 일해야 했다. 보조공원이 받는 급여는 많지 않았다. 가난했던 그는 늘 점심으로 감자나 사탕, 초콜릿 등을 싸서 다녔다.

그러던 어느 날, 아침부터 일이 바빠 주머니에 넣어둔 사탕을 깜빡 잊은 스펜서는 점심시간이 되어서야 사탕을 떠올리곤 주머니에 손을 넣었다. 날이 그리 덥지 않았지만 사탕은 모두 질퍽하게 녹아 있었다. 왜 사탕이 녹았는지 궁금했지만 그 이유를 알 수 없었다. 다음 날 역시 아침부터 바쁜 일정 탓에 주머니에 넣어둔 초콜릿을 점심시간에야 발견했다. 역시 초콜릿은 녹아 있었다. '분명 무언가 있어. 사탕과 초콜릿을 녹게 만드는 특별한 이유가 있을 거야.'

스펜서는 사탕과 초콜릿이 녹는 현상을 그냥 지나치지 않고 호기심을 가지고 관찰하기 시작했다. 다음 날부터 옥수수나 감자, 계란 등을 가져와 근처에 놓아두고 어떻게 변하는지 관찰한 것이다. 관찰 결과, 감자는

| 호기심 | → | 관찰 | ⇒ | 발견 | ⇒ | 깨달음 | ⇒ | 개선 |

동인	왜 사탕과 초콜릿이 녹는 것일까?

관찰의 시작

관찰	옥수수나 감자 등의 음식물이 어떻게 변하는지 지켜봄
발견	감자가 삶아지고 옥수수가 터지는 등 음식물이 저절로 익음
깨달음	진공관에서 나오는 극초단파가 음식에 열을 가해 음식을 변형시킴
개선	극초단파를 이용하여 음식물을 조리하는 신개념 조리기구를 개발

속까지 다 익어버렸고 옥수수와 계란은 스스로 터져버리고 말았다.

스펜서는 진공관에서 나오는 극초단파가 음식에 열을 가해 음식을 변형시킨다는 사실을 깨닫게 되었다. 극초단파가 음식물 속의 물분자를 빠르게 움직이게 하여 분자 사이에 마찰을 일으키고 이로 인해 온도가 올라가며 그 온도로 음식이 익은 것이다. 스펜서는 자신의 가설을 검증하기 위해 밀폐된 공간에 극초단파를 발생시킬 장치를 만들고 음식물을 담을 쟁반까지 만들어 실험해보았다. 결과는 성공적이었다. 그의 가설대로 극초단파가 음식을 익게 만든 것이었다. 스펜서는 거듭된 개량과 개선을 거쳐 전자레인지를 실용화했다. 이 제품은 출시되자마자 날개 돋친 듯 팔려나갔고 스펜서는 레이턴사의 이사로 승진했으며 부와 명예를 안게 되었다.

 오늘날 모든 가정에서 편리하게 사용되고 있는 전자레인지도 이처럼 작은 호기심에서 시작되었다. 만약 스펜서가 주머니 속에 든 사탕이나 초콜릿이 녹은 것을 보고도 대수롭게 여기지 않았다면 전자레인지는 탄생하지 못했거나 스펜서가 아닌 다른 사람의 손에 의해 개발되었을 것이다. 이상 현상에 대해 놓치지 않고 주의를 기울이고 그에 대해 호기심을 가진 것이 그를 성공의 길로 이끌었다.

극성스러운 문제아가 발명의 왕으로

 호기심은 펌프의 마중물과 같다. 내가 어린 시절에는 주위에서 펌프를 흔히 볼 수 있었다. 상수도 시설이 미처 보급되지 않은 그 시절에 펌프는 일상에 필요한 용수를 공급해주는 아주 요긴한 수단이었다. 그런데 펌프를 사용하기 위해서는 처음에 한 바가지 정도의 물을 부어주어야 한다. 그 물이 있어야 깊은 곳에 있는 물을 끌어올릴 수 있는 것이다. 이것이 마중물이다. 호기심은 관찰을 이끌어내는 마중물이라고 할 수 있다. 호기심이 강한 사람은 그 호기심의 해결을 위해 주변을 유심히 관찰하지만 호기심이 부족한 사람은 모든 것을 '그러려니' 하고 당연하게 넘기고 만다. 잘 알다시피 에디슨은 자동차와 전구, 축음기 등 수많은 발명품을 만들어내어 인류의 삶을 편리하게 한 20세기 최고의 발명가이다. 에디슨이 이렇게 세계적인 발명왕이 된 데에는 남다른 호기심이 기반이 되었다. 평범한 일상 속에서, 또는 다른 사람들이 그냥 지나칠 만한 사소한 일에도 호기심을 가지고 의문을 품었기에 그렇게 대단한 업적을 남길 수 있었던 것이다.

 에디슨의 호기심에 대한 좋은 일화가 있다. 어느 더운 여름날, 에디슨은 대장간에서 쇠를 달구는 모습을 보다가 불이 어떻게 타오르고 어떻게 다른 물체로 옮겨 붙는지가 궁금해졌다. 대장장이에게 이를 볼 수 있느냐고 물었지만 혼만 나고 말았다. 호기심을 풀 수 없었던 에디슨은 집으로 돌아와 헛간에서 불을 피웠다. 그리고 불이 나무로 옮겨 붙고 벽을 타고 오르는 모습을 주의 깊게 관찰했다. 결국 헛간은 모두 불타버리고 에디슨은 부모님께 호되게 야단을 맞았지만 그 일로 인해 에디슨은 불이 어떻게 옮겨 붙는지에 대해 확실히 알게 되었다.

또 사람 몸이 공기보다 가벼운 기체로 가득 차면 어떻게 될까 궁금해진 에디슨은 소다와 다른 물체를 섞어서 공기보다 가벼운 기체를 만든 후 그것을 친구에게 먹이기도 했다. 다행히 에디슨의 어머니가 배를 잡고 뒹구는 친구를 보고 달려와 먹은 것을 토하게 하여 큰 사고는 일어나지 않았다. 어른들의 눈으로 보면 극성스러운 문제아처럼 보이겠지만 에디슨은 이렇게 남다른 호기심을 가지고 있었기에 천 개가 넘는 발명품을 만들 수 있었다. 호기심이 바탕이 되어 의문을 품고 이를 직접 실험을 통해 구현함으로써 새로운 무언가를 만들어낼 수 있게 된 것이다.

기름을 쏟았더니 깨끗해진 식탁보, 왜일까?

인류의 삶에 편리함을 가져다준 획기적인 발명들은 의도적이기보다는 우연히 시작된 경우가 많지만 그러한 우연조차도 호기심이라는 기폭제가 마련되어 있지 않으면 제대로 보지 못하고 넘어갈 수 있다. 많은 발명가들이 우연 속에서 혁신적인 제품을 개발했지만 그러한 우연이 반드시 발명가들에게만 일어나진 않기 때문이다. 동일한 현상에 대해서도 각별히 호기심과 의문을 가지고 바라보아야만 다른 사람과 다른 특수한 현상이 될 수 있다. 아주 사소한 실수에 의문을 가진 계기로 인류의 삶을 보다 편리하게 만들어준 사람의 이야기를 소개하려 한다.

졸리 블랭은 책상 위에 있던 램프를 식탁 위로 옮기려다가 실수로 램프를 놓쳤다. 램프가 떨어지면서 식탁 위로 기름이 쏟아졌고 식탁보 위에 기름 자국이 크게 남았다. 그러나 급한 약속이 있어 졸리 블랭은 쏟아진 기름을 그대로 두고 외출해야 했다.

몇 시간 뒤, 집으로 돌아온 그는 깜짝 놀랐다. 기름이 엎질러진 자리만 깨끗해져 있었기 때문이다. 졸리 블랭은 호기심이 일었다. 왜 기름이 쏟아진 자리만 깨끗해졌을까. 그는 다시 더러운 부분에 기름을 붓고 관찰했다. 그는 곧 기름이 섬유 중에 남아 있던 더러운 얼룩을 녹였고 기화될 때 같이 날아가버리는 원리를 터득하게 되었다.

이 원리를 이용하여 졸리 블랭은 기름을 이용한 새로운 방식의 세탁기술을 발명하게 되었다. 그것이 바로 드라이클리닝이다. 물세탁만으로는 제거되지 않던 오염이나 얼룩은 드라이클리닝을 통해 손쉽게 제거되었고 이로 인해 졸리 블랭은 큰 부자가 되었다.

식탁보에 기름이 쏟아지는 일은 사실 사소한 실수다. 그러나 그 속에서 드라이클리닝의 원리를 찾아낸 사람은 흔하지 않다. 차이는 호기심을 가지고 바라보았느냐 아니면 짜증만 내고 말았느냐에 있을 것이다. 호기심이 있어야만 평범한 현상 속에서 특별한 보물을 발견할 수 있다.

더 효율적인 업무 방안은
질문에서 시작된다

직장인들의 경우 기존에 반복적으로 해왔던 일일지라도 늘 새로운 관점에서 새로운 접근방식을 찾아보라는 말을 듣곤 한다. 프로세스 개선을 통해 업무의 효율을 높이라는 말인데 이러한 프로세스 개선 또는 업무방식의 개선에 있어서도 호기심이 밑바탕이 되면 더욱 좋은 결과를 얻어낼 수 있다.

연구소에서 관리 업무를 담당하고 있을 때였다. 당시에는 산학장학생이라는 제도가 있었다. 대학을 졸업하기 전에 우수한 인재들에게 학자금을 지원하고 졸업과 함께 입사하여 근무하도록 하는 제도였다. 기업의 입장에서 좋은 인력을 다른 기업에 빼앗기지 않고 먼저 확보하자는 취지에서 만들어진 제도였다.

대부분의 산학장학생들은 졸업과 함께 회사에 입사하지만 그중 일부는 간혹 더 좋은 조건을 제시하는 다른 기업으로 입사하기도 했고, 박사학위를 마친 경우에는 대학으로 진출하기도 했다. 그래서 회사에서는 이들에게 전담 멘토를 선정해두고 다른 곳으로 가지 못하도록 관리했다. 지금처럼 취업이 어렵다고 하는 시국에는 상상하기도 힘든 일이지만 당시에만 해도 그런 일을 어렵지 않게 볼 수 있었다.

어느 날인가 본사 인사팀에서 미션이 주어졌다. 멘토들은 모든 산학장학생들을 만나서 면담을 한 후 면담 결과를 정리해서 제출하라는 것이었다. 학생들이 졸업 후 다른 마음먹지 말고 회사에 입사할 수 있도록 미리 관리하는 것이 목적이었다. 그러나 업무를 해보면 원하는 성과를 얻을 확률이 50퍼센트도 안 되었다. 담당 멘토들이 자신이 관리하는 산학장학생들을 만나 면담을 하는 경우가 반도 안 된다는 이야기였다. 왜 100퍼센트는 안 되는 걸까? 무엇 때문에 반 정도밖에 결과가 안 나오는 걸까? 좀 더 성과를 높일 수 있는 방법은 없을까?

나는 멘토들이 100퍼센트 미션을 완료할 수 있도록 돕기 위해 몇몇 멘토들과 이야기를 나누었다. 면담을 안 하는 이유를 파악하는 것이 우선이었다. 대부분은 주어진 업무가 바쁘다 보니 시간 내기가 쉽지 않다고 했지만 진짜 문제는 무관심이었다.

그러던 중 우연히 멘토들이 윤리의식에 상당히 민감하다는 것을 알게 되었다. 그들은 돈이 관련된 일에는 상당히 부담을 느끼고 있었다. 나는 이 부분을 놓치지 않고 아이디어를 냈다. 본사에서 지원하기로 한 면담 비용을 사전에 현금으로 지급하기로 한 것이다. 원래는 면담 결과와 함께 면담에 사용된 비용전표를 제출하면 추후 정산해주기로 되어 있는 것을 사전에 현금으로 지급한 것이다.

이 아이디어는 멋지게 성공했다. 현금을 받은 멘토들은 부담을 느꼈다. 돈을 받고 면담을 하지 않으면 부정이 될 수밖에 없으니 억울한 지적을 받고 싶지 않으면 하기 싫어도 억지로 면담을 해야 했다. 어떤 멘토들의 경우에는 현금으로 나누어준 면담 비용 이외에 추가적인 비용을 들여서까지 산학장학생들과 면담을 마쳤다. 그 결과 면담 대상자 100퍼센트가 면담을 완료할 수 있었다. 그에 비해 다른 연구소는 여전히 30~40퍼센트의 저조한 실적을 기록했다. 이 사례는 본사 인사팀에서 전사 표준으로 채택하여 다음 해부터는 나의 아이디어를 바탕으로 관리방법을 변경했다.

내가 신입사원 시절이었으니 지금으로부터 약 20여 년 전 이야기다. 지금 되돌아보면 별것 아닌 일일 수도 있으나 일을 좀 더 잘할 수 있는 방법은 없을까 하는 호기심이 주위를 둘러보는 계기를 만들었고 이를 통해 효과적인 개선 방안을 찾을 수 있었던 좋은 경험이었다.

Thinking Point

앞서 얘기한 것처럼 동일한 현상에 대해서도 바라보는 사람의 입장에 따라 그 해석과 결과는 천차만별이다. 내 앞에 아무리 좋은 기회가 찾아와도 그것을 알아차리고 적절하게 대응하지 못하면 기회는 순식간에 지나가버리고 만다. 그러나 호기심을 가지게 되면 찾아온 기회를 놓치지 않고 내 것으로 만들 수 있는 확률이 높아진다.

주위에서 매일 마주치는 일상에 대해 호기심과 의문을 가져보자. 예를 들어 매일 처리해야 하는 업무에 대해서도 '업무를 보다 효율적으로 할 수 있는 방법은 없을까?' '생산성을 높일 수 있는 방법은 없을까?' '품질을 높일 수 있는 방법은 없을까?' 호기심을 가지고 이러한 고민을 계속하게 되면 아마도 그 길이 보일 것이다. 그 결과 당신은 창의적인 사람이라는 평가를 받게 될 것이다.

인간관계에서도 마찬가지다. 어떤 사람에의 행동 배경에 대해 호기심을 가지고 관찰해보라. 그 사람의 성장 배경이 어떤지, 가족관계는 어떤지, 관심분야는 무엇인지 등에 대해 호기심을 가지고 꾸준히 상대방에 대해 알려고 노력해보라. 사람은 자신에게 관심을 가져주는 사람에 대해 호감을 보이게 마련이다. 내가 상대방에 대해 호기심을 가지고 알려고 하면 그 사람과의 인간관계는 더욱 좋아질 것이다.

오늘부터라도 주위의 사물과 사람들에 대해 호기심을 가지고 관찰을 시작해보자.

3부

문제를 해결하는 최고의 전략, 관찰의 힘을 활용하라

뷰자데(Vu ja de),
당연하지 않은 세계를 발견하라

관찰의 궁극적인 목적은 무엇일까? 앞서 보았듯이 관찰은 기본적으로 주위의 사물과 현상에 대한 발견과 깨달음을 거쳐 통찰력을 가지는 것이지만 그 통찰력을 활용하여 궁극적으로는 새로운 패러다임이나 프레임을 제시하는 데까지 나아가야 한다. 그것이 혁신적인 아이디어의 도출로 나타날 수도 있고 인간관계에서 전향적인 발전으로 나타날 수도 있다. 관찰은 활용될 때 그 가치가 빛난다.

  인간의 삶은 기존의 틀을 깨부수는 혁신적인 아이디어에 의해 발전해왔고 그 아이디어를 발견한 사람들에게는 엄청난 부와 명예를 안겨주었다. 이제 관찰의 결과를 활용하여 아이디어로 발전시킬 수 있는 방법에 대해 구체적으로 이야기해보고자 한다.

원리의 도출을 통한 통찰력 확보

관찰이 중요한 이유는 관찰을 통해 통찰력을 기를 수 있기 때문이다. 통찰력이란 사물이 움직이는 원리를 파악하는 것이다. 사물이 움직이는 기본적인 원리를 알아야 원리를 이용하거나 뒤바꿔 새로운 아이디어를 도출할 수 있다. 학생들이 수학을 배울 때 기본적인 원리부터 배운 후에 응용문제를 풀 듯 일상생활에서도 사물의 원리를 알아야만 그것을 응용할 수 있게 되는 것이다.

'원리'가 꼭 거창하거나 전문적인 것만은 아니다. 세상에는 빛을 프리즘에 투과시키면 빨주노초파남보의 일곱 색깔 무지개로 분산된다거나 빛이 산란되면서 파란색만이 눈에 인지되어 하늘이 파랗게 보인다는 식의 다소 복잡한 원리도 있지만, 토끼는 앞다리가 길고 뒷다리가 짧아서 높은 곳에서 낮은 곳으로 내려갈 때는 빨리 달릴 수 없는 것과 같이 관찰로 충분히 깨달을 수 있는 간단한 원리도 있다. 양들이 가시에 찔릴까 봐 덩굴장미가 가득한 울타리는 넘지 않는다는 것도 이와 비슷하다. 간단히지만 분명 범용적이고 효과적으로 활용될 수 있는 원리인 것이다. 토끼의 뒷다리가 앞다리보다 긴 원리를 이용하여 사람들은 산 위에서 산 아래로 토끼를 몰아 사냥을 했고 양들이 가시를 싫어한다는 원리를 이용하여 철조망을 만들어냈다.

주변에서 찾아보기 쉬운 예도 있다. 바로 엄마가 된 여성들이다. 엄마들은 아기들이 우는 소리만 듣고도, 또는 얼굴만 보아도 아기가 무엇을 필요로 하는지 정확히 알아낸다. 갓난아이는 원래 배가 고플 때, 용변을 봤을 때, 더울 때, 추울 때, 아플 때 모두 다 다르게 운다고 한다. 나도 역시 두 아이를 키워봤기에 아이들이 우는 모습을 수도 없이 보았다. 그러나 그 모든 것을 구별할 정도로 섬세하지는 못하다. 그런데 대다수의 엄마들은 아기가 울면 바로 정확한 이유를 파악하고 필요한 조치를 취한다. 아기들의 울음 뒤에 숨어 있는 원리를 알고 있는 것이다. 엄마들은 아픈 아이는 자지러지듯이 울고, 배가 고픈 아이는 힘이 없어 칭얼대듯이 운다고 말한다, 이런 것들이 바로 생활 속에서 관찰을 통해 발견할 수 있는 원리이다. 만약 이 원리를 파악하지 못한다면 말 못하는 갓난아이들에게 적절한 대응을 하지 못해 낭패를 볼 수밖에 없다.

사람들이 행동하는 것에도 일종의 원리가 작용하고 있다. '열 길 물속은 알아도 한 길 사람 속은 모른다'는 말이 있을 정도로 사람 속을 예측하기는 힘들지만 모든 행동의 뒷면에는 그 사람만이 가진 원리가 작동하고 있다. 다만 수시로 변하는 감정이나 그만의 성장배경, 사고방식 등 파악하기 힘들 정도로 수많은 배경이 있기에 가늠하기 어려울 뿐이다. 그래서 사람들이 행동하는 원리를 이해하면 그 사람의 행동패턴을 유추할 수 있고 그것을 자신에게 유리하게 활용할 수도 있게 된다.

이렇게 원리를 파악하면 비로소 통찰력이 생긴다. 나이 든 사람들이 젊은 사람들에 비해 통찰력이 뛰어난 이유도 바로 이 때문이다. 갓난아이를 키우는 경우에도 첫아이를 키우는 엄마보다 경험이 있는 엄마가 더 아이를 잘 돌보지 않는가. 잘 훈련된 통찰력은 사물의 움직임을 예측하는 기반이 되며 새로운 아이디어가 자랄 토양이 된다.

그러므로 관찰을 통해 첫 번째로 할 일은 관찰 대상에 숨어 있는 원리를 파악해내는 것이다.

아이디어 도출하기

관찰을 통해 원리를 파악해냈다면 다음 단계로는 그 원리를 이용하여 아이디어를 도출하는 것이다. 원리를 알게 되면 상내적으로 원리를 모르는 경우에 비해 아이디어를 떠올리기가 수월해진다. 바람이 부는 원리를 모르고서는 인공적으로 바람을 만들어내기가 어렵지만 원리를 알고 나면 기압 차를 만들어내는 방법만으로 아이디어 도출이 가능해진다.

그럼 아이디어는 어떻게 도출하는가? 물론 그렇게 쉬운 일은 아니다. 아이디어 도출이 한 문장으로 나타낼 수 있을 정도로 쉬웠다면 누군들 창의적인 아이디어를 내지 못하겠는가? 하지만 아이디어 도출에도 몇 가지 유용하게 활용할 만한 원리가 존재한다. 이제 그것들을 살펴보자.

● 낯설게 하기(Vu ja de)

분명 처음 보는 풍경이고 처음 가보는 지역임에도 불구하고 어디선가 많이 본 것 같고 과거에 와본 것 같은 착각을 경험한 적이 있는가? 분명 처음 보는 사람임에도 불구하고 과거에 만난 것 같은 친근감을 느낀 경우는 없는가? 누구나 한 번쯤은 그런 경험이 있을 것이다. 심리학에서는 이러한 현상을 일컬어 '데자뷰(De ja vu)'라고 한다. 처음 접하지만 낯설지 않은 느낌이라는 의미에서 기시감(旣視感)이라고도 한다.

스탠포드 대학의 로버트 서튼(Robert Sutton) 교수는 『역발상의 법칙』이라는 책에서 '데자뷰(De ja vu)'를 거꾸로 적은 '뷰자데(Vu ja de)'라는 재미있는 용어를 만들어냈다. '데자뷰'의 의미와 반대로 익숙한 것도 낯설게 바라보는 시각이나 느낌을 말하는 것으로 신시감(新視感)이라고도 한다. 쉽게 말해 늘 접하는 익숙한 상황과 익숙한 사람이지만 처음 접하는 상황이나 사람처럼 낯선 시각으로 보는 것이다. 그는 낯익은 환경임에도 불구하고 당연하다는 생각을 갖지 않고 평소와 다른 시각으로 낯설게 바라보면 지금까지 바라본 것과는 달리 당연하지 않은 세계를 발견하게 된다고 주장했다. 그래서 '뷰자데'는 '낯설게 하기'라고도 한다. 낯익고 익숙한 환경은 일상에 동화되어버리는 매너리즘을 불러올 수 있고 이는 혁신적인 사고의 가장 큰 걸림돌이 될 수 있다. 그러나 아무리 낯익은 환경이라도 그것을 처음 접하는 환경처럼 낯선 시각으로 바라본다면 그동안 무심코 넘겼던 것들로부터 의미 있는 발견을 할 수도 있다. 혁신은 기본적으로 이전에 없던 것을 새롭게 만드는 것이다. 그러나 이미 있는 무언가를 남들과 다른 방식으로, 남들과 다른 관점에서 재조합하여 새롭게 느껴지도록 만드는 것도 혁신이다.

애플이 모바일폰의 절대강자였던 노키아를 물리치고 스마트폰에서 글로벌 1위를 차지했지만 사실 애플의 아이폰(iPhone)이 처음 출시되었을 때 혀를 내두를 만큼 혁신적인 제품이라고 생각했던 사람은 많지 않았다. 다만 이미 세상에 나와 있는 기술과 콘텐츠를 남들과 색다른 방식으로 디자인해놓았을 뿐이었다. 매킨토시나 마이크로소프트의 윈도우 체계에서 보았던 아이콘 형식의 어플리케이션, OLED를 적용한 선명한 화면, 터치스크린의 구동방식 등 따지고 보면 새롭게 등장한 기술은 거의 없다고 볼 수 있다. 그러나 이제는 많은 사람들이 아이폰을 혁신적인 제품으로 여긴다. 기기를 사용하는 방식, 앱스토어(application store)를 통한 어플리케이션의 다운로드 등 기존의 것들을 새로운 방식으로 디자인하고 운용할 수 있도록 운용체계를 바꾼 것만으로도 아이폰은 지금까지 없었던 혁신적인 제품이 되었다. 이는 '데자뷰'와 '뷰자데'의 개념과 속성을 아주 적절하게 활용한 예이다.

서튼 교수의 말에 의하면 혁신적인 기업이나 사람은 '뷰자데' 식의 사고방식을 가지고 있다고 한다. '데자뷰' 식 사고방식을 가진 사람이 많은 기업에서는 아무리 새로운 것을 가져다놔도 변화가 없다. 반면, '뷰자데' 식 사고방식을 가진 사람들이 많은 조직에서는 '다 아는 건데' '새로운 게 뭐 있겠어?' 하는 상황에서도 혁신적인 제품이나 서비스를 창출해낸다. 그러므로 기업이든 개인이든 기존의 것을 뛰어넘는 새로운 부가가치를 창출하기 위해서는 '익숙한 것을 새로운 시각'으로 바라보는 '뷰자데' 식 사고가 중요하다. 이러한 사고방식에 대한 훈련을 반복하다 보면 분명 좋은 아이디어를 얻을 수 있을 것이다.

● **빌려오기(Borrowing)**

혁신적인 아이디어가 세상을 지배하는 시대에 살고 있지만 혁신적인 아이디어라는 것들도 알고 보면 하늘에서 뚝 떨어졌다고 생각할 만한 것은 하나도 없다. 이미 세상에 있었던 무언가를 기반으로 하여 생겨난 것일 뿐이다. 진부한 말이긴 하지만 그리스의 철학자 아리스토텔레스는 '모방은 창조의 어머니'라고 했다. 새로운 것을 창조하기 위해서는 모방에도 훈련이 쌓여야 한다. 뇌 물리학의 법칙에 의하면 인간은 결코 무(無)에서 유(有)를 만들어낼 수 없다. 무언가 기본적인 재료가 있어야 그것을 바탕으로 새로운 것을 만들어낼 수 있다. 모방의 경험이 쌓이게 되면 비로소 창조의 역량을 발휘할 수 있다. 모방은 경험이고, 학습이고, 훈련이기 때문이다.

창조의 아이콘 '스티브 잡스'나 '빌 게이츠' 모두 모방에서 시작하여 오늘날 전 세계적인 기업을 일구어냈다. 스티브 잡스가 만든 맥 컴퓨터에서 사용되던 마우스로 아이콘을 클릭하여 작업창을 띄우는 방식은 스티브 잡스가 만들어낸 것이 아니라 제록스에서 이미 사용하고 있던 것이었다. 마이크로소프트사의 윈도우는 애플의 매킨토시 방식을 모방한 것이다. 비록 우리나라에서는 재미를 못 보고 철수하고 말았지만 세계적인 할인점 '월마트'의 대표 샘 월튼은 '내가 한 일의 대부분은 남이 한 일을 모방한 것이다'라고 고백했다. 실제로 샘 월튼은 브라질의 업체를 모방하여 슈퍼마켓과 백화점을 결합한 형태의 할인점인 월마트를 고안해냈다.

20세기 최고 미술가로 추앙받는 피카소 역시 '좋은 예술가는 모방하고, 위대한 예술가는 훔친다(Good artist copy, great artist steal)'라고 말했다. 그림을 배우던 초기에 피카소는 대가들의 그림을 따라 그리면서 다양한 미술 기법을 익힐 수 있었다. 입체파의 서막을 연 〈아비뇽의 처녀들〉은 세잔의 〈목욕하는 여인들〉의 구도를 그대로 모방한 것이다.

내가 어린 시절, 컬러 TV가 보급되지 않았던 그 시절에 가장 재미있게 보았던 만화영화가 〈톰 소여의 모험〉이나 〈허클베리핀의 모험〉이었다. 이 재미난 소설을 쓴 사람은 미국의 가난한 개척민 집안에서 태어난 마크 트웨인(Mark Twain)이었다.

그가 어린 시절 미시시피 강가에 살면서 주위에서 보고 느꼈던 일들을 바탕으로 쓴 것이 바로 『톰 소여의 모험』이다. 그는 이 작품으로 인해 대중들에게 사랑을 받는 작가로 떠올랐다. 전 세계적으로 수많은 독자층을 양산하고 일약 세계적인 베스트셀러 작가가 되어 부와 명예를 누린 해리포터 시리즈의 작가 '조앤 롤링(Joanne K. Rowling)' 역시 소설의 모티브는 모두 예부터 전해 내려온 전래동화에서 가져왔다. 해리포터 시리즈의 근간을 이루는 가장 핵심적인 시놉시스(synopsis)는 마술의 능력을 가진 해리포터가 마술학교에 입학하면서 온갖 사악한 무리들과 싸워 이긴다는 것인데 '마술'이나 '권선징악'의 요소들은 이미 오래전부터 익숙한 소재였다. 어떤 성과를 창출하든 기본적으로는 다른 사람들이 이미 만들어낸 것들을 잘 살펴보고 모방하는 것이 중요하다.

모방은 그대로 베낀다는 의미가 아니다. 피카소는 대가의 그림들을 따라 그리면서 '입체파'라는 독자적인 표현기법을 창조해냈다. 조앤 롤링 역시 빗자루를 타고 날아다니며 마술봉을 휘두르는 기본적인 소재는 동화로부터 얻었지만 자신만의 독특한 상상과 이야기를 곁들여 전 세계적인 베스트셀러 작가가 되었다. 만약 이들이 앞선 사람들, 앞선 작품들, 앞선 이야기들을 단순히 모방하는 수준에 그쳤다면 그들은 지금처럼 그렇게 큰 부와 명예를 얻을 수 없었을 것이다. 창조의 아이콘, 스티브 잡스도 애플은 혁신적인 아이디어를 훔쳐오는 데는 부끄러움을 느끼지 않는다고 했다.

창조를 위해서는 기존의 사물이나 현상으로부터 아이디어를 빌려와야 한다. 연꽃을 유심히 관찰해본 사람이라면 넓은 연잎 위에 물방울이 송글송글 맺혀 있는 모습을 어렵지 않게 볼 수 있을 것이다. 연잎은 물속에서 자라지만 그 표면은 항상 물에 젖지 않고 보송보송하다. 이렇게 연잎이 물을 밀어내는 현상을 초소수성(super hydrophobic)이라고 한다. 사람들은 이러한 자연현상을 관찰하여 코팅물질을 만들거나 방수효과가 뛰어난 직물을 제작했다.

이외에도 자연으로부터 아이디어를 얻어 인간의 삶 속으로 차용된 제품이 수없이 많다. 수영선수들이 입는 수영복은 상어의 피부에서 힌트를 얻어 만들어진 것이다. 상어피부의 오돌토돌한 돌기는 물의 마찰력을 5퍼센트나 줄여주기 때문이다. 일본의 신칸센 고속열차는 시속 200마일

연잎 위에 스며들지 않고 맺혀 있는 물방울

물총새의 부리를 닮은 신칸센 기차의 앞부분

을 돌파하는 어마어마한 속도 때문에 소음문제가 심했다고 한다. 그런데 물총새가 먹이를 잡을 때 물속으로 잠수를 해도 물이 튀기지 않는 모습을 보고 신칸센의 앞모양을 물총새의 부리 모양으로 만들어보았더니 소음이 크게 줄었다고 한다. 또 최근에는 거친 파도에도 아랑곳하지 않고 바위에 달라붙어 왕성한 번식력을 자랑하는 홍합에 착안하여 의료용 접착제나 친환경 접착제를 만들려는 시도가 있다고 한다. 이러한 아이디어들은 어느 날 하늘에서 뚝 떨어진 것이 아니라 자연에서 빌려온 것들이지만 인간의 삶을 훨씬 더 효율적으로 발전시켰다.

애덤스미스의 경제학 이론을 150년 만에 깨고 노벨 경제학상을 수상한 수학자가 있다. 바로 '내쉬평형(Nash Equilibrium)'을 고안해낸 존 내쉬(John Nash)이다. 1950년에 프린스턴 대학에서 박사논문으로 제출한 '비협력게임(non-cooperative games)'으로 존 내쉬는 1994년에 노벨

경제학상을 받았다. 수학자이지만 경제학상을 수상한 것도 특이하고 정신분열증으로 인해 논문 발표 이후 45년 만에 노벨상을 받은 이력도 특이하다. 애덤스미스가 제안한 경제학에서는 사람들이 자신의 욕망을 채우기 위해서 이기적으로 행동하고 그 결과 사회 전체의 부가 증가된다고 보았다. 그러나 내쉬는 모든 사람이 자신의 욕망만을 채우기 위해서 상대방을 고려하지 않고 이기적으로 행동하게 된다면 모두 실패하게 될 것이라고 보았다. 상대방을 고려하면서 자신의 만족이 최대가 되도록 행동한다면 모두가 최대의 만족을 가질 수 있다는 것을 말한 것이 바로 '내쉬평형'이다.

내쉬의 평형이론은 그가 어느 날 신의 계시를 받고 만들어낸 작품이 아니다. 그의 이론은 그가 좋아하던 포커게임에서 아이디어를 얻은 것이다. 박사과정에서 날마다 골치 아픈 거시경제학 이론과 싸워야 하는 내쉬는 긴장을 풀기 위해서 종종 친구들과 어울려 포커게임을 하곤 했다. 그런데 포커게임을 하던 도중 자신이 고민하던 문제가 포커게임의 원리와 아주 비슷함을 알게 되었다. 포커게임의 참가자는 각자 모두 이기적이다. 그가 게임에서 이길지 질지, 혹은 그가 게임에서 어떤 선택을 할지는 다른 참가자들의 선택에 달려 있다. 마찬가지로 자본주의 경제에서 각각의 참가자는 다른 참가자들이 자신의 카드를 어떻게 운용하느냐에 따라 영향을 받는다. 각각의 경우에서 참가자들은 상대편이 어떤 패를 쥐고 있는지 모른다. 참가자들은 모두 불완전한 정보만을 가지고 있을

존 내쉬의 삶을 그린 영화
〈뷰티풀 마인드〉의 포스터

 뿐이다. 이러한 점에서 포커게임이 경제학과 비슷하다고 생각하게 되었고 더욱 자세하게 포커게임을 연구한 결과 노벨상을 수상할 수 있는 대업적을 남기게 된 것이다.

 그의 파란만장한 삶은 〈뷰티풀 마인드(beautiful mind)〉라는 영화에 잘 드러나 있다. 정신분열 증세를 이겨내고 노벨상을 받는 마지막 장면은 아주 감동적이기까지 하다. 노벨 경제학상을 받으며 천재 수학자로 떠오른 내쉬도 의외의 곳에서 아이디어를 빌려왔기에 큰 업적을 남길 수 있었다.

그리고 여기에서 하나 더 짚고 넘어가야 할 것이 있다. 아이디어를 가급적 멀리 떨어진 곳에서 빌려올 때 더욱 창의적일 수 있다. 아이디어는 곳곳에서 빌려올 수 있다. 경쟁사에서 빌려올 수도 있고, 비슷한 산업 내에서 빌려올 수도 있고, 때로는 전혀 다른 산업에서 빌려올 수도 있다. 그러나 경쟁사에서 빌려오는 아이디어는 쉽게 발견되고 모방 시비에 휘말릴 수 있다. 삼성과 애플 간의 특허 분쟁이 그런 예라고 할 수 있다. 반면에 연관성이 전혀 없는 다른 산업에서 아이디어를 가져올 경우 그 아이디어는 창의성이 가득한 것이 될 수 있다. 자연현상에서 도출해낸 원리를 전자제품에 응용하거나 미술기법을 관리기법에 응용하거나 스포츠를 통해 얻은 원리를 리더십이나 커뮤니케이션 등에 이용한다면 분명 신선한 아이디어로 인정받을 것이다. 그리고 그런 아이디어를 많이 낼수록 창의력이 높은 사람으로 인정받을 수 있다.

● 편견과 제한 없이 상상하기

'브레인스토밍(brain storming)'이라는 아이디어 개발 기법이 있다. 머릿속에 떠오르는 생각들을 자유롭게 아이디어로 제시하고 다른 사람의 아이디어를 들을 때에도 어떤 비판이나 반박 없이 아이디어를 수용하는 기법이다. 많은 기업들이 이 기법을 통해 새로운 아이디어를 개발하려는 시도를 한다. 이처럼 아이디어를 도출할 때는 무한의 자유를 가져야 한다. 제한 없이 무한의 상상을 펼치는 것이 아주 중요하다. 제약을 가하는 순간 상상력은 급격히 저하된다. 자신이 낸 아이디어가 다른 사람의 비판이나 반박을 받게 되면 다음부터는 상사나 주변 사람들의 눈치를 보며 발언을 자제하고 조심하게 된다. '내가 이런 말을 해도 될까? 이런 아이디어를 내면 다른 사람들이 어떻게 생각할까?' 등 신경이 쓰이기 시작하는 것이다. 브레인스토밍에 참여한 사람들이 이런 고민을 하는 순간 그 회의는 효율이 없는 회의가 되고 만다. 시간만 까먹을 뿐이다.

기업에서는 그 기업만의 고유한 문화가 있기 때문에 개인이 자유롭게 상상하고 아이디어를 쏟아내고 싶어도 그렇게 하지 못하는 경우가 있다. 이러한 기업은 경직된 문화를 가진 기업이며 구성원들이 자유롭게 아이디어를 제시하고 상상의 나래를 펼칠 수 있도록 문화를 바꿀 필요가 있다. 직원들에게 아이디어 제안을 적극 독려하는 일본의 미라이(未來) 공업은 그 어떤 아이디어도 비판하지 않으며 제안된 아이디어에 대해서는 적용 여부와 상관없이 건당 500엔의 격려금까지 지급하고 있다.

앞서 '빨간 코끼리의 법칙'에 대해 언급했지만 새로운 아이디어를 도출할 때 프레임은 분명히 한계로 작용한다. 프레임이 없다는 것은 생각에 편견이 없고 자유롭다는 것이다. 사고가 자유롭지 못하면 좋은 아이디어는 절대 떠오르지 않는다. '이건 이래서 안 될 거야' '저건 저래서 안

될 거야' '이런 건 여기 사용하는 게 아니야' '이건 이렇게 해야 돼' 등 정형화되고 고착된 프레임을 벗어야만 한다. 상상에는 한계가 있어서는 안 된다.

선풍기에 날개가 없을 수도 있고 운동화에 날개가 달릴 수도 있다. 자동차가 물속에서 달릴 수도 있다고 생각해야 수륙양용 자동차가 나올 수 있다. 석유가 아니라 태양열을 이용하여 발전할 수 있다고 생각해야 태양전지가 나올 수 있다. 인공태양을 놀이동산 상공에 띄워 오밤중에도 한낮처럼 즐길 수 있도록 만들거나 추운 겨울날에도 여름처럼 즐길 수 있도록 만든다면 어떨까? 어떤 이는 미쳤다고 하지 않을까? 그러나 에디슨은 미쳤다는 소릴 들을 정도로 노력했기에 그렇게 위대한 발명품들을 개발하여 인류의 삶을 바꿔놓을 수 있었다. 인류의 삶은 그렇게 '미친' 사람들에 의해 한걸음씩 발전해나가는 것이다.

컨셉화하기 / 시각화하기

아이디어가 도출되고 나면 그것을 컨셉화하고 구체화할 필요가 있다. 컨셉의 사전적인 의미는 '어떤 대상의 이미지를 전달하기 위해 선택한 하나의 일관된 주장'이다. 컨셉화한다는 것은 아이디어를 '눈으로 볼 수 있게(visible)'하거나 '손에 잡히도록(tangible)' 만드는 과정이다. 아이디어는 비정형화되어 있고 구체화되어 있지 않은, 추상적인 개념이다. 이 추상적인 측면을 제거하고 손에 잡히도록 개념을 구체화하는 작업이 컨셉화이다. 컨셉을 시각적으로 나타내면 말로만 하는 것보다는 구체적으로 느껴진다. 이것이 시각화이다.

한 가지 예를 들어보자. 생활수준이 높아지고 여가시간이 늘어나면서 캠핑을 즐기는 사람들이 급속하게 늘어나고 있다. 쉽게 찾아보기 힘들던 캠핑장도 이제는 꽤 많이 생겨나고 있고 텐트나 침낭, 코펠 등 아웃도어 용품에 대한 수요도 폭발적으로 증가하고 있다. 답답한 콘크리트를 벗어나 자연 속에서 하룻밤을 보내며 가족이나 연인과 함께하는 시간은 분명 행복한 추억이 될 것이다. 캠핑하면 빼놓을 수 없는 것이 '바비큐'이다. 어쩔 때는 고기를 구워 먹기 위해서 캠핑을 가는 건 아닐까 할 정도다. 그러나 바비큐 용품들을 일일이 챙기는 것은 보통 번거로운 게 아니다. 특히 그릴은 부피도 크거니와 무겁기도 해서 가지고 다니기가 불편하다. 이렇게 이동이 불편한 그릴을 보다 쉽게 보관하고 운송할 수 있게 만든다면 어떨까? 부피가 작고 휴대하기 편리한 휴대용 가스레인지처럼 만든다면 보다 많은 사람들이 그릴을 편리하게 사용할 수 있지 않을까?

나는 이런 측면에서 보다 간편하게 사용할 수 있고 휴대와 보관이 쉬운 바비큐 그릴을 생각해보았다. 크기는 휴대용 가스레인지와 동일한 크기로 하되 깊이를 좀 더 깊게 만들고 그 안에 동그란 용기를 부착하여 숯불을 넣을 수 있게 하는 것이다. 이 동그란 용기는 탈부착을 간편하게 해

청소가 쉽도록 만든다. 또 지면과 직접 접촉하지 않게 다리를 접을 수 있도록 만들어서 바비큐를 할 때는 다리를 펼쳐 사용하고 사용이 끝난 후에는 다리를 접어 보관한다면 편리할 것이다. 기본적인 설명은 다 마쳤지만 고작 몇 줄로는 잘 이해가 안 갈 것이다. 그렇다면 아래 그림을 보면 어떤가?

아이디어의 좋고 나쁨, 그리고 상품화 가능성에 대한 여부를 떠나서 위의 그림을 보면 내가 생각했던 아이디어를 쉽게 이해할 수 있을 것이다. 이것이 바로 '휴대용 바비큐 그릴'이라는 아이디어를 상품화하기 위해 컨셉을 구체화하고 그것을 시각화한 것이다. 이렇듯 컨셉화하고 시각화하는 과정은 아이디어를 구체적으로 발전시키는 데에 큰 도움이 되며 머릿속의 아이디어에 생명력을 불어넣기 위해 반드시 필요한 과정이다. 컨셉화나 시각화 모두 아이디어를 한 단계 업그레이드하고 불분명한 개념에서 구체화된 개념으로 진화시키는 수단이다. 컨셉이 불분명한 아이디어나 시각화될 수 없는 아이디어는 실현하기 힘들 정도로 이상적이거나 모순이 있는 아이디어로 남을 가능성이 많다.

컨셉의 검증

컨셉이 구체화되고 나면 마지막으로 컨셉을 검증하여야 한다. 컨셉은 어디까지나 증명되지 않은 이론이므로 검증을 거쳐야만 구체적인 아이디어가 될 수 있다. 아이디어는 현실에 적용될 수 있어야만 가치를 가진다. 만약 기술의 발달이 미흡하여 아이디어를 검증할 수 없다면 그건 너무 이른 아이디어이다. 기술적으로는 실현 가능하지만 무언가 미흡한 부분이 있다면 그 아이디어 자체에 결함이 있는 것이다.

앞에서 내가 제시한 휴대용 바비큐 그릴의 예를 다시 들어보자. 기본적인 아이디어와 컨셉은 그리 나빠 보이지 않는다. 그러나 이것이 정말로 상품화될 수 있을까? 상품화하기 위해서 해결해야 할 문제점은 없을까? 분명 몇 가지 검증해야 할 문제점들이 남아 있다. 그중에서도 가장 큰 문제가 숯불과 고기를 굽기 위해 사용하는 석쇠 사이의 간격이다. 보통 바비큐 그릴은 드럼통처럼 밑으로 볼록한 형태를 띠고 있다. 숯불과 고기 사이의 거리가 짧으면 고기가 익기도 전에 순식간에 타버릴 수도 있고 기름이 떨어지면 큰 불꽃이 올라오며 인체에 해로운 연기가 발생하기 때문이다. 하지만 휴대용 바비큐 그릴의 깊이를 드럼통만큼 깊게 만든다면 다시 휴대와 보관을 불편하게 할 부피 문제로 돌아가게 된다.

이 문제를 어떻게 해결할 수 있을까? 휴대용 바비큐 그릴의 바닥을 미닫이문처럼 좌우로 열리게 만들고 거기에 둥그런 용기가 장착될 수 있도록 만들면 아쉬운 대로 숯불과 석쇠 사이의 거리를 어느 정도는 확보할 수 있지 않을까?

문제는 또 있다. B4 정도 크기의 바비큐 그릴에 접이식 다리를 만들어 넣으면 높이가 너무 낮을 것이다. 아마도 그 높이는 10센티미터 내외가 될 것이고 고기를 구우려면 허리를 심하게 구부리거나 앉은 자세가 되어야 할 것이다. 허리를 구부리든 앉은 자세가 되든 둘 다 불편함이 예상된다. 그렇다면 카메라 삼각대처럼 평소에는 다리를 접었다가 필요할 때 늘릴 수 있는 접이식 다리를 부착하면 어떨까?

이러한 아이디어로 개선한 것이 바로 다음 장에 있는 그림이다. 그래도 처음 제시한 그림보다는 사용이 편리하지 않을까?

휴대용 바비큐 그릴의 사례처럼 아이디어가 가진 문제점을 예상해보고 실현 가능성을 꼼꼼히 짚어보는 과정이 컨셉의 검증 단계이다. 좀 더

　확대해서 생각한다면 아이디어를 직접 만들어보고 문제점을 찾아내어 개선하는 과정까지라고 볼 수 있다. 휴대용 바비큐 그릴을 직접 제작하여 사용해보면 머릿속에서만 상상하던 문제점들이 보다 명확히 드러나 개선책을 세울 수 있을 것이다. 이론적인 문제라면 수식이나 논리를 통해 문제점을 찾아내거나 타당성을 검증할 수 있다. 유형의 물체에 대한 아이디어나 컨셉이라면 직접 만들어보고 문제점을 파악하거나 개선책을 세울 수 있다.

　컨셉의 검증은 아이디어에 생명을 불어넣기 위한 문제점들을 발견하고 제거하고 개선책을 수립하는 중요한 단계이므로 이 부분에 대해서는 특별히 많은 신경을 써야 한다.

우리는 많은 기업들이 오랜 시간과 막대한 자금을 들여 야심차게 개발한 제품이 시장에서 외면을 받고 사라지는 것을 많이 보아왔다. 대표적인 것이 모토롤라가 야심차게 추진했던 이리듐 프로젝트였다. 전 세계를 인공위성으로 연결하여 지구 어느 곳에서나 편리하게 통화를 할 수 있게 만들겠다는 취지로 시작한 이리듐 프로젝트는 66개의 위성에 무려 50억 달러가 넘는 막대한 자금을 쏟아부었지만 서비스를 중단하고 말았다. 스티브 잡스도 사업 초기 리사(Lisa)라는 컴퓨터를 만들어 시장에 도전장을 내밀었지만 비싼 가격으로 인해 저조한 매출을 기록한 채 사업을 접고 말았다. 2000년 초에 등장한 태블릿 PC도 실패한 제품의 대표적인 사례다. 이외에도 시장에서 실패한 제품들은 셀 수도 없이 많다.

　컨셉의 검증은 아이디어가 담고 있는 문제점을 발견하고 개선의 기회를 찾기 위한 마지막 과정이다. 이 과정을 무시하거나 소홀히 하면 고생 끝에 아이디어가 현실화되었을 때 크나큰 시련을 겪을 수 있으니 신중히 살펴보도록 하자.

관찰을 기업의
핵심 습관으로 구축하라

트렌드를 읽을 수 있는
기업만이 살아남는다

관찰은 기업경영에서 상당히 중요한 핵심활동이다. 구매에서부터 생산, 품질관리, 판매, 서비스, 연구개발, 마케팅, 재무활동 등 밸류체인(value chain)의 전 영역에서 관찰이 필요하지 않은 분야가 없다. 크게 나누면 오퍼레이션(operation) 측면의 효율을 높이기 위한 '내부관찰'과 새로운 사업기회 창출을 위한 '외부관찰'로 구분 지을 수 있는데 관찰의 대상과 목적, 관찰을 통해 추구하는 바가 다를 뿐 기본적으로 기업경영은 관찰의 연속적인 활동을 바탕으로 하고 있다.

운전을 처음 배우는 사람들이 흔히 듣는 이야기 중 하나가 운전을 할 때 '흐름'을 타라는 것이다. 너무 빨리 가서도 안 되고 너무 느리게 가서도 안 되며 멀리 앞을 내다보고 주위 차량들의 움직임을 주시하며 튀지 말고 운전해야 운전을 잘한다는 소리를 들을 수 있다. 기업의 최고경영자를 종종 조종사나 선장에 비유하는 경우가 많다. 역시 기업경영도 운전과 무관하지 않다. 기업을 경영하는 데에도 '흐름'을 타는 것이 무엇보다 중요하기 때문이다. 이 '흐름'을 바꾸어 말하면 '트렌드'다. 즉 고객은 어떻게 달라지고 있으며, 시장은 어떻게 움직이고 있는지, 우리와 경쟁관계에 있는 회사들은 어떻게 변하고 있는지, 사업을 둘러싼 각종 규제나 정책 등은 어떠한 변화가 있는지, 우리가 만드는 제품 또는 우리의 고객이 만드는 제품은 어떻게 달라지고 있는지, 새롭게 우리 제품을 위협하는 대체재는 어떤 것들이 있는지 등을 압축하여 나타내는 말이 환경이며 이 환경의 동적인 변화추이가 트렌드라고 할 수 있다.

  기업의 경영환경은 살아 움직이는 생물과 비슷하여 어디로 어떻게 움직일지 모른다. 통신시장의 예를 들어보자. 1990년 초반까지도 무선전화는 상상도 할 수 없었다. 그 이후 흔히 삐삐라고 불리는 페이저가 등장했고 전화를 받을 수는 없지만 통화는 가능한 발신전용 통신기인 시티폰이 등장했다. 그러나 불과 1년 반 만에 시티폰은 자취를 감추고 PCS가 보급되기 시작했으며 2G, 3G를 거쳐 지금은 LTE 시대가 도래해 있다. 불과 25년여 사이에 이동통신 시장은 소비자들조차 따라가기에도 벅찰 정도로 급격한 변화를 겪어왔다.

여기에서 시티폰을 주목해볼 필요가 있다. 삐삐의 불편함을 개선하기 위해 엄청난 금액을 들여 개발한 시티폰은 짧은 시간 반짝하다가 너무나 허무하게 사라지고 말았다. 시티폰 개발 업체나 통신 업체 모두 막대한 손해를 보고 시장에서 물러났다. 권력다툼의 피해인지 시대의 흐름을 읽지 못한 엔지니어들의 잘못인지 정확한 시시비비를 가릴 수는 없지만 그만큼 기업의 경영환경은 어디로 튈지 모를 불확실성이 높아져가고 있다.

기업경영에서 관찰이 중요한 이유는 기업이 트렌드의 변화를 정확히 읽어내고 대응해야 하기 때문이다. 경영의 핵심은 지금까지의 성과를 바탕으로 미래를 읽어내는 것이다. 우리의 시각이 아니라 고객의 시각, 시장의 시각으로 기업을 바라보아야 한다. 다시 말해서 기업이 잘할 수 있는 것이 아니라 시장이 인정해주는 것을 해야 하는 것이다. 그러므로 각자가 속해 있는 업의 특성에 맞게 미래가치를 정의하는 일이 무엇보다 중요하다.

기업이 속한 산업의 미래는 어떻게 변화해나갈 것인지, 경쟁사들은 어떤 방향으로 변화해나갈 것인지, 고객들의 니즈는 또 어떻게 바뀔 것인지를 명확히 파악하고 그 변화에 맞는 올바른 선택을 하는 것이 중요하다. 현재의 시각으로 미래를 준비하는 것은 위험천만하다. 현재와 다른 미래를 바라보고 제품이나 서비스를 개발해야만 창조적인 혁신이 이루어질 수 있다. 그러기 위해서는 산업환경 분석의 바탕 위에서 트렌드를 명확히 바라보고 이해하는 것이 필요하다.

기업에서 산업환경 분석은 일상적이지만 아주 중요하다. 내가 몸담고 있는 사업의 환경이 어떻게 달라지고 있으며 앞으로 어떤 방향으로 변화할 것인지 제대로 읽어내지 못한다면 지금은 버틸 수 있을지 몰라도 결국 지속성장이 가능한 기업으로서의 미래는 장담하기 어려울 것이다.

창조경영의 기반, 관찰

오늘날 기술발전의 보편화와 고도화, 경제체제의 세계화, 소셜 네트워크(social network)의 발전으로 인한 고객 간 제품정보 공유 등 기업을 둘러싼 경영환경이 급속하게 변화하고 있다. 또한 기업 간 경쟁이 과거에 비해 더욱 치열해졌음은 말할 것도 없다. 이로 인해 기업의 생존과 발진에서 창조성이 갖는 중요성은 계속 커지고 있다. 과거에는 한번 혁신적인 제품을 만들어내면 꽤 오랜 기간 생존과 발전이 보장되었지만 요즘은 지속적으로 창조적인 제품을 개발하지 않으면 생존을 보장할 수가 없다. 글로벌 기업 중 하나인 IBM에서 전 세계 60여 개 기업의 최고 경영자 1,500여 명에게 '성공적인 CEO가 되기 위해 꼭 필요한 요건은 무엇인가?'라는 질문을 한 결과 1위로 꼽힌 대답은 '창의적 사고를 가진 인재', 즉 창의력이었다. 각종 경영서나 자기계발서에서도 귀에 딱지가 앉을 정도로 자주 등장하는 말이 '21세기 인재에게 요구되는 첫 번째 조건은 창의력'이라는 말이다. 창의력이 기업의 생존을 좌우하는 시대에 살게 된 것이다. 이 말을 뒷받침이라도 하듯 2012년 미국 라스베이거스에서 열린 국제전자박람회(CES)에서 이건희 회장은 삼성 사장단에게 '미래를 더 멀리 보고 기술을 완벽하게 지켜가야 한다. 상상력과 창의력을 활용해 힘 있게 나가자'고 당부했다. 이 발언은 2000년대 중반에 화두를 제시한 이른바 '창조경영론'을 다시 한 번 강조한 것이라고 볼 수 있다. 21세기에 불어닥친 이 '창조경영'은 국내외 기업에 새로운 조류(潮流)로 자리매김했다. 기업마다 창조경영을 부르짖고 명사들도 '창조경영'이 들어가는 주제의 강연을 봇물처럼 쏟아내고 있다.

　이제 세계경제는 동일제품 군에서 동일제품을 출시하는 기업들이 많아지고 글로벌 기업 또한 하나의 시장을 두고 함께 경쟁하는 체제로 들어서면서 제품 간 차별점이 거의 드러나지 않는 '이종적 동종(heterogeneous homogeneity)'의 단계에 들어섰다. 이 단계에서는 동일함이 차별화를 압도적으로 지배하기 때문에 생존을 위해서는 다른 기업과 차별화되는 제품이 필수적일 수밖에 없다. 과거에 존재하지 않았던 새로운 제품, 기술, 서비스, 비즈니스 모델을 창출해 혁신을 꾀하고 다른 기업들과 차별화를 시도해야 한다.

　명확한 정의 여부를 떠나 창조경영의 궁극적인 목적은 '기업의 가치를 높이는 것'이다. 투자보다 훨씬 큰 성과를 만들어내야 한다. 세계적인 통신장비 업체 시스코(Cisco)는 장부 가치가 160조 원이지만 시장에서 평가받은 기업의 가치는 300조 원에 이른다고 한다. 140조 원만큼의 프리미엄이 있는 것이다. 이는 바로 '기업의 가치를 높이는' 창조경영의 본질이다. 아무리 혁신적이고 차별화되었더라도 기업의 가치를 높이는 데에 기여하지 못한다고 한다면 기업의 입장에서는 큰 의미가 없다.

그렇다면 가치를 창조하기 위해서는 어떻게 해야 할까? 기업이 잘 하는 것보다 고객이 원하는 것을 만들어야 한다. 즉, 고객의 니즈(needs)를 정확히 이해하고 그들이 원하는 제품을 만들어내는 것이 중요하다. 고객이 원하는 것을 만들기 위해서는 고객을 잘 관찰하지 않으면 안 된다. 고객 스스로가 필요한 것을 가지고 있기 때문이다. 이러한 개념이 바탕이 되어 최근에는 '제4세대 R&D(Research and Development)'가 등장하기도 했다.

차별화된 경쟁력은 기업의 지속경영을 가능하게 하는 핵심요소 중 하나이다. 고객의 입장에서 당사의 제품과 서비스가 다른 회사와는 다르다는 인식을 심어줄 수 있는 역량, 다시 말해 창의력이라고 할 수 있다. 쉽게 모방할 수 없는 독창적인 기술, 남들이 만들어내지 못하는 독창적인 제품, 아무도 제공하지 못하는 독창적인 서비스, 다른 기업과 다른 독창적인 비즈니스 모델, 그뿐 아니라 다른 기업과 확연하게 다른 고유한 조직, 노하우가 만들어낸 독창적인 기업운영 방식과 기업문화 등등. 이 모든 차별화 요소를 만들어내는 것이 바로 창의력이다. 특히 자본력이 부족한 작은 기업일수록 창의력은 생존을 위한 필수 무기가 된다. 거대자본을 앞세운 공룡 기업들이 판치는 시장에서 살아남기 위해서는 공룡들조차 건드릴 수 없는 독자적인 무기가 필요한 것이다.

21세기가 열리기 전까지만 해도 대부분 우리나라 기업들은 해외 선진 업체들의 혁신상품을 빠르게 카피하는 '패스트팔로워(fast follower)'의 성격이 강했다. 패스트팔로워에게 핵심 경쟁력은 창의력보다는 신속하게 1등 제품을 모방하여 비슷한 제품으로 그들을 따라잡는 것이었다. 90년대 말까지만 해도 그러한 패스트팔로워의 전략이 나름 성공을 거두었다. 그러나 자고 일어나면 환경이 급속도로 바뀌는 오늘날의 경영환경을 고려하면 이런 식으로는 더 이상 힘을 발휘하기 어렵다. 이를 뒷받침하듯 〈비즈니스위크(Business Week)〉지는 '개인의 창의력과 아이디어가 생산요소로 투입돼 무형의 가치(virtual value)를 생산하는 창조기업만이 앞으로 생존 가능하다'라고 주장했다.

창조경영의 근간은 기본적으로 기업의 창의력에 있다. 경영혁신 및 창의성에 관한 최고의 전문가로 인정받고 있는 하버드 대학교 비즈니스 스쿨의 테레사 애머빌(Teresa Amabile)은 '모든 혁신은 창의적인 아이디어에서 시작된다'고 했다. 창의적인 기업이 되기 위해서는 어떻게 해야 할까? 기업이란 기본적으로 그 기업을 구성하고 있는 구성원들에 의해 움직이는 조직이다. 물론 그 기업의 운영시스템과 기업문화가 큰 역할을 하지만 가장 근간에는 그 기업을 위해 일하는 구성원들의 역할이 가장 중요하다. 그러므로 한 기업이 창의적인 기업이 되기 위해서는 구성원들 하나하나가 창의적인 인재가 되어야 한다.

『창조적 변화를 주도하는 사람들(Creative class)』이라는 책을 통해 리처드 플로리다(Richard Florida) 교수는 새로운 패러다임의 변화에는 '창의적 인재의 역할이 중요'하다고 강조했다. 그러므로 구성원들을 창의적인 인재로 키워나가는 것이 필요하다.

뉴 사우스 웨일즈 대학의 앤드류 피롤라-멀로(Andrew Pirola-Merlo) 교수와 멜버른 경영대학의 레온 만(Leon Mann) 교수가 2004년에 〈조직행동저널(Journal of Organizational Behavior)〉에 기고한 논문에 따르면 개인의 창의성과 팀의 창의성은 평균 또는 가중평균을 따른다는 결론을 맺고 있다. 다시 말해 창의적인 개인이 많을수록 집단의 창의성이 높아질 가능성이 높다.

관찰력이 뛰어난 사람을 채용하라

물론 체계화된 시스템과 훈련을 통해 평범한 사람을 창의적인 사람으로 바꾸어놓을 수도 있다. 이런 경우에는 조직 자체의 창의성이 중요하다.

그러나 보수적인 관료들이 득실거리는 기업이 창의력을 발휘할 수 있을까? 또 창의적인 인재가 가득하다 해도 그 기업의 문화가 창의력을 발휘할 수 있을 정도로 유연하지 못하다면 그 속에 속해 있는 인재들이 마음껏 창의력을 발휘할 수 있을까? 아마도 어려울 것이다. 그러니 창의적인 인재 확보와 그 인재들이 마음껏 창의력을 발휘할 수 있는 일터를 만들어주는 것이 기업의 창의력을 높이는 데 가장 중요한 요소가 될 것이다.

창의적인 인재를 확보하기 위해서는 기업의 채용 방식부터 바꾸어야 한다. 현재 많은 기업들이 주로 지원자가 가진 학력, 학벌, 경력 등 스펙(specification) 위주로 채용하고 있다. 그렇지만 이러한 요인들이 개인의 창의성을 대변할 수는 없다. IQ(Intelligence Quotient)의 창시자인 스탠포드 대학의 루이스 터먼(Lewis Terman) 교수가 시행한 대대적인 프로젝트가 있다. 그는 캘리포니아에 있는 초·중·고등학생 25만 명 중 IQ가 135를 넘는 1,521명을 추려내어 그들의 일생을 추적했다. 루이스 터먼 교수는 실험을 하기에 앞서 이 아이들이 자신의 분야에서 뛰어난 업적을 쌓으며 성공적인 삶을 살 수 있을 것이라는 가설을 세웠다. 이 연구는 1920년대 초반에 시작되어 1990년대 후반까지 장기간에 걸쳐 진행되었다. 세대를 이어 나가면서 연구가 계속되었던 것이다.

이 프로젝트의 결과는 어떠했을까? 루이스 터먼 교수의 가설은 완전히 어긋나고 말았다. 그들 중 일부는 판사나 주(州) 의회 의원 등이 되기도 했지만 전국적인 명성을 얻은 사람은 없었고 대부분은 평범한 직장인이 되어 일반적인 삶을 살았다. 오히려 그들 그룹에 포함되지 않은 사람들 중에서 노벨상을 수상한 과학자가 2명이나 배출되었다. 이 실험 결과를 놓고 루이스 터먼 교수는 '성공의 조건은 지능이 아니다'라고 결론지었다.

물론 학력도 중요한 판단 근거가 된다. 『마시멜로 이야기』에 나오는 것처럼 좋은 대학을 나온 사람들은 스스로를 컨트롤하고 목적을 달성하는 법을 아는 사람들이므로 믿을 만한 근거가 있는 사람들이다. 하지만 그들이 창의적이거나 그래서 성공적인 삶을 살 수 있다는 말은 아니다.

지금은 다소 시들해졌지만 한때 벤치마킹(benchmarking)이라는 경영 툴이 큰 인기였다. 나보다 잘하는 사람들, 잘나가는 회사들이 어떻게 사고하고 행동하는지를 살펴보고 장점을 취하여 자기 회사에 적용하는 것이다. 주로 토요타와 같은 일본 회사들이 벤치마킹의 대상이 되곤 했는데 '일본 미라이 공업'도 인기 있는 벤치마킹 대상 중 하나였다. 나는 우연한 기회에 그곳에 연수단을 이끌고 방문한 적이 있었다. 일본 미라이 공업은 전 종업원들에게 제안 제도를 강조하고 이를 사업에 반영하는 시스템으로 유명했다. 그들에게 제안 제도에 관한 설명을 듣다가 나는 이런 질문을 했다.

"많은 기업들이 우수한 대학을 나온 직원들을 채용하려고 노력하는데 미라이 공업에서는 우수한 대학을 나온 인재들이 회사 발전에 중요한 기여를 한다고 생각하십니까?"

그러자 회사 측의 대답은 '그렇지 않다'였다. 제안은 누구나 할 수 있는 것이고 학벌이 높다고, 또는 학력이 좋다고 해서 더 좋은 제안을 할 수 있는 것도 아니기 때문에 별문제가 되지 않는다고 했다. 사실 미라이 공업은 나고야 시내에서도 차로 30여 분을 이동해야 하는 시골마을에 있다. 주위를 둘러보면 논밭으로 둘러싸인 허허벌판일 뿐이다. 그런 외진 곳에서 소위 말하는 '우수한 인재'를 끌어 모으기는 쉽지 않았을 것이다. 그럼에도 불구하고 미라이 공업은 창사 이래 40여 년간 꾸준히 성장하고 있으며 단 한 번도 적자를 기록한 적이 없다. '잃어버린 10년'이라는 일본의 장기 불황 속에서도 안정적인 성장을 계속해왔다. 하지만 미라이 공업에 학벌이나 학력을 중시하는 정책은 없다.

세계적인 경영학의 구루, 짐 콜린스(Jim Collins)가 쓴 『좋은 기업을 넘어 위대한 기업으로(Good to great)』에 따르면 좋은 기업이 위대한 기업으로 도약하려면 가장 먼저 '적합한' 사람을 찾아야 한다. 즉 조직이라는 버스를 타고 어디로 갈 것인지를 정하기에 앞서 누구를 태울지 결정해야 한다는 것이다. 위대한 기업은 적합한 사람들을 먼저 구성한 후 조직이 나아갈 방향을 결정하도록 한다. 기업의 비전, 전략, 전술, 심지어는 조직 구조를 결정하기 전에도 그 일을 수행할 사람을 먼저 결정하는 것이 핵심이라고 지적한다. 기업이 창의성을 가장 중요시한다면 당연히 그 기업이라는 버스에 올라타는 사람들도 창의적인 사람이어야 한다.

그럼에도 불구하고 우리나라의 채용은 여전히 학력, 학벌, 성적 등 스펙 위주로 이루어진다. 스펙이 좋은 사람들의 제안은 합리적이고 설득력이 있는 이야기로 듣지만 스펙이 딸리는 사람들이 하는 얘기는 말도 안 된다고 선입견을 가진다. 그들이 입을 열면 '저놈 또 헛소리하네'라며 색안경을 끼고 듣는다.

이렇게 창의력보다는 스펙을 우선적으로 고려해 입사한 사람들이 스펙에 따라 승진하다 보니 기업의 우두머리는 항상 그런 사람들이 차지하고 있다. 나도 여러 번 회사를 옮기면서 많은 면접을 해봤지만 그때마다 최고 정점에는 서울대, 연세대, 고려대 등 소위 일류 대학 출신들이 자리 잡고 있었다. 이 사람들은 앞서 얘기한 대로 엘리트코스만 거친 사람들이다. 그러니 융통성이 부족하고 창의력도 딸린다. 물론 다 그런 것은 아니지만 대개 그렇다. 공부를 잘한 사람은 머리 좋은 사람, 머리 좋은 사람은 아이디어가 많은 사람, 아이디어가 많은 사람은 문제해결 능력이 좋은 사람이라는 보이지 않는 등식에서 헤어나오지 못한 것이다.

그러나 이제는 벗어나야 한다. 많은 기업들이 창조경영을 부르짖으면서도 방식을 바꿀 생각은 하지 않는다. 그러면서 늘 직원들에게 창조력의 중요성을 강조하고 도전할 것을 종용한다. 여기저기 구호를 요란하게 써 붙여놓고 도전을 강조하지만 결과는 그리 신통치 않다.

앞서 누누이 강조한 바와 같이 창의력의 첫 출발점은 바로 관찰이다.

관찰이 뒷받침되지 않은 창의력은 있을 수 없다. 미국의 의학자 매키넌(Roderick Mackinnon)은 창의적인 인간의 열네 가지 특징을 언급하면서 그중 하나로 예리한 식별력과 관찰력을 꼽았다. 20세기를 대표하는 세계적인 거장 파블로 피카소는 창의력의 근본적인 에너지가 '관찰'이라고 했다. 그외 수많은 전문가들이 창의력의 필수요소 중 하나로 관찰력을 꼽았다. 즉 아래 도표와 같이 관찰력이 높을수록 창의력도 높은 정비례의 관계가 형성된다는 것이다.

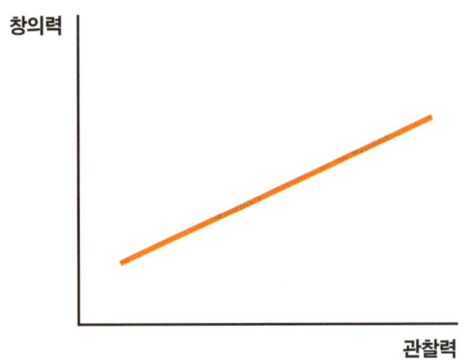

이것을 응용하면, 개인의 관찰력이 높아지면 개인의 창의력이 높아지고, 개인의 창의력이 높아지면 집단의 창의력이 높아지고, 집단의 창의력이 높아지면 집단의 관찰력도 높아질 것이라고 유추해볼 수 있다. 옆의 도표처럼 말이다. 그러므로 창조적인 기업이 되기 위해서는 기업 내부에 관찰 역량이 높은 구성원들이 많아야 한다.

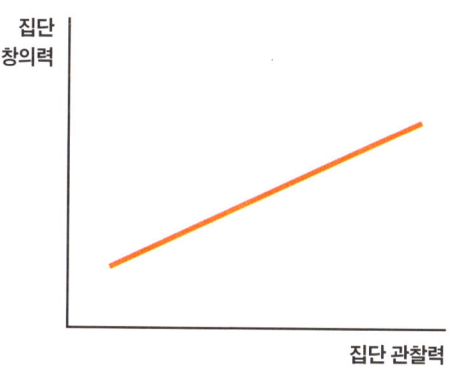

　관찰 역량이 뛰어난 사람들을 채용하기 위해서는 채용 프로세스도 달라져야 한다. 관찰력을 측정할 수 있는 체크리스트가 개발되어야 하고 면접 방식도 달라져야 한다. 면접위원들에 대한 교육, 면접 질문, 면접에서 중점적으로 다루어야 할 사항도 모두 달라져야 한다. 채용 프로세스도 바뀔 필요가 있다. 가장 먼저 바뀌어야 할 것은 학벌이나 학력이 아니라 관찰력이 좋은 사람을 뽑아야 한다는 사내의 공감대를 형성하는 것이고 경영층의 적극적인 지원을 받아내는 것이다.

　미국의 모 정보기관에서 직원들을 채용할 때의 일이다. 지원자들은 모두 한 방에 모여 일정 시간을 대기한다. 그리고 한 명씩 호출되면 별도의 방으로 들어가 면접을 치르게 된다. 그런데 지원자들에게 주어지는 질문이 다소 의외다. 직전까지 대기하고 있던 방에 대해 묘사해보라는 것이다. 그 묘사가 구체적이고 묘사 내용이 풍부할수록 채용 확률은 높아진다. 정보기관은 사소하게 흘려버릴 수 있는 정보까지도 예리하고 날카롭게 파악할 수 있어야 하므로 이러한 관찰력은 정보기관에서 근무하길 희망하는 지원자들에게 필수적인 역량이 될 수밖에 없는 것이다.

관찰 프로세스를 이용해 창의력을 극대화하라

〈뉴욕타임스〉 기자인 찰스 두히그(Charles Duhigg)가 『습관의 힘(The power of habit)』이라는 책에서 밝힌 바와 같이 '관찰 프로세스'가 기업의 핵심 습관(keystone habit)이 되어야 한다. 핵심 습관이 바뀌기 시작하면 다른 습관들도 덩달아 바뀌고 개조된다. 그러니 '관찰 프로세스'가 기업의 핵심 습관으로 자리 잡으면 기업의 창조성은 덩달아 오르게 될

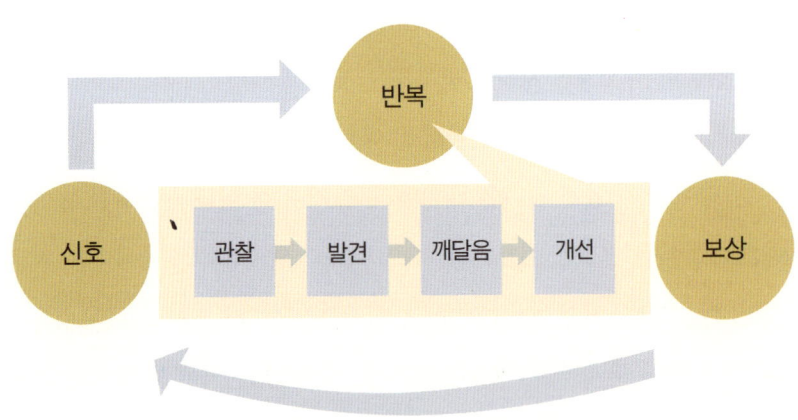

기업의 핵심 습관으로서의 관찰 프로세스

것이다. 이를 도식화하면 옆의 그림과 같다.

여기에서 반복 행동은 바로 '관찰 프로세스'가 되어야 한다. 관찰은 마치 식탁 위의 수저 같은 존재다. 아무리 진수성찬을 차린다 한들 수저가 없다면 무슨 소용이겠는가. 위기에 처해 있던 알코아(Alcoa)의 대표이사로 취임한 폴 오닐(Paul O'Neill)이 제일 먼저 했던 것은 매출이나 이익을 신장시킬 거창한 계획이 아니라 전 사업장의 '안전'을 확보하는 일이었다. 작업장을 꼼꼼히 관찰하고 문제점을 개선함으로써 조직의 성과를 향상시킨 그의 탁월한 선택을 우리는 잊지 말아야 한다.

기업이 관찰을 핵심 습관으로 굳히기 위해서는 해당 기업에 필요한 관찰이 어떤 것인지를 먼저 알아야 한다. 기업활동과 관련된 관찰은 앞서 언급한 것처럼 '내부관찰'과 '외부관찰'로 나눌 수 있다.

구매를 할 때는 불량이 없는 원재료를 확보하기 위해 꼼꼼한 품질검사를 해야 한다. 생산은 모든 공정이 정해진 프로세스에 따라 어김없이 돌아가는지 살펴야 하며 불량은 없는지 생산성이 떨어지지는 않는지 잘 살펴보아야 한다. 또한 생산공정 중 화재나 안전사고가 일어날 위험은 없는지, 유해가스나 오염물질의 배출로 인한 환경오염의 우려는 없는지 잘 살펴야 한다. 생산이 완료되면 품질부서에서는 고객에게 제품을 전달하기 전에 불량은 없는지, 품질관리는 잘 되었는지 점검해야 한다. 영업을 할 때는 고객이 원하는 것이 무엇인지, 여신은 충분한지, 부도의 위험성은 없는지 등을 잘 관찰하여 발생할 수 있는 우발적 잠재 리스크에 대응

해야 한다. 재무와 관련해서는 기업활동을 잘 살펴보고 자금이 언제, 얼마나 필요한지, 어떻게 조달해야 할지, 불량채권 등은 없는지 잘 관찰하여 운전자금과 현금흐름을 체계적으로 관리해야 한다.

이 모든 활동은 모두 관찰을 바탕으로 하고 있다. 원재료에 대한 관찰, 생산공정에 대한 관찰, 완제품에 대한 관찰, 고객에 대한 관찰, 재무활동에 대한 관찰 등 대상과 성격은 다르지만 기본적으로 관찰을 바탕으로 한 행위임에는 틀림없다. 앞서 설명한 관찰은 그 기본적인 지향점이 잠재된 리스크를 발견하고 예방하며 개선하는 쪽으로 맞추어져 있다. 이는 기존의 기업활동을 안정적으로 유지하고 내부 경쟁력을 높여나가는 데 필요한 활동이며 '내부관찰'이라고 할 수 있다.

기업활동은 위에서 열거한 것들 이외에도 새로운 기회를 발굴하고 기업의 미래를 이끌어나갈 신수종 사업을 발굴하는 활동, M&A나 선진업체와의 전략적 제휴를 통해 미래의 성장기회를 발굴하는 활동, 기존의 제품 이외에 성장발판이 될 수 있는 신제품, 신기술을 발굴하는 연구개발(R&D) 활동, 회사의 중장기 사업전략 등을 다루는 전략 기획 활동 등이 있다.

이러한 활동도 모두 관찰을 기본 전제로 하고 있다. 회사가 어떤 방향으로 사업을 전개해나갈 것이며 무엇을 해서 매출을 창출하고 수익을 얻을 것이냐를 결정하는 활동이므로 기업의 내부와 외부를 돌아보고 미래의 트렌드를 읽어 대응하는 노력이 필요하다. 이는 '내부관찰'과 달리 미래 발생 가능한 시장에서 기회를 선점하기 위한 성격이 강하므로 '외부관찰'이라고 할 수 있다. 이를 표로 정리해보면 다음과 같다.

	대상	목적
내부관찰	구매, 생산, 품질, 환경안전, 재무 등	운영 리스크를 발견하고 예방하거나 개선. 기존 기업활동을 안정적으로 유지하고 내부경쟁력을 향상시킴
외부관찰	기획, 신사업, 마케팅, R&D, M&A 등	신규사업 기회 발굴 및 신사업, 신제품, 신기술 개발. 미래 변화에 대응하기 위한 기업 경쟁력 강화

'내부관찰'이 현재의 사업을 바탕으로 견실경영을 지향하는 성격이 강하다면 '외부관찰'은 기업의 장래를 결정지을 미래 지향적인 성격이 강하다. '내부관찰'은 비교적 눈에 명확히 보이는 것들을 대상으로 하므로 상대적으로 낮은 단계의 관찰이라고 할 수 있다. 반면에 '외부관찰'은 안개에 뒤덮인 것처럼 그 누구도 확신할 수 없는 '흐름'을 대상으로 하므로 상대적으로 높은 단계의 관찰이 요구된다.

그러나 낮은 단계와 높은 단계가 관찰의 중요성을 대변하는 것은 아니다. 내부관찰이 소홀해지면 현재의 사업에서 잠재된 리스크가 폭발되어 사업기반이 흔들릴 수 있고 외부관찰이 소홀해지면 현재는 문제가 없을지 몰라도 다가올 미래에 성장 동력을 잃게 돼 큰 어려움을 겪을 수도 있다. 그러므로 둘 간의 적절한 균형과 조화가 필요하다.

이 두 가지 관찰은 그 개념과 대상, 목적, 프로세스, 활동, 원하는 결과물이 다르다. 내부관찰은 기존의 룰과 시스템을 준수하면서 그것에서 벗어나는 요인들을 찾아내는 미시적(micro) 관찰 역량이 중요하며 외부관찰은 기존의 룰과 시스템을 바탕으로 하되 향후 미래사회의 변화를 읽고 나아가야 할 방향을 판단하는 거시적인(macro) 관찰 역량이 중요하다. 즉, 전자는 참빗과 같이 촘촘한 관찰이 필요하며 후자는 그보다는 선이 굵은 접근이 필요하다.

이렇게 부서의 업무성격과 목적이 다르므로 맞춤형 인재 발굴과 적재적소의 배치가 중요하다. 그것이 바로 HR(Human Resource)에서 해야 하는 일이다. HR은 구성원들이 가진 역량과 성과를 파악하여 그에게 맞는 부서를 찾아주어야 한다.

내부관찰 능력이 뛰어난 사람들을 외부관찰이 주로 요구되는 부서에 배치하거나 외부관찰 능력이 뛰어난 사람을 내부관찰이 주로 요구되는 부서에 배치하면 당사자는 갑갑함을 느낀다. 그런 사람들은 조직에 적응하지 못하고 떠돌다가 그저 그런 사람으로 남거나 적성에 맞지 않는다는 이유로 회사를 떠나게 된다. 이는 기업에게 분명히 손해다. 따라서 개인별로 관찰의 역량을 파악하고 가진 역량에 맞추어 업무를 부여하는 것이 중요하다.

관찰을 핵심 습관화하기 위한
제도적 장치의 마련

관찰이 기업의 반복적인 핵심 습관으로 자리 잡기 위해서는 이를 뒷받침할 수 있는 제도를 갖춰야 한다. 그리고 그 제도는 관찰을 조장할 수 있는 것이어야 한다. 다시 일본의 미라이 공업 이야기로 돌아가보자. 비록 미라이 공업이 국제적인 기업은 아니지만 고객들은 미라이 공업에서 만드는 제품들에 대한 기본적인 신뢰를 가지고 있다.

  이 회사만의 독특한 시스템은 앞서 소개한 제안 제도이다. 미라이 공업의 아담한 사옥, 그리고 생산현장 곳곳에는 언제든지 제안에 참여할 수 있도록 제안용지와 제안함이 설치되어 있다. 사내의 모든 직원들은 어떤 제안이든 할 수 있다. 심지어 바닥에 깔린 카펫 색깔을 바꾸자는 제안도 할 수 있다. 제안을 하면 무조건 1건당 500엔씩의 격려금이 지급된다. 이후에는 적절한 단계의 심사를 거쳐 사업화하거나 중간에 기각하기도 하지만 초기 단계에의 모든 제안들은 아무런 비판이나 비난도 없이 받아들여진다. 이러한 무비판 제안 제도를 통해 미라이 공업은 매년 새로운 제품들을 만들어내고 있으며 대다수는 고객들로부터 좋은 반응을 얻고 있다.

  제안 제도는 직원들의 관찰 습관을 독려하는 역할까지 수행한다. 제안 제도에 참여하기 위해서는 업무 분야를 가리지 않고 회사 내에서 벌어지는 모든 일에 관심을 가질 수밖에 없으며 그에 따른 관찰이 새로운 아이디어를 얻는 바탕이 되는 것이다. 만약 직원들의 제안에 대해 '이걸 아이디어라고 냈어?'라거나 '이런 게 되겠어?'라는 식으로 비난을 했다면 불가능했을 일이다.

우리나라의 많은 기업들도 이를 벤치마킹하여 제안 제도를 시행했지만 그다지 큰 성과가 없었다. 바로 직원들이 제안한 아이디어에 대해 비판이 가능했기 때문이다. 직원의 입장에서는 나름 고민 끝에 개선할 수 있는 아이디어를 제시한 것인데 그것에 대해 좋다, 나쁘다, 옳다, 그르다를 논하며 '퇴짜'를 놓아버리니 제안에 참여하려는 의욕이 점점 사라진 것이다.

사실 미라이 공업에서 직원들이 내는 아이디어는 그리 대단한 것들이 아니다. 하지만 사소한 제안이라도 쌓이다 보면 그 안에서 괜찮은 아이디어가 구체화되기도 한다. 하지만 우리나라 기업들은 처음부터 대단한 아이디어를 기대하는 오류를 범했다. 그러다 보니 아이디어를 제안하는 직원들 입장에서도 자신이 없으면 아이디어를 포기해버린다. 스스로 미리 벽을 쌓는 것이다. 이렇게 벽을 쌓는 순간 관찰에 대한 의욕은 꺾이고 만다. 관찰을 해서 개선할 것이 눈에 보임에도 불구하고 평가가 두려워서 포기해버린다. 결국 관찰을 핵심 습관으로 고착화하기 위해 기업은 제도적인 측면의 노력을 병행해야 한다. 제안 제도, 발명왕이나 품질명장과 같은 각종 포상제도 등 관찰을 활성화할 수 있는 모든 방안들을 찾아내고 실행하려는 노력이 필요하다.

다시 찰스 두히그의 『습관의 힘』으로 돌아가자. 관찰이 기업의 핵심 습관으로 자리 잡고 이 행동을 반복하게 되면 그에 따른 보상이 이루어져야 한다. 기업에서 일하는 구성원들도 사람인지라 자신이 한 일에 대해 보상이 제대로 이루어지지 않으면 금세 의욕을 잃거나 의기소침해질 수 있다. 반면 자신이 한 일에 대해 적절한 보상이 이루어진다고 생각되면 더욱 성과를 내고 싶어 한다. 그러므로 기업 내부에서 관찰 활동을 통해 성과를 도출한다면 그 성과에 대해 정당한 보상을 해주는 프로세스가 확립되어야 한다. 관찰을 통해 생산공정을 개선하고 그를 통해 불량품의 비율을 절감하거나 원가를 절감하여 수익을 창출하면 그 수익의 일정 부분을 돌려주거나, 관찰을 통해 신사업 기회를 도출하고 그것을 실행하여 매출을 실현하면 매출의 일정 부분을 직원들에게 돌려줘야 한다.

보상은 업무 수행결과에 따른 조직의 인정, 칭찬, 격려 등의 감정적인 보상, '관찰왕'과 같은 명예, 고과나 승진과 같은 것일 수도 있다. 물론 금전적인 보상이 따르면 효과는 더욱 커질 수 있다. 어떤 형태의 보상이든, 가장 중요한 것은 관찰 활동에 대한 보상을 제도적으로 정착하여 구성원들 스스로가 관찰에 관심을 가지고 자발적으로 참여할 수 있도록 하는 것이다.

관찰력을 기르기 위한
교육 프로그램의 도입

많은 학자들이 창의성은 후천적으로 길러질 수 있다고 주장했듯이 관찰도 후천적으로 길러질 수 있는 능력이다. 기업에서 관찰력을 높일 수 있는 체계적인 교육 프로그램을 개발하면 그 성과를 기대할 수 있을 것이다. 그렇다면 어떤 교육이 관찰력을 길러줄 수 있을까?

전혀 상관이 없어 보이는 분야를 활용하는 것도 한 방법이다. 예를 들어 미술은 기본적으로 관찰력을 기르기 위한 훈련이다. 그림을 직접 그리거나 그림을 관찰하는 감상활동 모두 관찰력을 높이는 데에 큰 도움이 된다. 같은 풍경의 길을 걸어도 시각훈련이 된 사람과 그렇지 못한 사람이 인식하는 양은 천지 차이이다. 사고의 양은 얼마나 많이 보았는가에 따라 달라지므로 좀 더 세밀하게 보는 시각 훈련을 거친 사람의 사고가 더 깊을 수밖에 없다.

미술용어로 쓰이는 단어 '데생(dessin)'은 라틴어로 '세밀히 관찰하다' '꼼꼼히 들여다보다' '어떤 것을 열심히 찾아 헤매다'라는 의미에서 유래되었다. 데생을 할 때 아무리 있는 그대로의 사물 묘사가 탁월하더라도 대상이 주는 느낌, 감정, 질감에 대한 주관적인 해석이 없으면 생명력이 느껴지지 않는 그림이 되어버린다고 한다. 즉, 죽어 있는 그림이 되는 것이다. 확실히 작가의 입장에서 나름의 해석을 담아 그린 그림은 보다 더 표현이 풍부하며 생동감이 느껴진다. 즉, 살아 있는 그림이 된다.

'붉다, 파랗다, 어둡다, 밝다, 화려하다, 단순하다' 등의 생각은 모두 관찰로부터 시작되는 사고력이다. 이 모든 감정과 생각들은 이미지와 함께 머릿속에 저장된다. 그리고 후에 저장된 내용을 직접 표현하는 작업을 통해 저장된 기억을 다시 각인하고 활용할 수 있게 된다. 때문에 미술훈련은 더 많은 것을 볼 수 있고 더 많은 것을 생각하며 활용할 수 있게 한다. 미술과 관찰력과 창의력 간의 상관관계가 큰 분야다. 창의력의 천재로 알려진 레오나르도 다빈치가 과학은 물론이고 미술에도 능통했던 것은 결코 우연이 아니다.

고전을 많이 읽거나 타사(他社)의 사례 연구(case study)를 활성화하는 것도 좋은 방법이다. 여기에서 통찰력을 얻고 자신이 속한 회사가 나아가야 할 방향에 대한 아이디어를 얻을 수도 있다.

최근에는 기업활동에 인문학을 접목하는 경우도 많다. 인문학을 이용한 감성 마케팅이 대표적인 사례이다. 이에 따라 기업의 최고경영자를 대상으로 한 인문학 강의 프로그램이 빠르게 늘어나고 있다. 사회적으로 인문학 열풍이 불고 있는 것도 이와 무관하지 않을 것이다. 예전에는 전혀 상관관계가 없다고 여겼던 인문학과 기업경영의 접목처럼 새로운 분야에 대한 경험이 관찰력을 효과적으로 높일 수 있다.

직급과 직책에 따라 관찰도 달라져야 한다

관찰을 업무와 긴밀하게 연결할 경우 직급에 따라서도 그 내용이 달리 적용될 필요가 있다. 내부관찰은 주로 경험이 적은 직원들과 비 관리자들에게 효과적이며 외부관찰은 직급이 높거나 팀장, 임원 등에게 더 효과적이다. 그래서 최고경영층으로 올라갈수록 내부관찰보다는 외부관찰 능력에 관심을 기울이며 그런 업무에 집중해야 한다.

브리검영대(Brigham Young Univ.)의 제프리 다이어(Jeffrey H. Dyer) 교수와 하버드대 클레이튼 크리스텐슨(Clayton Christensen) 교수는 창조적 기업가 25명의 습관을 집중 분석한 결과 창조성의 비밀을 다섯 가지로 압축했다. 그 다섯 가지는 연결, 질문, 관찰, 실험, 네트워킹으로, 관찰이 포함되어 있다는 데에 주목해야 한다. 이렇게 창조적인 기업가에게 관찰이 중요한 이유는 통찰력을 얻을 수 있는 해답이 관찰 속에 있기 때문이다. 이러한 이유로 기업에서도 직급이 높아지고 직책이 무거워질수록 단순한 관찰보다는 사물을 꿰뚫어볼 수 있는 통찰력이 겸비되어야 한다. 또한 이러한 통찰력을 바탕으로 단순 관찰에서는 볼 수 없는 새로운 기회를 찾아내는 업무를 맡아야 한다.

직장생활을 해본 사람들이라면 이를 잘 이해할 수 있을 것이라고 생각한다. 직급이 높은 사람들은 어떠한 문제가 주어졌을 경우 직관적으로

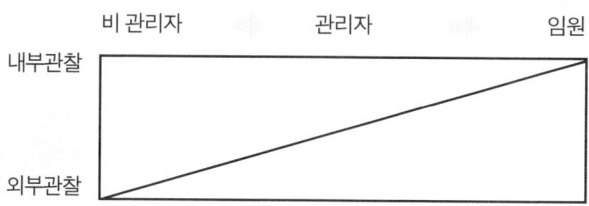

그 문제를 파악할 수 있는 능력을 갖추고 있다. 그리고 그 문제에 대한 대안을 제시할 수 있는 능력도 탁월하다. 방향제시와 문제해결 능력이 뛰어난 것이다. 반면 직급이 낮은 사람들은 사소한 문제 하나에도 어찌할 바를 몰라 당황하고 우왕좌왕하는 경우가 많다. 경험이 부족하여 사물을 꿰뚫어볼 수 있는 통찰력을 갖추지 못했기 때문이다. 많은 경험이 있어 문제가 발생했을 때 신속하게 문제의 본질을 꿰뚫고 해결할 수 있는 대안을 제시하는 사람이 많을수록 그 조직은 원활하게 돌아간다. 그것이 바로 조직 내에 경험 많은 사람과 경험은 적되 열정적으로 일할 수 있는 사람들이 적절하게 어우러져야 하는 이유이기도 하다.

그러나 요즘 우리 사회에서는 '사오정(45세 정년)'이니 '오륙도(56세까지 직장에 있으면 도둑놈)'니 하는 말로 나이 든 사람들의 경험을 무시하는 경향이 심해지는 것 같아 안타깝기만 하다. 젊은 사람들이 많은 조직은 활발하고 신속하게 보일 수 있지만 통찰력의 측면에서 본다면 많은 허점을 가지고 있는 것도 사실이다.

관찰을 뒷받침할 수 있는 기업문화의 조성

관찰력 있는 직원의 채용과 함께 관찰이 기업 고유의 핵심 습관으로 자리 잡기 위해서는 기업문화의 변화도 절실히 필요하다. 관찰을 통해 아이디어를 얻고 이를 업무성과와 연계할 수 있다면 관찰은 조직 내부에서 자연스럽게 핵심 습관으로 고정될 것이다.

앞서 현대카드의 인사이트 트립에 대해 언급했지만 이러한 제도는 관찰을 기업 내 고유문화로 정착시킬 수 있는 좋은 방안 중 하나다. 다른 기업에서도 새로운 기회를 탐색하기 위하여 조직적인 관찰활동을 추진할 필요가 있다. 한때 우리나라 기업에서도 이런 비슷한 노력이 있었다. 나는 LG전자에서 근무할 때 N Camp에 참여한 적이 있었다. 당시 신세대로 불리던 N세대(Net Generation, 베이비 붐 세대의 자녀 세대로 인터넷을 기반으로 통신문화를 향유하는 계층을 일컫는다)를 타깃으로 그들에게 어필할 수 있는 신제품을 기획하기 위한 일종의 실험적 제도였다.

N Camp에는 꼭 필요한 소수의 관리자들을 제외하고는 모든 구성원들이 대학생들로 이루어져 있었다. 그들 스스로 자기가 속한 세대를 관찰하고 그들에게 통할 수 있는 신제품 컨셉을 발굴하는 것이 임무였다. LG전자뿐 아니라 다른 대기업들에서도 비슷한 활동들은 꽤 많이 있었다. 그러나 이러한 활동들은 유행을 타듯 일순간에 몰려왔다가 일순간에

사라져버리고 말았다. 왜 그럴까? 가시적인 성과를 얻지 못했기 때문이다. 씨를 심으면 싹이 나고 자라서 열매를 맺을 때까지 꽤 오랜 시간을 기다려야 함에도 불구하고 싹이 나자마자 빨리 자라라고 잡아당겨버린 것이다. 그러다 보니 이러한 활동들은 돈만 쓸 뿐 성과는 없는 노력으로 비춰졌고 지금은 거의 자취를 감춰버리고 말았다.

그러나 아무리 실력이 뛰어나도 성급함은 꾸준함을 이기지 못한다. 꾸준하게 관찰을 위한 활동에 투자하고 인력을 육성하면 장기적으로는 분명 성과를 얻을 수 있다. 오늘 사과나무를 심어 놓고 1년 후에 왜 사과가 열리지 않느냐고 나무를 탓해봐야 소용없다. 사과나무를 심으면 적어도 3년은 기다려야 한다. 3년이 지나기 전에는 아무리 기대해도 사과를 얻을 수 없다. 그러니 꾸준한 투자와 그 투자가 열매를 맺을 수 있도록 참고 기다리는 인내가 기업의 문화로 자리 잡아야 한다.

일제의 잔재인지 아니면 유교문화의 잔재인지는 모르겠으나 우리나라의 기업들은 대부분 연공서열을 따르는 군대식 문화가 만연해 있다. 상명하달(上命下達)식으로 상사의 명령에 반항하지 못하고 절대적으로 복종해야 하는 연공서열식, 군대식 기업문화로는 창의적인 성과를 이루어내기 어렵다. 대부분의 우리나라 기업들의 회의 문화를 보면 상사의 지시사항 전달, 부하직원의 업무보고와 상사의 질책(소위 '깬다'고 하는), 그리고 상사의 훈계에 다름이 아닌 경우가 많다. 이는 어느 조직에서건

거의 예외가 없다. 하고 싶은 말이 있어도 하지 못하고, 해야 할 말이 있는데도 입을 꼭 다물고 말을 꺼내지 않는 분위기에서 무슨 창의적인 생각이 나온단 말인가?

이렇게 되다 보니 사람들은 회의라면 몸서리치게 싫어한다. 창의적이지도 못하고 결론도 없는 회의에 시간을 죽이면서 앉아 있어봐야 피곤하기만 하고 상사의 잔소리에 상처만 받으니 누가 그런 회의를 좋아하겠는가? 게다가 회의는 왜 그렇게 많은지 회의로 하루를 시작해서 회의로 하루를 마감하는 날이 허다하다 보니 정작 일할 시간이 부족해서 야근을 해야 하는 경우도 수없이 많다. 이러한 문화에서는 창의력은 사치스러운 단어가 아닐 수 없다. 남들이 좋다고 하는 건 다 따라 해보고 싶은 게 우리나라 기업들의 특성이므로 3M의 15퍼센트 룰(업무시간의 15퍼센트를 자신의 업무와 무관하게 창의적인 일에 사용할 수 있게 하는 방침)이나 홀마크의 30퍼센트 룰을 적용하는 기업들도 종종 있다. 3M 처럼 자기가 현재 맡은 일 이외에 창의적인 업무에 시간을 할애해도 좋다는 것인데 실제 이러한 룰이 살아 돌아가는 기업은 거의 없다. 형식적으로는 권장을 하지만 실제적으로는 지켜지기 어려운, 무늬만 그럴듯한 제도일 뿐이다. 왜 그럴까? 깊이 생각할 필요도 없이 우리나라 기업에서 그러한 제도가 시행되기에는 상당히 무리이다. 우선 야근을 밥 먹듯이 하는 근무환경에서 일과시간의 15퍼센트나 30퍼센트를 개인적인 활동에 쓴다는 것이 말이 안 된다. 차라리 그 시간에 조금이라도 일찍 퇴근하는 것이 생산성에 도움이 될 수 있다.

그럼에도 불구하고 '나는 내 일과시간의 15퍼센트를 반드시 창의적인 업무에 사용할 거야'라고 다짐을 하고 실천하는 사람도 있을 수 있다. 하지만 그렇게 되면 맡은 일이 늦어지게 되고 그렇게 되면 상사는 숨이 넘어갈 듯 재촉할 것이 뻔한데 간이 배 밖으로 나오지 않고서는 어떻게 그럴 수 있겠는가? 게다가 하루 8시간 근무를 기준으로 15퍼센트라면 1시간이 조금 넘는 시간인데 그 시간에 혼자 조용히 아이디어를 구상하기 위해 자리를 비운다고 하면 당장 상사의 불호령이 떨어진다. '일 안하고 어디 갔어?'라든가 '요즘 한가한가 봐?' 따위의 기분 상하는 말을 듣게 되면 누가 또 그러한 일을 반복하겠는가?

3M이나 홀마크와 같은 제도가 기업에 온건하게 정착되고 실제 그것을 통해 성과를 창출해내려면 직원들이 마음 놓고 창의적인 활동에 시간을 할애할 수 있는 조직문화가 형성되어야만 한다. 상사는 부하직원을 감시하고 부리는 것이 아니라 그 사람들이 좀 더 창의적인 성과를 낼 수 있도록 관심을 가지고 독려하며 용기를 북돋아주는 역할을 해야 한다. 그러한 분위기는 조직문화에 자연스럽게 녹아들어가 있어야만 가능하다. 그러나 늘 시간에 쫓기고 상사의 눈치만 보면서 퇴근도 제대로 못하고 말도 제대로 못 하는 분위기에서는 그러한 제도가 뿌리를 내리기는 가뭄에 콩 나기보다 더 어렵다.

창의적인 조직이 되기 위해서는 구성원들이 창의적인 사고를 할 수 있도록 숨 넘어가는 재촉이 없어야만 한다. 코카콜라와 하디스 같은 기업에 아이디어를 제공하고 대가를 받는 '브라이트하우스(Bright House)'는 '창의력 주식회사'라고 불리면서도 업무를 굼벵이처럼 느리게 처리하는 것으로 유명하다고 한다. 스무 명 남짓한 직원들이 단 하나의 고객을 위해 두세 달 동안 창조적인 작업에 매달리기 때문이다. 그 대신 보수는 아이디어 하나에 50만 달러에서 100만 달러까지 받는다고 하니 부가가치가 대단한 기업이 아닐 수 없다. 모든 일들을 빨리빨리 처리함으로써 수많은 고객을 상대하고 대신 가격은 낮게 책정하는 많은 기업들과는 대조적인 행태가 아닐 수 없다.

 직급과 상관 없이 할 말은 할 수 있는 열린 소통, 그리고 엉뚱하다고 생각되는 말과 행동들도 눈치 보지 않고 자유롭게 할 수 있는 조직 분위기도 중요하다. 누군가 사무실에 미끄럼틀이나 그네를 놓자고 하면 우리나라 기업에서 그것을 받아들일 수 있는 곳이 과연 몇 군데나 될까? 그렇지만 구글은 그렇게 하고 있다. 그들의 작업실은 놀이터와 별반 다르지 않다. 구글은 하는데 왜 우리나라 기업은 못하는가? 그러한 파격을 받아들일 수 있어야, 그것도 겉으로만 그런 척 하는 것이 아니라 마음 속까지 깊이 받아들일 수 있어야 진정으로 창의적인 조직으로 탈바꿈할 수 있다.

 패스트컴퍼니(Fast Company)라는 미국의 테크놀로지 전문 인터넷 매체가 얼마 전에 '2013년 세계 50대 혁신기업'을 발표했는데 1위의 영예를 차지한 기업이 참으로 의외였다. 구글이나 애플 같은 혁신의 대명

사로 불리는 IT 기업들을 제치고 1위에 오른 기업은 다름 아닌 스포츠용품 메이커 '나이키'였다. 나이키가 혁신 기업 1위에 오르게 된 이유는 두 가지인데 하나는 손목에 차고 다니면서 각종 활동을 하게 되면 소모되는 칼로리의 양을 측정해주는 퓨얼밴드(Fuelband)라는 전자팔찌 때문이고, 다른 하나는 단 한 올의 실을 이용하여 뜨개질하듯 만듦으로써 양말만 신은 것 같은 가벼운 착용감을 주는 플라이니트 레이서(Flyknit Racer)라는 신발 때문이다.

스포츠용품을 만드는 업의 개념에서 혁신적인 라이프스타일을 창조해내는 기업으로의 변신이 나이키를 혁신적인 기업 1위에 선정한 이유라고 한다. 스포츠 용품을 만드는 업체에서 전자팔찌를 만들겠다는 기발한 생각, 재단이나 접착, 봉제 없이 뜨개질로만 신발을 만들겠다는 엉뚱한 생각들이 받아들여질 수 있는 조직문화가 만들어져야만 그 기업이 창의적인 조직으로 진정 거듭날 수 있다. 그렇지 않을 경우 창의적인 아이디

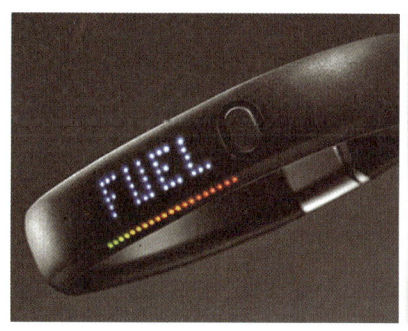 

나이키를 세계에서 가장 혁신적인 기업으로 만들어놓은 두 가지 제품

어는 싹부터 잘려나가고 그 기업은 창의력과는 거리가 먼, 기존 시장에서 기존 제품을 답습하는 그저 그런 기업에 불과하게 될 것이다.

최근 우리나라 기업들 사이에서도 '일하기 좋은 직장'의 의미를 가진 GWP(Great Work Place)에 대한 관심을 갖는 곳이 꽤 있지만 개중에는 방향이 잘못 잡힌 것들도 많다. GWP의 기본적인 전제는 직원들의 생산성 향상을 유도하는 것이고 한 측면에서는 창의력을 높이는 것이 전제되어 있다. 구글이나 SAS 등 전 세계적으로 일하기 좋은 회사로 명성이 높은 회사들의 근무환경을 보면 그러한 의도를 엿볼 수 있다. 그러나 우리나라에서 하는 GWP 활동의 대부분은 직원들의 편리를 높이는 쪽에만 치중되어 있다. 지금이라도 기업의 창의력을 높이기 위한 조직문화 개선 차원에서 GWP를 풀어나가는 방향으로 전환되어야만 할 것이다.

하버드 비즈니스 스쿨의 테레사 애머빌(Teresa Amabile) 교수는 '창의력을 위협하는 세가지 요인(The Three Threats to Creativity)'이란 논문을 통해 (1) 남들과 다르게 생각하는 스마트한 직원 (2) 열정적 참여 (3) 창조적인 환경(조직문화)이 기업의 창의력을 높이는 주요 요인이라고 지적했다. 창조경영을 위해서는 기업을 구성하고 있는 임직원들이 창의적이지 않으면 안되고 그것을 뒷받침할 수 있는 조직문화가 탄탄하게 갖추어지지 않으면 안 된다. 그리고 그렇게 되기 위해서는 상당한 사고의 전환이 이루어지지 않으면 불가능하다. 기업문화는 그러한 바탕 위에 만들어져야만 한다.

인정받는 '나'를 만드는
관찰의 힘

성공적인 인간관계란 무엇일까? 가족, 친지, 친구, 선후배, 직장이나 일터의 동료, 사업으로 인해 만나는 파트너 등 주변 사람들과 큰 갈등 없이 원만하게 잘 지내고 그들로부터 존경을 받으며 신뢰할 만한 사람이라고 인정받는다면 성공적인 인간관계라고 생각할 수 있을까? 아마도 사람에 따라 성공적인 인간관계에 대한 정의는 다 다를 것이다. 그러나 대체적으로 폭넓은 관계를 유지하면서 큰 트러블을 만들지 않고 때때로 그들로부터 필요한 도움을 어렵지 않게 얻어낼 수 있다면 인간관계가 좋은 편이라는 평가를 받을 것이다.

관찰은 사람들이 일상생활을 하면서 가장 어렵게 여기는 인간관계에 있어서도 힘을 발휘할 수 있다. 지금까지 이야기한 관찰 프로세스의 개념을 적극 활용한다면 인간관계를 개선하는 데에 큰 도움이 되리라 생각한다. 여기에서 인간관계를 관찰의 측면에서 간략하게 언급하고자 한다.

성공적인 인간관계를 위해서는 '나'를 바꾸어야 한다

인간관계는 '나'와 '타인' 두 주체 간의 상호작용(interface)이다. 따지고 보면 모든 인간관계에는 단 둘의 주체만 존재한다. '타인'이 개인이 아니고 '집단'일 수도 있지만 그들도 따지고 보면 '개별적 타인'의 집합체이므로 결국에는 '나'와 '타인' 단 둘의 주체만 존재하는 것과 같다. X, Y 두 변수만 있는 1차 방정식만큼이나 간단하다. 그러나 실제 인간관계는 그렇게 간단하지가 않다. '나'와 '타인' 사이에 다양한 변수가 존재하기 때문이다. 그 변수는 성격일 수도 있고 태도일 수도 있고 감정일 수도 있고 행동일 수도 있고 말이 될 수도 있다. 그리고 하나의 변수라도 헤아릴 수 없이 많은 세부 갈래들을 가지고 있다. 1차 방정식이라도 변수가 많으면 풀기 어려운데 더군다나 그 변수들이 수시로 바뀐다면 해답을 찾기는 더 어려울 것이다. 이것이 인간관계가 어려운 기본적인 이유다.

인간관계는 '나'와 '타인' 두 주체 간의 상호작용이지만 그 관계의 중심은 항상 '나'이다. '내'가 빠진 인간관계는 있을 수 없다. 인간관계는 두 종류로 나눌 수 있다. '내가 따라가는 인간관계'와 '나를 따라오는 인간관계'가 그것이다. '내가 따라가는 인간관계'는 내가 누군가와 인간관계를 우호적으로 가져가고 싶은 경우이고 '나를 따라오는 인간관계'는 누군가가 나와의 인간관계를 우호적으로 맺고 싶은 경우이다. 그런데 두 경우 모두 중심은 '나'에게 있고 그 인간관계의 결과에 대한 책임은 모두 나에게 있다.

내가 다른 누군가와 인간관계를 원만하게 유지하고 싶은데 마음대로 되지 않는다면 그건 내 탓이다. 그 사람과의 좋은 인간관계를 원한 건 나이지 그 사람이 아님에도 불구하고 그 사람이 하는 말이나 행동이 맘에 안 든다고 해서 인간관계에 선을 그어버리면 그건 분명 내 잘못이기 때문이다. 내가 상대가 원하는 방식에 맞추지 못했기 때문에 그와 원만한 인간관계를 이룰 수 없는 것이다.

거꾸로, 누군가 나와 원만한 인간관계를 맺고자 하는데도 불구하고 잘 안 된다면 그것 역시 내 잘못이다. 그 사람은 분명 내게 호감을 가지고 내가 필요하여 인간관계를 맺고자 하는데 내가 그 사람이 원하는 것을 맞춰주지 못하기 때문에 인간관계가 겉도는 것이다. 그가 마음에 들고, 안 들고를 떠나서 그 사람은 나와 가까운 사이가 되길 원하지만 내가 받아들이지 못하는 것 때문에 가까워질 수 없는 사이가 되고 마는 것이다.

다른 사람들이 나와 좋은 관계를 유지하고 싶어 하면 그나마 다행이지만 아예 처음부터 나와의 관계를 거부한다면 그건 더더욱 나에게 큰 문제가 있는 것이다. 그건 내가 사람들이 좋아할 수 없는 스타일이라는 반증이다. 말이 되었든, 사고방식이 되었든, 태도나 행동이 되었든 사람들이 나를 대하기 어렵고 힘들어 한다는 뜻이다. 그러니 이 경우에도 잘못은 내게 있다.

어떤 경우가 되었든 인간관계가 원만하지 못한 것은 내 잘못이라고 생각하는 것에서부터 인간관계는 출발해야 한다. 내가 아닌 다른 사람을 비난해봐야 소용이 없다. 그 사람은 바뀌지 않을 것이고 바꿀 이유도 없다. 성인의 가치관이나 행동관념은 다른 사람으로 인해 쉽사리 달라지지 않는다. 나의 필요에 의해 다른 사람을 바꾸려고 하는 것은 극도의 이기주의이자 아집에 불과하다. 오히려 거부감만 생기고 인간관계에 금만 갈 뿐이다. 그런 면에서 천주교에서 내세우는 '내 탓이오' 철학은 상당히 지혜롭다고 볼 수 있다.

좋은 인간관계를 위해 '나'를 바꾸지 않으면 안 된다는 데에 반감이 많을지도 모르겠다. 분명 사회생활을 하다 보면 다른 사람 때문에 힘든 경우가 많고 나보다는 다른 사람에게 문제가 있을 때도 많이 보이는데 왜 나보고 바꾸라고 하는 것인지 이해가 안 갈 수도 있다. 간혹 '다른 사람을 바꾸는 방법'에 관한 코칭이 있기도 하지만 그조차도 알고 보면 내가 바뀜으로써 다른 사람을 바꿀 수 있다고 말하고 있다.

그런데 잘 아시다시피 나를 바꾸는 것은 힘들고 어렵다. 성인군자가 아닌 이상 보통 사람으로서는 실행하기가 쉽지 않다. 그래서 사람들은 도중에 포기하고 만다. 실제로 인간관계를 다룬 책에서 말하는 내용대로만 하면 인간관계가 나빠질 수가 없다. 그럼에도 불구하고 여전히 인간관계는 사람 사는 세상에 있어 우선순위를 다투는 중요한 이슈로 남아 있고 시간이 지나도 해결되는 것이 거의 없다. 이는 뒤집어 말하면 그만큼 인간관계를 바꾸는 일이 어렵다는 말이다. '나를 낮추고 다른 사람을 높이는' 길이 옳지만 이것이 쉽지는 않다. 특히 자존심이 강하면 인간관계를 너그럽게 유지하기가 어렵다.

인간관계는
불확실한 미래에 대한 보험

이쯤 해서 인간관계의 본질에 대해 생각해볼 필요가 있다. 왜 우리는 인간관계를 맺고 싶어 할까? 왜 다른 사람과 잘 지내고 싶어 할까? 우리가 살아가면서 정말 그렇게 많은 사람들과 폭넓은 인간관계가 필요한 걸까? 주위에 맘에 맞는 사람 몇 명만 있으면 되는 것 아닐까? 그럼에도 불구하고 우리는 왜 인간관계에 그리 목말라 하는 걸까?

한 무리의 사람들이 비행기를 타고 황야를 횡단하는 중이었다. 비행기 안에는 조종사를 포함하여 모두 5명의 사람들이 타고 있었다. 갑자기 엔진에 고장이 생기는 바람에 긴급하게 탈출을 하지 않으면 안 될 상황이 되었다. 다행히도 이런 사고를 대비하여 각자 낙하산을 준비했었기에 사람들은 낙하산을 이용하여 비행기에서 탈출하기로 했다.

첫 번째 사람이 뛰어내렸다. 카나피를 여는 줄을 잡아당기자 낙하산이 펼쳐져 나왔다. 그런데 줄이 달랑 하나밖에 없는 것 아닌가? 그 사람은 그대로 바닥으로 곤두박질치고 말았다. 두 번째 사람이 뛰어내렸다. 카나피를 열고 낙하산을 펴자 이번에는 달랑 두 줄밖에 없었다. 그 사람도 그대로 바닥으로 곤두박질치고 말았다. 세 번째 사람은 다행히도 줄이 여러 개 있었지만 낙하산을 제대로 지탱하기에는 역부족이었다. 다행히 죽지는 않았지만 큰 부상을 입고 말았다. 네 번째 사람은 제대로 된 낙하산을 메고 있었다. 카나피가 열림과 동시에 튼튼한 줄들이 낙하산을 안전하게 지탱해주어 사뿐하게 땅으로 내려앉을 수 있었다. 마지막으로 다섯 번째 사람이 뛰어내렸다. 이 사람의 낙하산에도 충분한 줄이 연결되어 있었다. 하지만 너무나 줄이 많이 달린 바람에 낙하산이 펴지는 순간 줄이 엉켜버리고 말았다. 불행하게도 이 사람도 그대로 바닥으로 곤두박질치고 말았다.

  인간관계는 이 이야기에서 나오는 낙하산 줄과 같은 것이다. 인간관계는 보험이라고 보면 된다. 사실 내가 잘나갈 때는 인간관계에 대한 중요성을 별로 못 느낀다. 내가 아쉬울 것이 없으므로 사람들에게 별 관심이 없을 수도 있다. 오히려 주위 사람들이 나와 인간관계를 맺고 싶어 하므로 내가 적극적으로 인간관계를 맺어나가려고 노력할 필요가 없다.

  그러나 내가 어렵고 힘들 때는 누군가에게 의지하고 싶어진다. 나를 도와줄 수 있는 사람을 찾아 그 사람에게 기대고 싶어진다. 까마득한 상공에서 비행기가 고장 났을 때 살아남기 위해서는 낙하산을 메고 뛰어내려야 하는데 인간관계는 그 낙하산이 제대로 펼쳐지고 지탱해줄 수 있게 해주는 낙하산 줄이다. 나를 도와줄 수 있을 만큼의 인간관계를 갖추고 있지 못하다면 낭패를 당할 수 있다. 반면 너무 지나치게 많은 인간관계도 어려운 상황에서는 도움이 되지 못할 수 있다. 주위에 사람이 많으면 많을수록 좋다고 할지 모르겠지만 냉철하게 생각해보면 꼭 그런 것만은 아니다.

이것이 인간관계의 본질이다. 그러니 나부터 바뀌어야 한다는 얘기에 자존심 상할 필요는 없다. 보험이 미래에 닥칠 수 있는 어려움에 대응하기 위해 오늘 다소의 경제적 어려움이 있더라도 꾸준히 납입금을 내는 것과 마찬가지로 인간관계도 언젠가 닥칠 수 있는 어려움에서 나를 구해줄 수 있는 보험이라 생각하고 꾸준히 납입금을 적립할 필요가 있다. 다만 인간관계에서의 납입금은 돈이 아니라 감정이고 교감이고 신뢰다.

갈등, 무엇이 문제인가?

그렇다면 타인들과 원만한 인간관계를 맺어가기 위해서는 어떻게 해야 할까? 여기에 관찰 프로세스를 어떻게 적용할 수 있을까? 이미 언급한 것처럼 인간관계는 '나'와 '타인' 사이의 상호관계이므로 그것에 집중해 관찰한다면 인간관계의 실마리가 풀릴 수 있다. '나'와 '타인' 사이의 갈등 요인을 관찰하고 '나'의 잘못이 무엇인지 되돌아보고 그것을 고치려고 한다면 인간관계는 달라질 수 있다. 이제부터는 그에 대한 이야기를 해보자. 우리는 주변의 많은 사람들과 갈등관계를 빚으며 살고 있지만 정작 그 갈등을 일으키는 요인에 대한 관찰은 소홀하다. 이는 앞서도 말했지만 인간관계의 갈등 원인을 타인에게 있다고 생각하기 때문이다. 나는 옳은데 다른 사람이 틀렸다고 생각하므로 갈등의 원인을 찾을 이유도 없다. 그러나 인간관계를 긍정적으로 바꾸기 위해서는 우선적으로 타인과의 갈등요인에 대한 관찰이 먼저 이루어져야 한다. 『손자병법』에서 '지피지기백전불퇴'라고 했듯이 내가 무엇 때문에 다른 사람과 갈등이 생기는지를 정확히 알아야 그에 대한 해법도 찾을 수 있다.

지금까지 다른 사람들과의 관계에서 갈등이 생긴 이유를 곰곰이 생각해보면 대략 다음과 같은 것들로 분류할 수 있다. 물론 다른 요소가 있을 수 있지만 크게 보아서 이 범주에서 벗어나는 것은 없을 것이다.

● 갈등 요인 첫 번째: 우월주의

우월주의는 내가 다른 사람보다 낫다고 생각하는 것이다. 인간관계에 있어서 많은 분쟁은 자신이 다른 사람보다 앞선다고 생각하기 때문에 비롯

된다. 돈이나 권력, 명예 같은 것만이 아니라 경험, 사고, 통찰력, 문제해결 능력 등 일상생활에서 맞닥뜨릴 수 있는 모든 경우를 포함한다.

부모는 자식보다 한 세대를 앞서 산 사람이고 다양한 경험을 해보았기 때문에 자식들보다 인생살이에 대해 많이 안다고 자부한다. 상사도 부하직원에 비해 많은 경험을 해봤고 다양한 경우에서 다양한 문제들을 해결했으며 여러 사람들과 일을 해보았기에 부하직원들에게 알려줄 것이 많다고 생각한다. 선배는 후배들보다 먼저 학교를 다녔다는 이유로 후배들에 비해 아는 것이 많다고 생각한다. 심지어는 같은 또래의 사람들 사이에서도 다른 사람보다 자신이 낫다고 생각하는 사람이 많다.

그래서 자식을 보면서, 부하직원을 보면서, 후배를 보면서, 또는 나이 어린 사람이나 주변 사람을 보면서 자기의 생각을 심어주고 싶어 한다. 내가 상대방보다 우월하다고 생각하는 순간 그 사람에게 무언가를 가르치고 싶어진다. 그래서 자신의 생각을 늘어놓기 시작한다.

그런데 듣는 사람의 입장은 말하는 사람의 입장과는 사뭇 다르다. 내가 그 사람보다 못할 것이 없다고 생각한다. 상대방이 나보다 우월한 위치에 있다고 생각하지 않는다. 나이가 많고 경험이 많은 것은 알지만 그 사람이 살았던 세대와 지금 내가 사는 세대는 다르다고 생각한다. 세대가 달라졌는데도 불구하고 옛날이야기를 늘어놓는다고 생각한다. 상대가 하는 이야기도 문제해결에 도움이 된다고는 생각하지 않는다. 그래서 듣는 사람의 입장에서는 그것을 잔소리로 듣는다. 이렇게 말하는 사람과 듣는 사람의 생각이 달라지는 순간, 인간관계에 금이 간다.

우리 사회의 고질적인 문제 중 고부간의 갈등이 있다. 시어머니는 자신이 살아온 지난 세월을 바탕으로 사사건건 며느리에게 자기 방식을 강요하지만 며느리는 그것을 받아들일 생각이 없다. 며느리는 시어머니보다 많이 배웠고 시대의 변화를 잘 알고 있는 신세대인데 낡고 케케묵은 과거 일에 익숙해진 시어머니가 잔소리를 해대는 게 못마땅하다. 그러다 보니 시어머니가 싫어진다. 갈등이 뭉게뭉게 피어나고 나쁜 경우에는 부부 간의 관계로까지 불이 번진다.

이렇게 말하는 사람과 듣는 사람의 입장이 판이하게 다름에도 불구하고 많은 사람들은 자신이 상대방보다 낫다는 생각 때문에 가르치고 싶은 마음을 버리지 못한다. 이렇게 해서 가르치려고 하는 사람과 받아들이지 않으려고 하는 사람 사이에 갈등이 생긴다.

● **갈등 요인 두 번째: 무시와 깎아내림**

매슬로우(Abraham H. Maslow)의 욕구계층설(Needs hierarchy theory)에 따르면 인간의 욕구는 생리적 욕구, 안전의 욕구, 사회적 욕구, 존중의 욕구, 자아실현의 욕구 순으로 순차적으로 발전해나간다. 의식주 등 기본적으로 생명을 유지하는 데에 필요한 최소한의 것들로부터 시작해서 각종 신체적인 위협으로부터 벗어나 안전을 추구하고 싶은 욕망, 집단에 속해 다른 사람들과 어울리며 사회적 활동을 하고 싶은 욕망, 다른 사람들로부터 관심을 받거나 지위, 신분 등에 대한 만족감을 가지고 싶은 욕망, 그리고 자신의 재능과 잠재력을 충분히 발휘하여 자기가 이룰 수 있는 모든 것을 성취하고 싶은 욕구가 단계적으로 나타난다는 것이다. 존중받고 싶은 마음은 사람의 욕망 중 네 번째 단계에 자리 잡고 있다. 그만큼 사람들은 누군가로부터 존중받고 싶어 하고 자신을 존중해주는 사람에게 호감을 가지게 된다.

반면에 누군가가 나를 무시하거나 깎아내린다고 생각하면 자존심이 상하게 되고 호감 대신 적대감을 품게 된다. 누군가 나를 얕잡아 함부로 말하거나, 내가 한 말에 대해 우습다는 식으로 반응하거나, 말하는 도중 일방적으로 말을 잘라버리거나, 대놓고 나에 대해 안 좋게 말하면 자존심에 상처를 입고 그 상대에 대해 좋지 못한 감정을 가지게 된다.

직장에서 흔히 상사는 부하직원들에게 '생각이 있는 거야?' '이걸 일이라고 해왔어?' '그걸 말이라고 해?' '도대체 잘하는 게 뭐야?'와 같은 말들을 하곤 한다. 이러한 말을 들은 사람의 입장에서는 기분이 좋을 리가 없다. 자신을 무시하고 인격을 깎아내리는 상사의 말에 자존심이 상하고 속이 부글부글 끓어오르지만 상사니까 어쩌지도 못하고 꾹 참는다.

내가 오래전에 모시던 팀장은 다른 사람들 앞에서 툭하면 팀원들을 깎아내리는 발언을 하곤 했다. '애들이 뭘 몰라요. 아무것도 모릅니다. 경험이 부족해요.' 등등. 겸손하기 위해 그런 것인지는 모르겠으나 그런 말을 들을 때마다 팀원들은 자존심이 무척 상했다. 팀원들은 자존심에 상처를 받는데도 정작 그 팀장은 자신의 잘못이 무엇인지 몰랐다. 결국 팀원들은 만나기만 하면 그 팀장을 '씹는' 것이 일이었다.

가정에서도 한번 생각해보자. 아이의 성적이 떨어지면 아이를 앉혀놓고 기분 나쁜 말을 한다. '너 이것밖에 안 되니? 공부 안 했어?' 그러고 나면 다시 아내에게 화살이 돌아간다. '당신은 집에서 놀면서 뭐했어?' 이런 말을 듣는 아이나 아내는 발끈한다. 그리고 한바탕 싸움이 벌어진다. 감정의 골이 깊어지는 것이다. 이렇듯 상대방을 무시하거나 깎아내리는 말은 상대방의 반발을 불러일으킨다. 그리고 가급적 그 사람으로부터 멀어지고 싶어 한다.

● 갈등 요인 세 번째: 험담

험담은 내 입에서 나가는 말이 거칠거나 다른 사람에 대해 좋지 못하게 말하는 것 둘 다를 일컫는다. 어느 것이든 험담을 듣는 사람은 기분이 나쁘다. 주위에 보면 말을 거칠게 하는 사람들이 있다. 다른 말로 부드럽게 표현할 수도 있음에도 불구하고 습관적으로 거친 말을 입에 담고 지낸다. 이런 사람을 보면 인격이 의심스럽다. 욕을 먹고 좋아할 사람이 누가 있는가? 나한테 하는 것이 아니라도 욕하는 모습을 보면서 좋아할 사람은 아무도 없다.

흔히 '뒷담화'라고 하는 험담은 어느면에서 보면 직장생활의 활력소이고 인간생활에서 어쩔 수 없는 부분이기에 일정 부분은 눈감아주고 넘어가야 할 때도 있지만 험담을 많이 하는 사람이 좋아 보이지는 않는다. 험담은 돌고 돌아 반드시 자기 자신에게 돌아온다. 내가 누군가의 이야기를 하게 되면 그 말이 다른 사람에게 전달되고 또 전달되어 내가 험담한 당사자에게까지 들어가게 된다. 그러면 그 사람은 다시 내게 악감정을 품게 된다. 뒤에서 자신에 대해 험담을 늘어놓는 사람을 좋게 볼 사람은 아무도 없다. 사람들 중에는 부정적인 사람과 긍정적인 사람이 있다. 긍정적인 사람과 같이 있으면 기분이 유쾌해지고 헤어진 후에도 상쾌하다. 그러나 부정적인 사람과 같이 있으면 부정적인 기운에 휩싸이고 헤어지고 나면 괜히 찜찜한 기분이 든다. 부정적인 말만 늘어놓으면 상대방은 나와 이야기를 나누는 동안 어딘가에 가면 자신에 대해서도 부정적인 말을 할 것이라고 생각한다. 그래서 다른 사람을 만나면 나에 대해 부정적인 말을 한다. 내가 무심코 뱉은 한마디가 나중에는 칼이 되어 내 심장을 겨눌 수도 있다.

같이 일하던 사람 중에 입만 열면 험담을 하며 욕을 입에 달고 다니는 사람이 있었다. 모든 잘못된 일은 다른 사람의 탓으로 돌리며 핑계를 댔다. 그러면서도 자신은 사람들에게 잘 대한다고 착각하며 지냈다. 사람들은 그와 얘기 나누는 것을 꺼렸다. 그럼에도 불구하고 그는 자신의 잘못을 깨닫지 못했다. 결국 그는 회사에서 권고사직을 당하고 말았다.

● 갈등 요인 네 번째: 변덕(일관성 없음)

사회생활에서 겪는 인간관계는 일종의 스킬에 가깝다. 감정적인 측면이 강하지만 기술적인 노력이 필요한 것이 인간관계다. 좋은 인간관계를 유지하기 위해서는 어떤 사람을 만나든 항상 일관성이 있어야 한다. 일관성이라는 것은 어떤 상황에서 어떤 상대를 만나든 달라지지 않고 항상 같은 상태에 있는 것을 말한다.

  인간은 감정을 가진 동물이니 일정 부분은 어쩔 수 없지만 자신의 기분이 좋을 때는 웃으며 잘 대해주다가 기분이 상하거나 안 좋은 일이 있을 때는 까칠하게 대한다면 상대방은 나의 감정 상태에 대해 눈치를 보고 부담을 갖게 될 것이다. 사람이 사람에게 눈치를 보고 부담을 갖게 되면 피곤함을 느낀다. 반면에 좋은 일이 있든 나쁜 일이 있든 일관성 있게 대한다면 상대방은 나를 만날 때마다 항상 같은 모습을 보고 같은 모습으로 대할 수 있으므로 편안함을 느끼게 될 것이다.

  오랜만에 만난 친구가 '넌 옛날하고 달라진 게 없네. 그대로야'라고 말하는 것을 경험해봤을 것이다. 좋은 의미일 수도 있고 나쁜 의미일 수도 있다. 업무나 능력 면을 놓고 말한다면 나쁜 의미일 수 있겠지만 생김새나 성격을 말한다면 좋은 의미라고 생각해야 한다. 언제 봐도 한결같은 사람은 편하다. 하지만 만날 때마다 반응이 달라지는 사람은 도대체 어느 장단에 춤을 춰야 할지 몰라 괴롭다. 누구나 관계가 피곤해지면 그 사람과의 관계를 그만두고 싶어 한다. 이유 없이 내게서 멀어지는 사람이 있다면 자신은 그에게 일관성 있게 대하고 있는지 되돌아봐야 한다.

● 갈등 요인 다섯 번째: '다르다'가 아니라 '틀리다'

우리나라 사회는 유교적 문화와 군대식 명령, 나이에 따른 서열 등이 중시되다 보니 나이 많은 사람이 나이 적은 사람에게, 부모가 자식에게, 시어머니가 며느리에게, 상사가 부하직원에게 강요하는 일이 많다. 심지어는 동료들 간에도 자기 의견이 맞는다고 주장하며 상대가 내 의견을 받아들이길 무조건 바란다. 그런 사람들은 보통 자신의 생각이 맞고 상대방의 생각은 틀렸다는 사고방식을 가지고 있다. 이는 우월주의와도 연관이 있는데 자신이 나이가 많고 경험이 많다고 해서, 또는 상대방에 비해 많이 배웠다고 해서 상대가 생각이 부족하고 사고의 결함이 있다고 보는 경우가 많다. 생각해보면 나도 종종 그런 식의 말을 하곤 한다. 그러나 상대의 말을 들어보면 그들은 그들 나름대로 타당한 이유를 가지고 자신의 의견을 내세운다. 그것이 다소 부족한 측면이 있을지라도 그것이 틀린 것은 아니다. 그런데 사람들은 자신과 생각이 '다른 것'을 '틀린 것'으로 간주하곤 한다. 사람들이 사는 세상에 정답은 없다. 정해진 답이 없기 때문에 상황에 따라 답은 달라질 수 있다. A라는 상황에서는 올바른 판단이 될 수 있는 것도 B라는 상황에서는 올바른 판단이 아닐 수도 있다. 그리고 인간은 누구나 예외 없이 실수를 하는 존재이기에 자신이 내리는 판단이 항상 옳을 수는 없다. 세계적인 대기업을 책임졌던 경영자들 중에도 옳지 못한 판단으로 인해 회사를 벼랑으로 끌고 간 사람들이 많다. 서로 다른 개성과 서로 다른 사고를 가진 사람들이 모여 사는 인간 세상에서 사람마다 생각이 다른 건 당연한 일이다. 만약 모든 사람들이 같은 생각을 가지고 산다면 그건 인간이 아니라 사이보그일 것이다. 그래서 내 생각이 옳으면 다른 사람의 생각도 옳을 수 있다. 그것을 받아들여야 한다. 다른 사람의 생각이 나와 다르다는 걸 받아들이지 못하면 고집을 부리게 된다. 그리고 그 사람이 힘 있는 사람 즉, 나이가 많거나 직급이 높거나, 조직에서 우위에 있는 사람이라면 강요의 형태로 나타난다. 그러나 다름을 인정하지 못하고 강요가 늘어나게 되면 그의 인간관계는 힘들어질 수밖에 없다. 다른 사람과 부딪히는 것을 좋아하는 사람은 없기 때문에 그 사람의 의견을 마지못해 받아들이지만 속에서는 불만이 쌓이고 또 불만이 쌓이다 보면 그 사람을 멀리하고 싶어지기 때문이다.

● 갈등 요인 여섯 번째: 흘려들음

종종 다른 사람들과 얘기를 나누다 보면 내가 하는 말을 흘려듣는 사람들이 있다. 가벼운 우스갯소리이든 진지한 이야기든 사람들은 자신이 하는 말에 다른 사람이 관심을 가지고 귀를 기울여주길 바란다. 상대방이 내가 하는 말에 관심이 없거나 들은 척 만 척 하게 되면 섭섭한 생각이 들고 같은 또래나 아랫사람인 경우에는 괘씸한 생각도 든다. 그런 일들이 자주 반복되다 보면 상대방은 내게 말하는 것을 그만둔다. 나를 대화 상대로 인정하지 않고 벽을 쌓게 되는 것이다.

인간의 삶에 있어 가정만큼 중요한 것이 없음에도 불구하고 우리는 가족구성원들과 대화를 나누는 일에 소홀하다. 직장동료들이나 친구들과는 밤이 새도록 끝없이 이야기를 나누고 들어주면서도 정작 아이들이 하는 이야기에는 관심이 없다. 아이들은 학업 문제로, 이성 문제로, 친구 문제로, 혹은 집단따돌림이나 폭력 문제로 힘이 들어도 집안에서 들어주는 사람이 없으니 입을 꼭 다물고 말을 꺼내지 않는다.

통계에 의하면 2011년 같은 기간에 비해 2012년 학교폭력이 55퍼센트나 증가했다고 한다. 오며가며 친구 사이에서 크고 작은 심부름을 해주는 '셔틀'이라는 말도 유행이다. 또한 '왕따' 문제도 심각하다고 한다. 아이들은 학교에서 왕따를 당해 친구가 없고 또래 아이들에게 무시당하며 억압받아도 이런저런 이유로 인해 혼자 끙끙 앓고 만다. 심한 경우에는 마음의 상처가 커져 가출을 하거나 자살과 같은 돌이킬 수 없는 선택을 하기도 한다. 대부분의 부모들은 자기 자식이 왕따이거나 학교폭력을 당하는 사실을 모른 채 지내다가 문제가 커지고 사건이 터지고 나서야 비로소 자기 자식이 친구들 사이에서 따돌림을 받거나 학교폭력의 피해자라는 사실을 알게 되고 때늦은 후회를 한다. 부부 사이도 마찬가지다. 우리나라는 최근 급격하게 이혼율이 증가하고 있다. 최근 통계에 따르면 새로 결혼하는 10쌍의 부부 중 4쌍이 이혼을 한다고 하니 심각한 사회 문제가 아닐 수 없다. 앞서 말한 학교폭력에서 가해자 학생 중에는 대부분 편부나 편모 가정에서 자란 아이가 많다고 한다. 부부 관계가 나빠지는 경우도 대부분 대화를 하지 않는 경우가 주요 원인이다. 남편은 남편대로, 아내는 아내대로 자신이 옳다고 하며 상대의 말은 흘려듣는다. 상대방이 나에 대해 무엇 때문에 불만을 가지고 무엇을 고쳐주길 바라는지 듣기보다는 일방적으로 내가 옳기 때문에 내가 하고 싶은 대로 해야 한다고 주장한다. 그러다 보니 점점 상대와의 심리적 간격이 커지는 것이고 결국은 회복될 수 없는 지경에 이르고 마는 것이다.

● **갈등 요인 일곱 번째: 무관심**

만나면 처음부터 끝까지 자기 얘기만 하는 사람들이 있다. 상대방이 자신의 이야기에 관심이 있는지 없는지는 안중에도 없고 오직 자기가 하고 싶은 얘기만 한다. 반면 상대방에 대해서는 관심이 전혀 없다. 오랜만에 만난 친구에게 안부를 묻기도 전에 자기 얘기만 늘어놓는다.

사람은 누구나 사소한 일일지라도 변화가 있다. 그리고 변화에 대해 상대방이 관심을 가지길 바란다. 상대방이 자신에게 관심을 보이지 않으면 섭섭하고 상대방을 이기적이라고 생각하기까지 한다. 여자들은 사소한 변화에도 남자들이 관심을 가지고 알아주길 바란다. 그래서 헤어스타일을 바꿨는데도 불구하고 남자친구나 남편이 알아차리지 못하면 무척 섭섭해한다. 사람들은 나에 대해 관심을 보여주는 사람을 좋아하지만 나에 대해 관심이 없는 사람은 좋아하지 않는다. 인간관계란 상호 간의 인터페이스인데 자신의 이야기만 하는 사람을 누가 좋아하겠는가?

나의 내면세계에 대한 관찰, 성찰

타인과의 인간관계에 갈등을 일으키는 요인들을 알았으니 이제 '나'를 돌아보자. 앞에 제시한 갈등 요인들에 대해 나는 얼마나 잘 처신했는지 점검해볼 필요가 있다. '다른 사람 눈의 티는 봐도 내 눈의 들보는 못 본다'는 말이 있듯이 보통의 사람들은 타인에게는 엄격해도 자신에게는 관대하다. 남에게는 게으름을 피우지 말라고 하면서도 자기 자신은 슬금슬금 게으름을 피운다. 다른 사람에게는 열정이 없다고 야단을 치면서도 자신은 극도의 무기력에 시달리기도 한다. 다른 사람의 작은 부정에는 침을 튀기며 흥분을 하면서도 자기 자신의 크나큰 부정에 대해서는 관대하게 용서한다. 자기는 학창시절에 친구들과 놀러 다니느라 학업성적이 형편없었음에도 불구하고 자식들에게는 한눈팔지 말고 죽어라 공부만 하라고 한다. 이것이 인간의 본성이다. 대부분 그렇다.

사람들은 대부분 자기 자신을 돌아보는 것에 익숙하지 못하다. 그런 기회를 가지는 경우도 거의 없다. 사람의 눈이 내부로 향해 있지 않고 밖으로 향해 있는 탓인지 다른 사람의 잘못에 대해서는 기가 막히게 짚어내는 사람들도 자기 잘못에 대한 관찰은 서투르기 짝이 없다. 인간관계를 어지럽히는 갈등 요인들을 파악했으니, 다음 단계로 '나' 자신에 대해 돌아보아야 한다. 나의 내면세계를 깊이 있게 들여다보고 반성하며 깨달음을 얻는 것을 성찰(省察)이라고 한다. 나는 어떤 말들을 사용하고, 어떤 행동을 하며, 어떤 태도를 취하는지를 면밀히 분석하고 잘못된 점과 잘된 점을 발견한 후 그로부터 깨달음을 얻는 과정이 이루어져야 한다. 즉, 앞의 관찰 프로세스가 나의 내면세계에 대해 적용되는 것이다. 이를 '관찰 프로세스'라는 이름 대신 '성찰 프로세스'라고 이름 붙여보자.

앞에서 얘기한 갈등 요인과 성찰 프로세스를 이용하여 자기 자신을 돌아보라. 각각의 요인에 대해 나는 어떻게 했는가? 나와 궁합이 잘 맞는다고 생각하는 사람과 나와 상극이라고 생각하는 사람의 경우를 택해 각각의 경우에 자신이 어떻게 행동하는지 돌아보라. 사이가 좋은 사람을 대할 때와 사이가 좋지 않은 사람을 대할 때의 내 모습은 분명 차이가 있을 것이다. 상호 비교분석을 통해 그 차이를 발견해야 한다.

우리는 보통 관계가 좋은 사람들에게는 우호적으로 대한다. 부드러운 언어를 사용하고 상처가 될 만한 말은 하지 않으려고 한다. 온화한 표정을 짓고 공격적인 말투를 사용하지 않으며 상대방을 존중하려 하고 무시하지 않는다. 일방적으로 내가 원하는 것을 주장하지 않고 내가 하고 싶은 것과 상대방이 하고 싶은 것 간에 절충점을 찾아 합의를 보려고 한다. 상대방이 싫어하는 것은 가급적 피하려고 하고 때로는 상대방의 환심을 사려고 노력하기도 한다.

반면에 사이가 좋지 않은 사람들에게는 까칠하거나 무관심하게 대한다. 무뚝뚝한 표정에 때로는 거친 말투로 상처가 되는 말도 서슴지 않는다. 상대를 배려하지 않고 상대의 말을 무시하는 경우도 많다. 상대의 말을 듣기보다는 내 주장만 내세우려고 하고 서로간의 절충점을 찾는 대신 서로간의 신뢰관계에 금이 가는 것도 감수하려고 한다. 좋은 점보다는 나쁜 점이 먼저 눈에 들어온다.

갈등 요인에 대한 나의 성찰
● 다른 사람보다 내가 낫다고 생각하여 훈계하거나 가르치려 하지 않는가? ● 상대를 무시하거나 깎아내리지는 않는가? ● 다른 사람에 대해 험담을 하지 않는가? ● 늘 한결같지 않고 기분에 따라 다르게 대하지 않는가? ● 의견이 대립되었을 때 다른 사람이 틀렸고 내가 옳다고 내 주장만 내세우지는 않는가? ● 상대가 하는 말에 대해 주의 깊게 잘 듣는가? 상대의 말을 무시하거나 흘려듣지는 않는가? ● 상대에게 관심을 가지고 있는가? 상대방에게 내가 관심이 있음을 보여주는가?

이렇게 자기 자신에 대한 성찰이 이루어지면 다음의 '발견' 단계에서는 내가 잘한 것과 잘못한 것을 분석해본다.

갈등 요인에 대해 잘한 점	갈등 요인에 대해 잘못한 점

자신의 행동에 대해 잘한 점과 잘못한 점을 찾아내다 보면 자연스럽게 '깨달음'을 얻게 된다. 즉 고쳐야 할 점을 찾을 수 있는 것이다.

갈등 요인에 대해 고쳐야 할 점

자신의 행동에 대해 고쳐야 할 점이 분명하게 드러나면 다음 단계에서는 그것을 실천하기 위한 계획을 세워야 한다. 고쳐야 할 점이 있음에도

불구하고 그것을 고치려고 하지 않으면 무용지물이 되므로 마지막 단계에서는 반드시 자신의 행동에 대한 '개선' 계획이 수립되어야 한다.

> 갈등 요인에 대한 향후 개선 계획
> (어떻게 고쳐나갈 것인가에 대한 구체적인 방법)

개선 계획이 수립되고 나면 마지막 남은 것은 그것을 실천하는 것이다. 행동으로 옮겨야 효과가 나타날 수 있다. 누차 강조하지만 인간관계에 있어 모든 중심은 '나' 자신에게 있으므로 자존심 상하고 힘들고 어렵더라도 '나'를 바꾸는 계획을 세우고 꾸준히 그것을 실천해나간다면 인간관계는 점차 발전되어 나갈 것이다.

근본 원인을 해결하라

나 자신을 바꾸기 위한 개선계획은 철저하게 갈등 요인에 맞추어 이루어져야 하며 관찰의 힘을 적극 활용하면 더욱 좋은 결과를 얻을 수 있다.

● 갈등 요인 첫 번째: 우월주의 ➡ 협조 요청

자신이 다른 사람들보다 낫다고 생각하는 사람들을 대하는 것은 상당히 피곤하고 자존심 상하는 일이다. 분명 그 사람들의 생각은 나와 다르고 그 사람들의 말이 항상 옳은 것이 아님에도 불구하고 억지로 대해야 하기 때문이다. 하지만 분명 그들에게도 배울 점이 있다. 사람은 누구에게나 다 배울 점이 있다. 배울 점이 없다고 생각하는 것은 교만에 불과하다.

먼저 우월주의 성향을 가진 사람들을 잘 관찰해보라. 그리고 그들이 강점을 가진 것이 무엇인지 찾아내보라. 그리고 그 강점에 집중하라. 다시 말해 우월주의를 가진 사람들에게는 그들이 가진 강점을 찾아내고 그것을 역이용하는 방법을 사용하면 효과가 있다.

이런 사람들은 대개 조언하고 충고하고 가르치는 것을 좋아한다. 이러한 특성을 이용하여 그들의 협조를 구하면 좋다. '이러 이러한 문제가 있는데 어쩌면 좋을까요?'라든가 '이 문제가 잘 해결이 안 되는데 도와주실 수 있을까요?' 등으로 그들에게 기여할 구실을 주면 그들은 자신의 조언이 필요한 사람이 있다는 것만으로도 기쁨을 느낄 수 있고 상대에 대해 호감을 가질 수 있다. 꼰대 같은 잔소리가 귀에 거슬릴 수도 있지만 그들은 분명 배울 것을 가지고 있는 사람들이다. 그들은 다양한 경험과 사고를 바탕으로 인생살이에 도움이 되는 조언을 해줄 수 있다. 그들에게 거부감을 느끼는 것은 어쩌면 편견일 수도 있다.

입장을 바꾸어 다른 사람이 나를 우월주의에 빠진 사람으로 볼 수도 있다. 사람들은 나이가 많아질수록, 지위가 높아질수록 자신의 존재에 대해 대단하다고 착각하는 경우가 있다. 나도 모르는 사이에 사람들 사이에서 잔소리꾼으로 자리매김할 수도 있다. 나를 포함하여 이 세상에 책을 쓰는 사람들은 대개 그런 사람이라고 할 수 있다.

만약 어쩔 수 없이 누군가에게 조언이나 충고를 할 경우에는 짧게 하는 것이 좋다. 같은 얘기를 두 번, 세 번 반복하게 되면 듣는 사람은 짜증이 난다. 강하되 부드럽게, 그리고 짧게 핵심만 짚어서 전달하라.

관찰포인트	• 우월주의를 가진 사람들이 가진 강점이 무엇인지 찾아보라. • 그들이 나에 비해 낫다고 생각하는 점이 무엇인지 찾아보라. • 그들에게 도움을 받을 수 있는 것이 무엇인지 찾아보라.

● 갈등 요인 두 번째: 무시와 깎아 내림 ― 배려와 존중

사람은 누구나 존중받고 싶어 한다. 누군가 나를 존중해준다고 느끼면 그 사람에게 호감을 가지게 된다. 직업의 귀천도, 소득의 높고 낮음도, 직급의 높고 낮음도 가리지 말고 모든 사람에게 동일하게 대하도록 노력하자. 길거리에서 과일을 파는 노점상에게도 '더운데 고생이 많으시네요. 힘드시죠?' 하고 말 한마디 건네보라. 과일 하나라도 덤으로 얻을 수 있

다. 감정노동자라고 하는 텔레마케터나 백화점의 직원들에게도 예의바르게 말을 건네보라. 돌아오는 말이 달라진다. 매일 지각하는 직원에게 야단을 치기보다 그 원인을 알려고 해보라. 아이를 어린이집에 데려다줘야 하거나 다른 피치 못할 이유가 있을 수 있다. 이런 경우에 야단을 치면 오히려 역효과만 나타날 수 있다. 그 원인에 대해 배려해준다면 오히려 그 직원은 고마워할 것이다.

배려와 존중에 있어서도 관찰의 힘을 활용하면 더욱 효과적일 수 있다. 단순히 젠틀한 행동과 말만으로도 상대를 기분 좋게 할 수 있지만 기왕이면 상대방을 잘 관찰하고 그 사람의 처해진 상황에 맞추어 배려하거나 존중해준다면 더욱 효과가 커질 것이다. 와튼 스쿨(Wharton School)의 존 스튜어트(Jon Stewart) 교수가 쓴 『어떻게 원하는 것을 얻는가』라는 책에는 다음과 같은 사례가 등장한다.

알리자 자이디(Aliza Zaidi)는 샌프란시스코에서 필라델피아로 가는 밤 비행기를 탈 일이 있었다. 그러나 공항에 약간 늦게 도착하는 바람에 남은 좌석은 가운데 줄뿐이었다. 사람들은 수속 담당자에게 짜증을 냈다. 다섯 시간 동안 답답한 가운데 자리에 앉아 가는 일은 고역이기 때문이다. 알리자는 고객들을 응대하는 수속 담당자가 힘겹게 기침하는 모습을 보았고 자기 차례가 되었을 때 마침 가지고 있던 사탕을 주면서 위로의 말을 건넸다.

"힘드시죠? 이거 드세요. 기침하시던데……."

수속 직원은 알리자의 선의를 고맙게 받아들였다. 알리자는 수속 직원에게 혹시 뒤늦게라도 자리가 난다면, 복도 쪽 좌석을 달라고 부탁했고 몇 분 후 수속 직원이 알리자의 이름을 불렀다. 그리고 그녀가 얻은 것은 다른 자리보다 넉넉한 비상구 좌석과 식사권, 그리고 헤드셋이었다.

　비록 작은 혜택이지만 알리자는 수속 직원에게 다른 사람들처럼 짜증을 내는 대신 그 직원을 존중하고 예의바르게 행동함으로써 좋은 응대를 받았다. 그렇게 될 수 있었던 것은 알리자가 수속 직원의 행동을 잘 관찰했고 그 상황에 맞추어 배려를 했기 때문이다.

관찰포인트 　상대방을 배려하거나 존중해주어야 할 점이 무엇인지 살펴본다.

● 갈등 요인 세 번째: 험담　격(格)이 있는 말과 긍정적인 말

MBC에서 제작한 〈말의 힘〉이라는 다큐멘터리를 보면 재미난 실험결과를 볼 수 있다. 두 개의 빈 통에 똑같은 밥을 담아 놓고 사람들에게 한쪽에는 '짜증나' '보기 싫어' 등 험한 말을 하게 하고 한 통에는 '고맙습니다' '사랑합니다' 등 듣기 좋은 말을 하도록 했다. 하루 종일 그렇게 상반된 말을 들려준 후 4주 동안 동일한 조건에 두 개의 통을 방치해두었다.

　4주가 지난 후 제작진은 밥의 변화를 관찰했다. 짐작하는 대로 양쪽의

통에서 놀라운 변화가 일어났다. 듣기 싫은 말을 들려준 통 속의 밥에는 시커멓고 보기 싫은 곰팡이가 잔뜩 피어 있고 지독한 냄새가 났다. 반면 좋은 말을 들려준 통 속의 밥에는 역시나 곰팡이가 피어 있긴 했지만 하얗고 예쁜 색깔의 곰팡이가 피어 있었고 냄새도 그리 심하지 않았다.

기본적으로 사람은 말을 통해 커뮤니케이션하는 존재이기 때문에 말로 상처를 주기도 하고 말로 사람의 마음을 얻기도 한다. 나에게 칭찬과 격려를 해주는 사람을 싫어할 사람은 아무도 없다.

말은 습관이다. 평소 거친 말을 많이 사용하면 거친 말이 스스럼없이 나오고 '격(格)'이 있는 말이 입에 배어 있으면 격이 있는 말이 자연스럽게 나온다. 평소 아무리 가까운 사이라고 해도 격이 있는 말을 사용하도록 노력하는 것이 좋다. 직원들에게 거칠고 험한 말을 하기 전에 힘이 되고 격려가 되는 말을 해보라. '역시~' '잘했어' '듬직해' '자넬 믿어' 등의 말을 듣는다면 부하직원은 구름 위에 올라탄 기분이 들 것이다. 아이들에게 '아빠는 널 믿어. 넌 크게 될 수 있어. 자신감을 가져'라고 말하면 아이들은 그 말대로 된다. 아내에게 '당신 덕분에 내가 마음 편하게 회사를 다닐 수 있어. 고마워'라고 말해보라. 가정의 분위기가 달라진다.

사람들이 모이는 자리에서는 늘 긍정적인 말과 칭찬을 해라. 자리에 없는 사람에 대해 뒷담화보다는 좋은 면을 찾아 칭찬해보라. 그것이 계속 반복된다면 어느 순간엔가는 당신에 대한 이미지가 달라질 것이다. '저 사람은 늘 다른 사람을 칭찬하는 사람'이라는 인식이 심어지고 그렇

색깔의 변화가 극명하게 나타나는 통 속의 밥

게 되면 사람들은 자신의 고민을 마음 놓고 털어놓을 수 있게 된다. 그 사람의 입장에서는 당신과의 인간관계에 높은 점수를 주고 있는 것이다.

  칭찬이나 긍정적인 말은 구체적으로 하는 것이 더욱 효과적이다. 포괄적으로 잘했다거나 믿는다거나 하기보다 '당신은 이러이러한 면이 듬직해'라거나 '이런 것은 참 잘해'라는 식으로 구체적으로 표현해 준다면 더욱 신뢰를 얻을 것이다. 업무상으로 칭찬할 것이 없다면 그날 입은 옷이나 헤어스타일이나 상대방의 유머 감각에 대해서 칭찬하는 것도 괜찮다. 정 없다면 깔끔하게 정돈된 책상을 주제 삼아 칭찬을 해도 괜찮다. 아무튼 칭찬은 고래도 춤추게 한다니 주위 사람들을 춤추게 하려면 칭찬을 아끼지 마라. 그러려면 평소 주위 사람들에 대한 관찰은 필수적이다.

| 관찰포인트 | 주위 사람들에게 칭찬 또는 긍정적인 말을 할 수 있는 요소를 찾아보라. |

● **갈등 요인 네 번째: 변덕 ➡ 한결같은 모습**

앞서 언급한 것처럼 변덕스러운 사람은 상대방으로 하여금 눈치를 보게 만들고 그로 인해 인간관계에 피로를 느끼게 만든다. 어떤 사람의 눈치를 보기 시작하면 그 사람에게는 접근하는 것을 꺼리게 된다. 사람들은 모두 언제 어디서 어떤 형태로 만나든 마음 편하게 만날 수 있는 사람을 원한다.

물론 사람은 감정의 동물인지라 스스로의 감정을 컨트롤하기가 쉽지 않다. 그러나 인간관계에는 의도적인 테크닉이 들어가지 않고서는 잘될 수 없다. 아무리 힘들고 어려운 상황에서도 사람들에게 한결같이 대하는 연습이 필요하다. 만약 그게 본인에게 너무 어려우면 솔직하게 말하고 만남의 기회를 다음으로 미루어라.

반대로 변덕이 심한 사람에게는 일관된 모습을 보여주면 된다. 항상 변하지 않고 그대로의 모습을 간직한 사람으로 비춰지게 되면 상대는 나와의 만남을 편하게 여기게 될 것이다.

관찰포인트	• 내가 변덕스럽게 행동했을 때 상대방의 변화를 잘 관찰해보라. • 주변 사람들 중에 한결같은 사람과 변덕이 심한 사람을 보고 감정의 변화에 따라 내가 어떻게 사람들을 대하는지 관찰해보라.

● 갈등 요인 다섯 번째: '다르다'가 아니라 '틀렸다'　'다름'을 인정

이 세상에 존재하는 70억 인구 중에 지문이 같고 DNA가 같은 사람은 단 하나도 없다. 이처럼 사람의 가치관이나 성격, 사고방식도 모두 다르다. 그러나 그 다름이 틀린 것은 아니다. 단지 나와 다를 뿐이라는 것을 받아들여야 한다. '틀렸다'는 말은 옳지 않다. 사람은 그 누구도 완벽할 수 없다. 죽어도 내 의견이 옳다고 주장해도 나와 다른 의견을 가진 사람이 옳다고 밝혀질 수도 있다. 그러니 나와 다른 의견을 가진 사람은 '나와 생각이 다르다'고 생각하라. 그리고 그가 옳을 수도 있다고 생각해야 한다.

> **관찰포인트**　상대방이 하는 말 중에 나와 다른 것이 무엇인지 잘 살펴보라. 그리고 그중 합당하다고 생각하는 것을 찾아보라.

● 갈등 요인 여섯 번째: 흘려들음　적극적인 경청

사람은 말을 통해 의사소통을 하는 존재이기 때문에 상대방이 하는 말 속에 중요한 정보가 모두 담겨 있다. 그래서 상대의 말을 주의 깊게 듣는다면 상대에 대해 보다 많은 것을 알 수 있게 된다. 사람은 누군가 내 이야기를 귀 기울여 들어주면 그 사람에게 호감을 가진다. 때로는 아무 말도 안 하고 그냥 상대방이 하는 말을 잠자코 들어주기만 해도 좋아해주

는 경우가 있다. 사람들은 속이 상할 때 누군가에게 자신의 이야기를 털어놓고 싶지만 그 대상을 찾지 못할 때가 많다. 그래서 이러한 경우에는 그냥 이야기를 들어주는 것만으로도 도움을 줄 수 있다.

상대방이 말을 하는 도중에는 자르지 마라. 말을 자르는 것은 기본적인 예의가 아니다. 사람들은 상대가 하는 말을 듣기보다는 자기가 하고 싶은 말에 집중하기 때문에 성급하게 상대의 말을 잘라버리곤 한다. 자신의 의견을 다 피력하기도 전에 자르고 들어오는 상대방을 좋게 여길 사람은 아무도 없다.

귀는 둘이고 입은 하나이듯이 말하는 것을 아끼고 듣는 데에 집중하라. 말을 들을 때는 적극적으로 경청해야 한다. 적극적이라는 것은 내가 상대의 말에 집중한다는 것을 보여주는 것이다. 상대방과 눈을 맞추고 상대의 말에 맞장구를 치거나 리액션(reaction)을 보여주는 것이 좋다. 열심히 듣고 있다는 것을 나타내기 위해서 가끔 상대가 하는 말을 반복하거나 상대의 말에 질문을 하면 더욱 좋아한다. 이렇게 적극적인 경청은 상대방으로 하여금 자신이 하는 말을 주의 깊게 듣고 있다고 느끼게 만들고 그로 인해 나에 대해 좋은 인상을 가질 수 있게 만든다.

관찰포인트	상대가 말하고자 하는 주요 포인트가 무엇인가? 메시지의 핵심이 무엇인지 귀를 통해 주의 깊게 관찰하라.

● 갈등 요인 일곱 번째: 무관심　관심

누군가가 나에게 관심을 보이면 나도 상대방에게 관심이 가게 되어 있다. 나에게 관심을 보이는 사람을 싫어할 사람은 없다. 그러므로 누군가와 좋은 관계를 유지하려면 그 사람의 관심사를 잘 이해하고 그것에 관심을 보여주어야 한다. 업무상으로 만난 사람의 경우에도 처음부터 업무 얘기를 꺼내는 것은 그다지 도움이 되질 않는다.

상대방의 외모나 상대방의 사업에 대해 가볍게 관심을 보이고 칭찬을 해주면 상대방은 나에 대한 경계심을 낮추고 긴장을 풀게 된다. 그런 후에는 업무에 관한 이야기는 더욱 부드럽게 진행될 수 있을 것이다. 서양 사람들이 본격적인 비즈니스에 앞서 스몰토크(small talk), 즉 가벼운 이야기를 하는 이유도 바로 여기에 있다.

상대방이 관심 있는 얘기를 꺼내기 위해서는 상대방을 잘 관찰해야 한다. 사람들은 늘 관심사를 가까이 두고 있기 때문이다. 그래서 조금만 관심을 가지고 관찰을 하게 되면 어렵지 않게 상대방의 관심사에 대해 알 수 있게 된다. 외모나 말투, 행동에서 그 사람의 관심사를 읽게 되면 그 관심사에 대해 좀 더 깊게 이야기를 나누어보라. 원하는 것 이상을 얻게 될 것이다.

관찰포인트	• 상대방의 외모에서 달라진 것 또는 눈에 띄는 것이 있는가? • 상대방의 행동 중 요즘 눈에 띄는 것이 있는가? • 상대방에 대해 과거에 알고 있었던 사실이 어떻게 달라졌는가? • 상대방이 주로 말하고 싶어 하는 화제가 무엇이며 나의 말 중 어떤 것에 흥미를 보이는가?

 상대방을 배려하고 양보하면서 상호 간에 신뢰를 형성해갈 때 인간관계는 발전될 수 있다. 다시 한 번 반복하지만 좋은 인간관계를 위해서는 나를 낮추고 상대를 높여주어야 한다. 그리고 관찰을 잘 활용하라.

: 에필로그

일상 속에 당신이 찾던
해답이 있다

관찰이 기존의 패러다임을 뛰어 넘어 나와 세상을 바꿀 수 있는 혁신적인 아이디어를 도출할 수 있는 통찰력을 기르는 유용한 수단이긴 하지만 관찰력은 하루아침에 길러지지 않는다. 한번 몸에 밴 습관을 바꾸기가 쉽지 않듯이 관찰력을 기르는 것도 꾸준한 관심과 노력, 그리고 연습이 필요하다. 그중에서도 무엇보다 가장 먼저 시작해야 할 것은 '관찰' 그 자체에 대해 관심을 가지는 것이다.

관심이 있으면 무엇이든 관찰하려는 마음이 생기지만 관심이 없다면 관찰할 욕구가 생기지 않는다. 관찰에 대해 관심을 가지게 되면 자연스럽게 주위의 일들, 주위의 사람들, 주위의 사물들을 관찰하게 될 것이고 시간이 지남에 따라 관찰력도 높아질 것이다. 관찰에 대해 관심을 가지기 위해서는 관찰이 가지는 놀라운 힘을 인정하고 그 힘을 내 스스로 이용할 수 있으며 그 힘을 갖추었을 때 나도 큰 변화의 기회를 가질 수 있다는 긍정적인 사고를 가져야 한다.

관찰력을 기르기 위해 노력을 할 때는 세밀함과 꼼꼼함이 필요하다. 바꾸어 말하면 디테일에 강해야 한다는 것이다. 흔히들 큰 성공을 이루려면 큰일을 잘해야 한다는 생각을 가지고 있지만 이건 사고의 오류일 뿐 모든 실패는 아무도 신경 쓰지 않는 사소한 일로부터 시작된다. 그러므로 큰 성공을 이루기 위해서는 큰일에 신경 쓰는 것만큼 사소한 것에도 소홀해서는 안 된다. 앞서 관찰이 중요한 이유는 관찰을 통해 사물의 기본 원리를 파악할 수 있는 통찰력 때문이라고 했는데 이러한 통찰력도 결국은 세세한 부분에 관심을 기울이고 세심하게 관찰하지 않으면 얻을 수 없다. 때로는 통 크게 행동하는 것도 필요하지만 관찰에 있어서만은 좀스럽게 굴어야만 그 능력을 키울 수 있다. 이 책에서 제시한 모든 사례 속 주인공들 역시 작은 것을 놓치지 않고 세밀하고 꼼꼼하게 관찰한 것으로부터 성공을 이끌어냈다.

관찰에 대한 마음가짐과 함께 관찰 역량을 높이기 위해서는 꾸준하고 반복적인 훈련이 필요하다. 앞서 2부에서 관찰력을 높일 수 있는 8가지 기술에 대해 언급하였는데 이를 활용하여 주변 환경 속에서 관찰력을 높일 수 있도록 지속적인 훈련을 해보도록 하자.

● 특정 대상에 대한 지속적인 관찰

일상생활 속에서 관찰력을 높일 수 있는 가장 쉬운 방법 중 하나는 특정 대상을 정해놓고 지속적으로 관찰을 하는 것이다. 그 대상이 사람이어도 좋고 사물이어도 좋고 아니면 주위 환경이나 사람들의 행태여도 좋다. 예를 들어서 출퇴근길에 보는 사람이나 거리의 풍경을 주의 깊게 바라보고 달라진 것이 무엇인지 살펴보거나 산책길에 주위 풍경을 관찰하는 것도 좋은 방법이다. 보는 것과 관찰하는 것은 분명 다르다. 보는 것은 수동적이지만 관찰하는 것은 능동적이다. 대부분의 사람들은 익숙한 환경에서 수동적으로 보기만 할 뿐 적극적이고 능동적으로 관찰하지는 않는다. 그러다 보니 매일 접하는 주변 환경에 대해서도 명확히 표현할 수 없는 경우가 많다.

사무실에서 만나는 사람들 중 특정한 한 사람을 정해놓고 일정 기간 동안 관찰해보는 것도 좋은 방법이다. 머리 모양은 어떤지, 요일에 따라 어떤 옷을 입는지, 표정에 따라 기분은 어떤지, 표정에 따라 말은 어떻게 하는지, 어떤 말에 기분 좋아하고 어떤 말에 기분 상해하는지 등 꾸준히 관찰하다 보면 지금까지 알았던 그 사람에 대해 상상 이상으로 많은 것들을 새롭게 알게 될 것이다. 특히 그 사람을 관찰하면서 그 사람이 가진 장점 또는 칭찬할 점을 찾아보도록 하라. 처음에는 보이지 않더라도 지속적으로 관찰하면서 찾다 보면 어느 순간부터인가 그 사람의 장점이 눈에 들어올 것이다. 사람들의 장점을 발견하면 그다음엔 그 장점들을 본인과 주위 사람들에게 애기하라. 칭찬을 받은 당사자는 물론 다른 사람들의 칭찬을 듣는 주변 사람들도 당신에 대한 시각이 바뀔 것이다.

● 관찰 기록을 남겨라

관찰 결과는 가급적 기록으로 남기는 것이 좋다. 관찰한 것을 기록으로 남기는 이유는 내가 관찰한 것을 잊지 않고 다시 되새겨보고 관찰 결과를 축적함으로써 변화의 흐름을 파악하기 위해서이다. 기록으로 남길 때와 기록으로 남기지 않을 때의 관찰 결과에는 큰 차이가 있을 수 있다. 기록으로 남기는 경우의 관찰 효과가 눈으로만 보고 지나치는 경우에 비해 훨씬 높다.

그런데, 관찰 기록은 관찰하는 즉시 남기는 것이 가장 좋다. 인간의 기억력은 한계가 있어서 시간이 지나고 나서 관찰한 것을 기록하려고 하면 생각이 안 나는 경우가 많다. 세세한 부분에 대한 관찰 결과를 잊지 않고 기억한다는 것은 쉬운 일이 아니다. 게다가 편한 환경이라면 마음이 느슨해지고 귀찮게 여겨질 수 있으며 반대로 바쁜 환경에서는 별도로 시간을 내어 관찰 결과를 기록한다는 것이 그리 쉽지 않다. 또한 관찰할 때 문득 떠오르는 아이디어나 그때 느꼈던 독특한 감정 등은 시간이 지나면 잊혀질 수 있다. 뒤돌아서 그때의 감정을 되돌려보려 해도 절대 그 감정을 되살려낼 수 없다. 그러니 관찰 결과는 즉시 기록하는 것이 좋으며 그렇게 하기 위해서는 언제나 기록할 수 있는 도구를 가지고 다니는 것이 좋다.

레오나르도 다빈치는 관찰의 대가이면서 또한 기록의 대가이기도 했다. 그는 주위 사물에 대해 호기심을 가지고 끊임 없이 관찰하면서 그 관찰 결과를 기록하고 그로부터 아이디어를 얻어 다양한 발명품들을 제작하였다. 에디슨은 자신이 얻은 모든 정보를 기록하라고 말하였다. 이렇듯 인류 역사에 있어 큰 기여를 한 위대한 사람들치고 관찰과 메모의 습관을 가지지 않은 사람들은 거의 없다.

● 흥미 있는 놀이를 통해 관찰력을 키워라

놀이라고 하면 대다수의 독자들은 비웃을지도 모른다. '다 큰 어른이 무슨 놀이?' 하고 넘겨버리겠지만 관찰력을 높이기 위해서 지루하지 않은 놀이를 찾아보는 것도 좋은 방법이다. 예를 들어 숨은 그림 찾기나 틀린 그림 찾기, 뒤집어진 카드를 들춰내어 같은 짝은 찾아내는 짝 찾기 게임 등은 관찰력을 높이는 데 큰 도움이 된다. 이런 것들은 어린아이들이나 하는 게임이라고 생각하면 오산이다. 게임 중에는 남는 시간을 보내기 위한 킬링 타임(killing Time)용 게임도 있지만 학습에 도움을 주는 게임도 있다. 가끔 기분전환 겸 리프레시를 위해 이러한 게임을 찾아서 해보는 것도 나쁘지 않다.

무슨 일이든 우선은 즐거워야 한다. 즐거워야 시간 가는 줄 모르고 몰입할 수 있고 지루한 줄도 모른다. 관찰 훈련도 즐겁게 할 수 있다면 즐거운 방법을 찾는 것이 좋다. 숨은 그림 찾기나 틀린 그림 찾기와 같은 게임은 고전적이면서도 관찰력을 길러주는 데 효과적이다.

● 미술작품 또는 사진을 감상하라

탐정소설의 고전인 『셜록 홈스』 시리즈를 쓴 작가 코난 도일(Arthur Conan Doyle)은 미술이 관찰력을 높일 수 있는 좋은 방법이라고 생각하였다. 셜록홈즈가 등장하는 소설에서 자신의 뛰어난 추리력은 화가 집안의 할머니에게서 물려받은 것이라고 설명하는 장면이 이를 말해준다. 미술작품은 고도의 집중적인 관찰과 그를 통한 대상의 주관적 재해석에 의해 만들어진다. 평범한 일상의 환경 속에서 화가들은 그들만의 차별적인 관찰력을 통해 독창적인 작품을 만들어내곤 한다. 대상을 바라보는 각도, 대상이 주는 질감과 명암, 대상을 바라보는 느낌, 빛의 각도 등 동일한 사물이라도 어떠한 관점에서 어떻게 관찰하느냐에 따라 화가가 받을 수 있는 느낌은 크게 달라질 수 있다. 그러므로 미술 작품의 관찰을 통해 작가들이 사물을 바라볼 때 느꼈던 감정들을 간접적으로 경험하고 그 사물을 어떻게 표현해냈는지, 다른 작가들의 표현 방법과는 어떻게 차이가 있는지 등을 비교해보는 것은 관찰 훈련에 큰 도움이 될 수 있다.

실제 예일대 의대생들은 미술작품 감상수업을 필수적으로 받고 있다고 한다. 의사들에게 있어 환자의 상태를 주의 깊게 관찰하고 증상을 정확히 이해하여 판단하는 것은 환자의 건강을 지키고 위기의 순간에서 환자의 생명을 살릴 수 있는 중요한 행위이다. 의사가 환자의 상태를 정확히 살피지 못하고 잘못된 판단을 내린다면 환자의 건강을 회복할 수 있는 적절한 시기를 놓칠 수도 있다.

앞서도 언급했지만 사람들은 누구나 부자가 되기를 꿈꾼다. 돈이 많은 사람도 돈이 적은 사람도 예외 없이 한 번쯤은 그러한 꿈을 꾼다. 그러나 돈을 벌기 위해서는 가진 것이 어느 정도는 바탕이 되어야 한다. 가진 것 없이 돈을 벌기는 정말 쉽지 않다. 그런데 아주 감사하게도 관찰에는 돈이 들지 않는다. 관찰은 100% 공짜다. 이 책에 나오는 수많은 사례에서 보았다시피 혁신적인 아이디어를 떠올린 사람들이 관찰을 위해 들인 비용은 전혀 없다. 그저 주의 깊게 주변의 사물들을, 주변의 사람들을 관찰했을 뿐이다. 그리고 그들에게 돌아온 반대급부는 대단한 것이었다. 물론 아이디어를 실현하기 위해서는 자본이 필요하긴 하지만 그건 또 나중 문제다. 정 아이디어를 실현할 자본조차 구할 수 없다면 아이디어를 팔아도 상관없다. 참으로 매력적이지 않은가? 이 세상에서 자본 없이 무에서 유를 창조할 수 있는 방법이 또 어디 있단 말인가? 다만 조금 더 깊은 관심과 주의 깊은 관찰력만 있으면 되니 얼마나 좋은가?

나는 지금도 아쉽게 생각하는 것이 하나 있다. 대학원에 재학 중이던 시절이니 지금으로부터 23년전 얘기다. 사람들이 점심 식사 후에 양치를 하고 세균의 번식을 막기 위해 칫솔을 햇빛에 말리는 것을 보면서 휴대용 칫솔 살균기의 개념을 고안해낸 적이 있었다. 건전지를 이용하여 자외선을 발생시키고 그것으로 칫솔을 살균할 수 있는, 딱 칫솔 크기만 한 휴대용 살균기. 그것이 필자가 고안해낸 개념이었다. 하지만 필자의 아이디어는 거기에서 끝나버렸고 한참 시간이 지난 후에 그와 100% 똑같은 개념의 칫솔 살균기가 상품화되었다. 만약 그때 망설이지 않고 그 아이디어를 현실화하였다면 지금 내 삶은 많이 달라져 있었을 것이다.

관찰 프로세스에 있어 화룡점정(畵龍點睛)은 실행이다. 관찰을 통해 발견을 하고 깨달음을 얻었다면 반드시 그것을 개선으로 이어나가야 한다. 개선으로 이어지지 않고 발견이나 깨달음에서 그치는 관찰은 아무 의미가 없다. 나와 세상을 바꾸는 터닝 포인트도 만들어질 수 없다. 그저 개인적인 상식의 확장과 만족으로 그칠 뿐이다. 그러니 관찰의 결과를 반드시 생활 속에서 실현할 수 있도록 끝까지 집중력과 추진력을 가져야 한다.

앞서 강조했지만 관찰을 통한 개선의 대상이 반드시 상용화될 수 있는 제품에 국한될 필요는 없다. 지금 내가 하는 일에 있어서도, 그리고 내 주위 사람들과의 인간관계 개선을 위해서도 관찰은 아주 유용하게 활용될 수 있다. 나의 가정, 나의 일터, 나의 일상 속에서 부디 관찰을 생활화함으로써 오늘보다 나은 미래를 만들어가길 바란다.

● 참고문헌

1. 로버트 루드번스타인 · 미셸 루드번스타인, 『생각의 탄생』, 박종성 역, 에코의 서재, 2007
2. 데이비드 코드 머레이, 『바로잉』, 이경식 역, 흐름출판, 2011
3. 스튜어트 다이아몬드, 『어떻게 원하는 것을 얻는가』, 김태훈 역, B.O, 2011
4. 문영미, 『디퍼런트』, 박세연 역, 살림 Biz, 2012
5. 왕중추, 『디테일의 힘』, 허유영 역, 올림, 2005
6. 톰 켈리 · 조너선 리트먼, 『유쾌한 이노베이션』, 이종선 역, 세종서적, 2012
7. 찰스 두히그, 『습관의 힘』, 강주헌 역, 갤리온, 2012
8. 말콤 글래드웰, 『아웃라이어』, 노정태 역, 김영사, 2009
9. 톰피터스, 『리틀빅씽』, 최은수 · 황미리 역, 더난출판사, 2010
10. 프리더 라욱스만, 『세상을 바꾼 어리석은 생각들』, 박원영 역, 말글빛냄, 2008
11. 송숙희, 『성공하는 사람들의 7가지 관찰 습관』, 위즈덤 하우스, 2008
12. 연준혁, 『사소한 차이』, 위즈덤 하우스, 2010
13. 이어령, 『80초 생각나누기』, 시공미디어, 2013
14. 나관중, 『삼국지』, 이문열 역, 민음사, 2002
15. 고진숙 · 최병대, 『이순신을 만든 사람들』, 한겨레아이들, 2004
16. Teresa Amabile, "The Three Threats to Creativity", Harvard Business Review, Nov. 2010
17. Andrew Pirola-Merlo · Leon Mann, "The Relationship between Individual Creativity and Team Creativity: Aggregating across people and time", Journal of Organizational Behavior 25, 2004, p235-257
18. Jill Ramsay · Helen Lindfield · Alison Davies, "Practice in Observation: Developing Observational Skill in Physiotherapy", University of Birmingham
19. 공덕진, "사진에서 배우는 창의성의 발현", SERI 경영노트 제 161호, 2012.8
20. 차수인, "Bandura의 관찰학습에 대한 뇌 과학적 이해와 교육적 시사점", 서울교육대학교 교육대학원 석사학위논문, 2010
21. 강옥경, "날개 없는 선풍기의 탄생", 서울과학교사모임, 2010
22. 다음 카페 '우리아이 책과 꿈', "에디슨에게 들어보는 그의 삶, 그의 발명 이야기", http://

cafe.daum.net/book-dream, 2008
23. 스포츠동지, "보이지 않는 힘", http://www.sportnest.kr, 2012.7.4
24. 한국경제신문, "후지 인스탁스 대박의 비밀", http://www.hankyung.com, 2010.11.17
25. 아이뉴스24, "스마트폰 '애플-삼성 양강 구도' 흔들릴까", http://news.inews24.com, 2012.9.6
26. 아시아 투데이, "[영업의 비밀 24] 오감을 자극해 고객의 마음을 훔친 기업", http://www.asiatoday.co.kr, 2013.6.13
27. 중앙일보, "귀뚜라미 소리 듣고 기발한 발명품 만든 여고생", http://article.joins.com, 2013.2.7
28. 조선일보 위클리 비즈(Weekly Biz), "현대카드·현대캐피탈 '어떤 분야든 1등을 보고 오자'… 매년 세계로 '인사이트 트립'", http://biz.chosun.com, 2010.2.12
29. 라이언 일병 구하기 홈페이지, http://www.rzm.com/pvt.ryan

● 사진 출처

1부

당신의 관찰력은 얼마나 뛰어난가? 관찰력 테스트
1 연필, 앵무새, 부활절 달걀: 이미지 사이트(http://pixabay.com)

개인과 조직이 성공에 이르는 지름길, 관찰
1 판옥선과 안택선: 서울대학교 규장각 한국학 연구원(http://kyujanggak.snu.ac.kr)
2 주요 스마트폰 업체 점유율 추이: 아이뉴스24(http://www.inews24.com)

2부

Wonder: 당연한 것일수록 의문을 가져라
1 날개 없는 선풍기: 다이슨사 홈페이지(http://www.dyson.com)
2 날개 없는 선풍기 작동 원리: 곽윤환 일러스트레이터의 삽화(http://blog.naver.com/redeye21c)

Trivial: 사소한 것을 유심히 보아라
1 Extra Polar Fresh 광고: Wrigley사 홈페이지(http://www.wrigley.com)
2 라이언 일병 구하기 포스터: 포털 '다음' 영화 페이지(http://movie.daum.net)
3 통성냥1: 인터넷 개인 블로그 'Boundless value' (http://boundless.tistory.com/1158)
4 통성냥 2: 인터넷 카페 '타임머신'(http://cafe.daum.net/khe1009)

High Senses: 오감을 충분히 활용하라
1 Rush 매장: 인터넷 개인 블로그 '낯선 길 위에서'(http://topblog.co.kr)

Inconvenience: 생활 속의 작은 불편을 기회로 삼아라
1 홈이 파인 손잡이가 있는 우산: Naoto Fukusawa 홈페이지(http://www.naotofukasawa.com)

2 열선이 삽입된 깔창: 11번가 쇼핑몰(http://www.11st.co.kr)

New Experience: 새로운 것을 접할 수 있는 기회를 만들어라
1 번지점프: 인터넷 사이트(http://nguyenthekha.com/)
2 화덕만두: 인터넷 개인 블로그 '쨩군의 조금은 특별한 여행'(http://blog.daum.net/kyeong-su)
3 티켓자판기: 인터넷 개인 블로그 '에그몽의 몽몽 블로그'(http://blog.naver.com/PostView.nhn?blogId=shdpdnjs91&logNo=60169495602)

3부

뷰자데(Vu ja de), 당연하지 않은 세계를 발견하라
1 뷰티풀 마인드 포스터: 포털 '다음' 영화 페이지(http://movie.daum.net)

관찰을 기업의 핵심 습관으로 구축하라
1 나이키 제품: 나이키 홈페이지(http://www.nike.com)

인정받는 '나'를 만드는 관찰의 힘
1 좋은말과 나쁜 말 실험 장면: MBC 홈페이지 화면 캡처(http://www.imbc.com)

관찰의 기술

초판 1쇄 인쇄 2013년 8월 14일
초판 6쇄 발행 2014년 9월 15일

지은이 양은우
펴낸이 김선식

경영총괄 김은영
마케팅총괄 최창규
책임편집 박지아 **크로스교정** 변민아
콘텐츠개발1팀장 류혜정 **콘텐츠개발1팀** 한보라, 박지아
마케팅본부 이주화, 윤병선, 이상혁, 도건홍, 박현미, 반여진
경영관리팀 송현주, 권송이, 윤이경, 김민아, 한선미

펴낸곳 다산북스 **출판등록** 2005년 12월 23일 제313-2005-00277호
주소 경기도 파주시 회동길 37-14 3, 4층
전화 02-702-1724(기획편집) 02-6217-1724(마케팅) 02-704-1724(경영관리)
팩스 02-703-2219 **이메일** dasanbooks@dasanbooks.com
홈페이지 www.dasanbooks.com **블로그** blog.naver.com/dasan_books
종이 월드페이퍼(주) **출력·제본** 현문 **후가공** 이지앤비 특허 제10-1081185호

ⓒ 2013, 양은우

ISBN 978-11-306-0007-9 (13320)

· 책값은 뒤표지에 있습니다.
· 파본은 구입하신 서점에서 교환해드립니다.
· 이 책은 저작권법에 의하여 보호를 받는 저작물이므로 무단 전재와 복제를 금합니다.
· 저작권자가 명확하지 않거나 연락이 안 되어 계약되지 못한 이미지는 추후 원저작자가 연락을 주시면
  관례에 따른 합당한 사용료를 지불하겠습니다

이 도서의 국립중앙도서관 출판시도서목록(CIP)은 서지정보유통지원시스템 홈페이지(http://seoji.nl.go.kr)와
국가자료공동목록시스템(http://www.nl.go.kr/kolisnet)에서 이용하실 수 있습니다. (CIP제어번호 : CIP2013014589)